Em BUSCA DE CONHECIMENTOS OCULTOS E SAGRADOS

Dolores Cannon

Tradução: Marcello Borges

©2014 Dolores Cannon
Primeira tradução em português – 2023
Primeira impressão em inglês por Ozark Mountain Publishing, Inc.-2014

Todos os direitos reservados. Nenhuma parte deste livro, em parte ou no todo, pode ser reproduzida, transmitida ou utilizada por qualquer forma ou por qualquer meio, eletrônico, fotográfico ou mecânico, incluindo fotocópia, gravação ou por qualquer sistema de armazenamento e recuperação de informações, sem autorização prévia por escrito da editora Ozark Mountain Publishing, exceto no caso de breves citações incluídas em resenhas e artigos literários.

Para permissão ou serialização, condensação, adaptações, ou para nosso catálogo com outras publicações, escreva para Ozark Mountain Publishers, P.O. Box 754, Huntsville, AR 72740-0754, USA, Att.: Permissions Department.

Dados de Catalogação na Fonte da Biblioteca do Congresso
Cannon, Dolores, 1931 - 2014
Em Busca de Conhecimentos Ocultos e Sagrados por Dolores Cannon
   Muitos de nós vivemos vidas anteriores como guardiões de conhecimentos sagrados que foram ensinados nas antigas escolas de mistério. Boa parte deste conhecimento perdeu-se através do tempo devido a desastres, destruição ou morte. O conhecimento era reservado a uns poucos escolhidos que dedicaram suas vidas a compreendê-lo e ensiná-lo.

1. Hipnose 2. Reencarnação 3. Conhecimento Antigo 4. Metafísica
1. Cannon, Dolores, 1931 – 2014 II. Metafísica III. Reencarnação IV. Título
Número do Cartão no Catálogo da Biblioteca do Congresso: 2023935803
ISBN: 9781956945690

Tradução: Marcello Borges
Design da Capa: Victoria Cooper Art
Tipografia: Times New Roman
Book Design do livro: Tab Pillar

PO Box 754, Huntsville, AR 72740
800-935-0045 or 479-738-2348 fax: 479-738-2448
WWW.OZARKMT.COM
Impresso nos Estados Unidos da América

Queridos leitores,

Pouco depois de mamãe terminar este livro, ela deixou este mundo e passou para o próximo. Nestes últimos anos, ela não só trabalhou diligentemente neste livro e em vários outros, como também passou um bom tempo desenvolvendo programas de treinamento e aprimorando pessoalmente as habilidades de seus praticantes globais de QHHT para garantir que o trabalho de sua vida e seu legado continuem através deles e de futuros praticantes. Até seus últimos dias aqui, insistiu que "o trabalho e a busca pelo conhecimento" deveriam continuar, e prometeu que iria ajudar desde o outro lado. Fico feliz por dizer que ela está cumprindo a promessa.

Com amor,

Julia Cannon

DEDICATÓRIA

Este livro é dedicado a todos aqueles que trabalham na "luz" para trazerem conhecimentos e especialmente aos praticantes de meu método QHHT espalhados pelo mundo, que com amor se esforçam para aumentar as vibrações para todos nós.

*Escrevo pela mesma razão
que respiro – pois, se não
fizesse isso, eu morreria.*

~Isaac Asimov

SUMÁRIO

Introdução	i
CAPÍTULO 1: Ísis e o povo mecânico	1
CAPÍTULO 2: Eles pensam que somos deuses	18
CAPÍTULO 3: Não repita os mesmos erros	32
CAPÍTULO 4: Trazendo de volta as curas antigas	45
CAPÍTULO 5: Ocultando a informação	52
CAPÍTULO 6: Maná do céu	65
CAPÍTULO 7: Só vestindo um casaco	80
CAPÍTULO 8: A tripulação de emergência	94
CAPÍTULO 9: Outro viajante	104
CAPÍTULO 10: Cor e som	112
CAPÍTULO 11: Protegendo o conhecimento	123
CAPÍTULO 12: Orbes de informação	137
CAPÍTULO 13: Crânios de Cristal	149
CAPÍTULO 14: Ensinando o conhecimento	168
CAPÍTULO 15: Lemúria e o portal	177
CAPÍTULO 16: Sacerdotisa na Atlântida	185
CAPÍTULO 17: Uma estrutura estranha	196
CAPÍTULO 18: Atlântida	208
CAPÍTULO 19: Os registros ocultos da Atlântida	215
CAPÍTULO 20: Experimentos na Atlântida	222
CAPÍTULO 21: Nas origens de Stonehenge	234
CAPÍTULO 22: Monte Vesúvio e a destruição de Pompeia	247
CAPÍTULO 23: Indo para o inferno	257
CAPÍTULO 24: Escondendo os ensinamentos de Jesus	275
CAPÍTULO 25: Conclusão	291
Sobre a Autora	293

INTRODUÇÃO

Para aqueles de vocês que estão familiarizados com meu trabalho de hipnose, digo, "Bem-vindos de volta!" Para aqueles que não leram nenhum de meus outros livros, digo, "Bem-vindos a bordo!" Para esta jornada, tudo de que você precisa é a mente aberta e a capacidade para suspender sua descrença pelo pequeno período que vai levar para ler este livro. Tenho trabalhado no campo do estranho e do desconhecido há tanto tempo que eles se tornam normais. Não questiono mais as informações que recebo através dos milhares e milhares de pacientes que me procuram para fazer terapia. Sei, além de qualquer sombra de dúvida, que nada é impossível no meu trabalho. Não tenho a intenção de tentar convencer ninguém das coisas que descobri. Acho que meu trabalho fala por si só.

Nos últimos anos, tem acontecido um fenômeno estranho no meu trabalho. Posso ver claramente uma grande mudança em andamento. Agora, quando dou palestras diante de públicos numerosos, encontro muitos que dizem que nunca ouviram falar em mim. Dizem que só descobriram meu trabalho recentemente, um mês ou uma semana antes da palestra. Estão me descobrindo na Internet. Por isso, chamo-a de geração Internet. Definitivamente, não tenho me escondido. Tenho feito meu trabalho de hipnose, escrito muitos livros e dado palestras em conferências pelo mundo todo continuamente, há mais de 45 anos. A maioria das pessoas que está me descobrindo agora parece ser jovem, e faria sentido dizer que agora a Internet está atingindo muito mais do que meus livros e palestras conseguiriam atingir. Estamos vivendo realmente na era computadorizada das informações eletrônicas. Tenho sido privilegiada por observar o desenvolvimento deste fenômeno.

Sou uma hipnoterapeuta que lida com terapia e regressão a vidas passadas. Durante muitos anos, desenvolvi um novo método de hipnose que usa o poder da própria mente do paciente para curá-lo instantaneamente de qualquer doença, moléstia ou desconforto. Agora, este é o meu foco, ensinar este método espantoso pelo mundo todo. Comecei a ensinar o método em 2002 e até agora treinei mais de 4.000 pessoas que estão descobrindo os mesmos milagres que eu encontrei. Mas nem sempre foi assim. Pode ser difícil de acreditar, mas quando descobri a reencarnação e vidas passadas em 1968, este uso da hipnose era algo inédito. Na época, a hipnose era usada apenas para remover hábitos (parar de fumar, perder peso, etc.) e para ajudar o paciente a relaxar. No nosso mundo ocidental, as palavras "reencarnação e regressão a vidas passadas" eram, na maior parte, desconhecidas. A história de minha introdução a este fascinante mundo da viagem no tempo está contada em meu primeiro livro, Five Lives Remembered. Em vez de ficar assustada, minha curiosidade tomou conta e fui compelida a investigar isso mais a fundo. Hoje, sou considerada uma pioneira no campo de regressão a vidas passadas porque descobri uma maneira de ir mais longe, usando-a para ajudar o paciente com terapia e cura. Como ninguém ensinava este tipo de terapia na década de 1960, fiquei livre para desenvolver minha própria técnica.

Nesta técnica, descobri um modo de conversar diretamente com o maior poder do universo. Isso aconteceu gradualmente, mas encontrei um meio de chamá-lo para ajudar o paciente. Ele tem as respostas para todas as perguntas, tem o conhecimento total sobre qualquer coisa conhecida e desconhecida, e pode realizar curas instantâneas. Quando descobri esse poder, eu não tinha um nome para ele. Outros têm se referido a ele como Sobrealma, Eu Superior, Consciência Superior ou Consciência Universal. Na época, eu não estava familiarizada com essas expressões, e por isso chamei-o de Subconsciente. Devo enfatizar que não é a mesma coisa que os psiquiatras chamam de subconsciente. Descobri que este é uma parte infantil da mente e não tem o poder da parte com que trabalho. Chamo-o de Subconsciente porque não sei de que outro modo posso chamá-lo. "Eles" disseram que não têm mesmo um nome, e por isso vão responder a esse nome e trabalhar comigo. Para os propósitos deste livro, vou me referir a ele como o SC. Meus estudantes também se sentem mais à vontade chamando-o assim.

Trabalho no nível de transe mais profundo possível, chamado de nível "sonambúlico". Neste nível, posso tirar a mente consciente do caminho e conversar diretamente com esse grande poder, o SC. Não sou médium, não faço canalizações. Todas as informações sobre as quais escrevo provêm de meus milhares de pacientes com quem venho trabalhando há mais de 45 anos. Considero-me uma repórter, uma investigadora e uma pesquisadora de conhecimentos perdidos. Reúno todas as informações que provém de meus pacientes e monto-as como peças de um quebra-cabeças. Fico sempre espantada com aquilo que é descoberto, e a informação tem ficado cada vez mais complicada, com teorias e conceitos metafísicos desconhecidos. Isto tem sido a base de meus livros Convoluted Universe. As informações que estou recebendo agora jamais teriam sido compreendidas há vinte ou trinta anos. Tiveram de me ser dadas gradualmente, ou teria sido muito pesado. Eles disseram, "Tome uma colher de sopa de informação, digira-a e depois tome outra colherada". Fico feliz por terem feito dessa maneira, ou eu nunca teria compreendido as informações.

A partir de minha pesquisa sobre hipnose, descobri que as escolas secretas de mistérios sempre estiveram entre nós. Sempre houve o medo de que conhecimentos sagrados e ocultos se perdessem, e muitos o foram. No começo, eram preservados verbalmente, não pela escrita. As tradições e histórias verbais foram passadas através de gerações. Geralmente, havia uma pessoa à qual se confiava a preservação do conhecimento, que era transmitido através de histórias contadas em ocasiões especiais (como no meu livro The Legend of Starcrash) ou preservadas como lendas. Muitos conhecimentos se perderam com o tempo, seja por desastres e destruição da tribo, seja pela morte do Guardião do conhecimento antes que ele pudesse transferir a informação para outro estudante. Normalmente, o guardião começava a ensinar estudantes especiais muito antes de morrer. Se houvesse muitos conhecimentos a transferir e preservar, seriam necessários anos de estudo dedicado. Este foi o começo das escolas secretas de mistério. O conhecimento não era para todos, pois a pessoa média não conseguiria entendê-lo. Era só para uns poucos escolhidos que dedicaram a vida a compreendê-lo e a ensiná-lo. Geralmente, precisavam viver em áreas isoladas e reclusas porque a posse de tais conhecimentos punha em risco suas vidas. Através dos tempos, sempre houve pessoas (geralmente, aquelas no poder) que se sentiam ameaçadas por qualquer coisa que não conseguissem compreender. Foi esta a verdadeira razão para as perseguições e julgamentos de bruxas nos primeiros tempos da Igreja Católica. Sentiram-se ameaçados pelos gnósticos e seus conhecimentos secretos. Queriam-nos para si mesmos, mas os gnósticos preferiam morrer a divulgá-los. Tinham jurado segredo. (Estas histórias são contadas em meu livro Jesus e os Essênios.) Assim, a Igreja resolveu que só havia uma resposta; essas pessoas teriam de morrer. Portanto, não teve nenhuma relação com bruxas ou demônios, e sim com o desejo de adquirir mais conhecimento e poder. A Inquisição é o exemplo perfeito desse período terrível. Os essênios também eram o exemplo perfeito do ponto até o qual as pessoas iam para preservar e proteger conhecimentos antigos. Viviam em total isolamento e sigilo.

Tive uma sessão recente na qual uma mulher voltou a uma vida na qual foi um monge (aparentemente, nas montanhas do Tibete) que passou toda a vida com um grupo isolado, estudando os mistérios. Em função de sua separação das distrações do mundo ao seu redor, foi muito fácil concentrarem-se e aprenderem os mistérios. Ele aprendeu a sair facilmente de seu corpo, viajando e ajudando a criar universos e galáxias. Quando ficou mais velha, nessa vida, ensinou os jovens estudantes a fazerem a mesma coisa, para que o conhecimento não se perdesse. Gostaria de acreditar que esses talentos ainda estão sendo ensinados nos mosteiros isolados do Tibete e do Nepal.

Um de meus estudantes teve um caso no qual o paciente voltou a uma vida na qual era um guardião de conhecimentos secretos (muito similar às histórias deste livro). Naturalmente, quando chegamos ao SC, um de seus pedidos era querer conhecer melhor o tipo de conhecimento secreto que ele estava protegendo. O SC riu em voz alta (eles têm senso de humor) e disse, "Tudo que ele precisa fazer hoje em dia é googlar Geometria Sagrada. Está tudo lá, não é mais um grande segredo". Portanto, o conhecimento pelo qual as pessoas morriam noutras épocas acha-se agora prontamente disponível enquanto rumamos para a nova dimensão da Nova Terra. Conhecimentos e habilidades psíquicas estão sendo trazidos de volta num ritmo impressionante.

Trabalho muito com ashrams e Swamis e dou palestras em seus retiros de ensino. Falo das informações sobre as quais escrevi nos livros da série Convoluted Universe. Após uma palestra nas Bahamas, todos estavam saindo do templo para irem dormir. Olhei para trás e vi um grupo de estudantes amontoados em torno do Swami. Mais tarde, falaram-me dessa conversa. Estavam perguntando se minhas informações estavam corretas, pois certamente são radicais. O Swami disse-lhes, "Ela fala a verdade. A verdade não é a nova informação. É a nova velha informação". Ela sempre foi mantida para aqueles que passam a vida estudando, aprendendo e indo para cavernas do Nepal a fim de meditarem e de se iluminarem. Sempre foi mantida para uns poucos escolhidos que queriam dedicar suas vidas ao estudo. A diferença é que agora ela está sendo trazida novamente para a pessoa comum. Muitos não a entenderão, e não faz mal, pois não é seu caminho. Mas muitos irão, e é importante que recuperemos esses conhecimentos em nossa época, pois nestes tempos atuais não seremos enforcados e nem queimados na fogueira por medo de sermos diferentes.

Em meu trabalho, costumo receber informações similares, aplicáveis ao mesmo assunto. Quando isso acontece, acumulo os casos e reúno-os num volume separado. Foi isto que aconteceu neste livro. Ele não é outro da série Convoluted Universe. Este livro está sozinho (tal como meus primeiros livros) e lida com informações que foram perdidas ou ocultadas. Durante centenas de anos, a informação só era ensinada em escolas secretas de mistérios e só era passada para discípulos ou iniciados capazes de compreendê-la e usá-la. São casos que vieram de muitas sessões isoladas. Eu os guardei e os reuni neste livro. Aproveite a viagem!

Capítulo 1
ÍSIS E O POVO MECÂNICO

Em meus livros Guardiões do Jardim e Sob Custódia, contei a história de como os extraterrestres desenvolveram a vida na Terra. Foi preciso um tempo inconcebível até a vida se estabelecer e começar a florescer. Depois que os animais foram desenvolvidos, os humanos foram criados pela manipulação dos genes e do DNA dos primatas. Com o crescimento da espécie e o início do desenvolvimento da inteligência, os ETs vieram e viveram entre os selvagens para educá-los e dar-lhes habilidades básicas para que pudessem sobreviver e mais tarde desenvolver uma civilização. Os ETs viveram entre eles por muitos e muitos anos, pois só morriam quando queriam. Por isso, esses seres eram tratados como deuses e deusas, nascendo suas lendas. Como sabiam que um dia sairiam daqui e voltariam para suas casas, tentaram transmitir o conhecimento para seres específicos que achavam que seriam capazes de dar-lhe continuidade. Também se acasalaram com os nativos para produzir aqueles que teriam algumas de suas habilidades e que seriam capazes de ajudar as pessoas depois que os originais fossem embora.

O conhecimento e as habilidades continuaram a ser passados adiante durante séculos através de gerações de pessoas selecionadas. Eram os iniciados. Foi o começo das Escolas Secretas de Mistérios, nas quais alguns eram escolhidos para aprender e praticar as diversas técnicas. Com o tempo, eles se recolheram a templos e centros nos quais ficavam isolados da população em geral. Em virtude de seus talentos especiais, eram tratados de forma diferente e postos à parte e acima dos outros. Tornaram-se sacerdotes e sacerdotisas, especializando-se em habilidades variadas. Esperava-se que também selecionassem outros para os quais poderiam transmitir o conhecimento, aqueles que reconheciam como capazes de compreendê-lo.

Através de incontáveis séculos, este conhecimento foi protegido e compartilhado apenas com poucos escolhidos. Travaram-se guerras e cometeram-se terríveis injustiças (como a Inquisição, por exemplo) na tentativa de obter acesso a esse conhecimento. Não raro, aqueles que o detinham morriam para que ele não caísse em mãos erradas. O conhecimento precisava ser salvaguardado e protegido. Sabiam que ele não poderia morrer.

Hoje, ele não está mais reservado estritamente para oráculos em templos, eremitas em cavernas ou sábios enclausurados em escolas ocultas. Está voltando ao nosso tempo e agora está disponível para o aprendizado de todos. Isto acontece porque o véu está se dissipando; estamos passando por um despertar à medida que nos movemos rumo à Nova Terra. Nossas vibrações e frequências estão sendo elevadas para que possamos compreender esses mistérios antigos. Eles estão sendo trazidos à nossa época e estão disponíveis para uso de qualquer um.

Entretanto, as regressões relatadas neste livro levam-nos de volta à época em que muito disto era desconhecido da pessoa média e disponível apenas para uns poucos escolhidos.

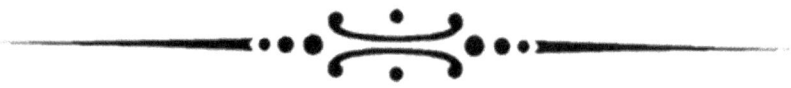

Originalmente, os templos datados da época da Babilônia foram projetados com pilares espaçados regularmente do lado de fora. Alguns deles tinham o teto aberto para o céu. (Já em 3000 a.C., a Babilônia tinha uma cultura complexa e muito desenvolvida.) Esses templos serviam de observatórios. O sacerdote se sentava num ponto específico do centro do edifício e observava e registrava o movimento das estrelas e planetas quando passavam pelos espaços abertos entre os pilares. Esses registros seriam mantidos e observados por centenas de anos. Assim, o registro dos movimentos poderia ser medido com precisão. Esses registros iriam tornar-se parte do conhecimento sagrado, e só membros das escolas secretas de mistérios teriam acesso ao significado, podendo interpretá-lo. Teria sido este o nascimento ou o início da astrologia e da astronomia. Naturalmente, os ensinamentos originais (e quais estrelas observar) teriam vindo dos extraterrestres. Boa parte do conhecimento dado originalmente teria implicado na observação de corpos planetários invisíveis a olho nu. Portanto, eles teriam usado instrumentos altamente avançados, como telescópios.

(Provavelmente, similares aos "dispositivos de ver ao longe" usados em Qumran. Ver meu livro Jesus e os Essênios.) Boa parte desta informação era essencial para os ETs, pois relacionava-se com seu planeta ou constelação natal. Eles queriam acompanhar os movimentos para saber os melhores momentos para viajar até lá ou se comunicarem. Por isso, algumas das informações astrológicas teriam sido importantes para os terráqueos acompanharem a passagem do tempo e as estações, e outras seriam importantes para os próprios ETs.

Este padrão continuou com a construção de círculos e monólitos de pedra como Stonehenge, New Grange e muitos outros espalhados pelo mundo. Eram marcos da passagem das estações e das posições de certas estrelas e planetas importantes. Suas trajetórias eram traçadas com relação aos lintéis e pedras.

Na época da Atlântida, esta já era uma ciência altamente avançada. O conhecimento foi levado até o Egito e outras partes do mundo pelos sobreviventes. Isto foi explorado em meus livros da série Convoluted Universe.

Por que a construção dos templos e círculos de pedra, e a marcação da passagem das estações eram tão importantes? Os monumentos e o conhecimento datam de uma época muito remota, quando o homem primitivo estava apenas começando a dominar a agricultura, a plantar, colher e cuidar de rebanhos. A explicação tradicional é que esses humanos básicos construíram essas obras-primas. Como isso é possível, se estavam apenas começando a sair da selvageria e dar início aos rudimentos da civilização? Sabemos que nesses primeiros tempos, ETs viveram entre as pessoas em desenvolvimento e deram-lhes informações e presentes para ajudá-las em suas etapas de evolução.

Toda civilização do mundo tem suas lendas dos promotores da cultura. Eram histórias de seres que vieram e viveram entre eles, ensinando-lhes as habilidades básicas de que precisariam para sobreviver e progredir. Os índios americanos, por exemplo, tinham a mulher do milho, que lhes ensinou como e quando plantar. Além dela, vieram outros seres que lhes ensinaram a caçar e a usar o fogo. Em cada uma dessas lendas espalhadas pelo mundo, o promotor da cultura vinha do céu ou do outro lado do mar. Em Convoluted Universe, Livro Um, há a história de ETs que construíram máquinas capazes de aproveitar a energia do Sol, da lua e das estrelas.

Como esses seres podiam viver o quanto desejassem, eram tratados pelas pessoas como deuses.

Era muito importante serem capazes de calcular o tempo, especialmente a passagem das estações, para que a espécie em desenvolvimento soubesse quando plantar e quando colher. Daí a importância de erguer as estruturas para acompanhar as estações e de treinar certas pessoas para conseguirem interpretar as informações e dá-las às pessoas. Através das sessões que realizei ao longo de muitos anos, descobri que as estruturas originais foram erguidas pelos ETs e não pelos humanos primitivos que viviam ali naquela época.

O conhecimento do uso da mente para criar e levitar pedras, etc. foi aperfeiçoado por algumas civilizações altamente avançadas. E foi levado ao Egito e a outros lugares por sobreviventes após a destruição da Atlântida. Os ETs ainda estavam vivendo entre os homens e compartilhando conhecimentos avançados durante a época da Atlântida.

Isso começou com o rastreamento básico das estações e depois se desenvolveu e tornou-se a astronomia, um sistema mais sofisticado. Isso foi feito para que os ETs pudessem acompanhar seu próprio planeta natal e sua posição. As estruturas também podiam ser vistas do espaço e serviam como marcadores para naves espaciais orbitando o planeta, para que pudessem saber onde seus irmãos estavam localizados e trabalhando.

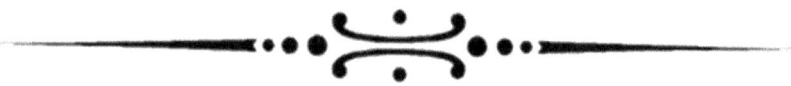

Terry era uma mulher solteira que vivia em seu rancho no Texas e passava o tempo criando e vendendo cavalos. Ela me procurou para encontrar respostas a problemas pessoais. Nunca sei que tipo de vida passada o SC vai escolher para mostrar ao paciente. O SC tem sua lógica especial e única, e nunca sei o que vai escolher ou a conexão que terá com a vida atual do paciente.

Quando Terry saiu da nuvem, estava em pé num grande templo, com colunas altas. Ela estava observando um barco com cabeça de dragão na frente vindo em sua direção. O barco com cerca de vinte pessoas entrou numa doca de um grande rio. Ela estava observando uma mulher com cabelos escuros e compridos e um bracelete dourado

em torno do braço. "Ela é muito bonita. Ela tem franjas. Ela também tem alguma coisa em sua cabeça... alguma coisa dourada". Enquanto falava, ela se fundiu com a mulher. "Sou uma acólita. Estudo aqui. Ouço a palavra Ísis".
O dicionário define acólito como alguém que ajuda [presumivelmente em alguma função religiosa].

D: O que você está estudando?
T: As estrelas. E os planetas.
D: Você disse que achava que tinha alguma relação com Ísis? (Sim) Quem é Ísis?
T: Ela é a rainha. É quem vive neste templo.

Ísis era uma figura divina muito popular no Egito antigo. Segundo o mito que a cerca, era a primeira filha de Geb, deus da Terra, e de Nut, deusa do Céu. Ela se casou com seu irmão, Osíris, e teve o filho, Hórus, que se tornou faraó. Provavelmente, foi o início dos casamentos endogâmicos que visavam manter a linhagem pura. No mito, ela tinha muitos poderes mágicos e habilidades incomuns. A estrela Sírius está associada a Ísis. O aparecimento da estrela significava o advento de um novo ano, e Ísis era considerada a deusa do renascimento e da reencarnação, além de protetora dos mortos. Era a única deusa venerada por todos os egípcios. O antigo historiador Plutarco descreveu Ísis como uma "deusa excepcionalmente sábia e amante da sabedoria, para quem sabedoria e compreensão acham-se no mais elevado grau apropriado".

Ela era servida tanto por sacerdotes quanto por sacerdotisas ao longo da história de seu culto. E muitos deles tinham a reputação de sabedoria e cura, e diziam que teriam outros poderes especiais, inclusive a interpretação de sonhos e a capacidade de controlarem o tempo. O culto de Ísis e Osíris continuou até o século 6 d.C., quando Justiniano aplicou o decreto de Teodósio, que ordenava que todos os templos pagãos deveriam ser destruídos. Muitas crenças e rituais do culto de Ísis foram incorporados na emergente religião cristã.

Esta história parece ter acontecido na época em que Ísis ainda vivia, antes de tornar-se um culto. Eu quis ter certeza de que *estávamos falando de uma pessoa real e não de uma estátua num templo.*

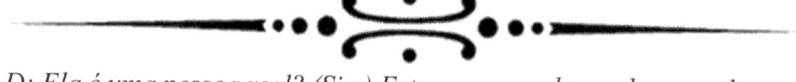

D: *Ela é uma pessoa real?* (Sim) *Estava pensando em deuses e deusas com estátuas.*
T: Não, ela é real. Muitos estudam com ela.
D: *Todos estão estudando a mesma coisa?*
T: Não, cada um tem seu trabalho. Algumas pessoas não chegam a estudar os livros e os pergaminhos. Ainda estão furiosos.
D: *Por que estão furiosos?*
T: Não querem estar lá. Querem ir para casa.
D: *Aí não é a casa deles?*
T: Não, viemos de todos os lugares para estar com ela.
D: *Quer dizer, de toda a Terra?*
T: Não, eles vieram do céu. São de galáxias vizinhas ou de estrelas vizinhas. E as mulheres não são nada no lugar de onde vieram. Elas não gostam de estar aqui por causa disso. Não querem estudar com ela.

Aparentemente, não gostavam de estudar com uma mulher, se as mulheres não eram respeitadas no lugar de onde vinham.

D: *Se não estão felizes aqui, não podem ir para casa?*
T: Não, eles precisam ficar certo tempo aqui. O mundo deles é muito diferente. O lugar de onde vêm é muito escuro e tem muitas máquinas. Este lugar é bem verde, bem fértil, muito bonito, muito cálido. – Eles receberam ordens de ficar aqui para levarem informações para lá.
D: *Essas pessoas são parecidas com o resto de vocês?*
T: Não, elas usam uma espécie de luva com pontas nas mãos e usam máscaras. Não dá para ver o rosto delas.
D: *Oh? Por que usam máscaras?*
T: Para esconder as engrenagens. Não são pessoas muito bonitas. São escuras. São pretas como metal.
D: *Qual a aparência das máquinas?*
T: Diria que são como aves. Têm um bico pontudo. Uma grande abertura para os olhos, mas os olhos estão afundados. E seus olhos

parecem mortos. São ágeis como as aves. Suas voz parecem vir de máquinas, não são suaves, e quando falam não há melodia.
D: *Mas você nunca os viu sem as mascaras?*
T: Posso ver atrás das mascaras.
D: *Você tem capacidade para fazer isso?*
T: Sim. Sua pele se parece com couro.
D: *Você disse que eles eram como máquinas.*
T: Não, isso fica debaixo dessa cobertura.
D: *Mas são vivos?*
T: Sim, mas não têm órgãos como nós. Eles não precisam deles. Tenho medo deles. Não gosto deles.

Achei que isso soava como uma espécie de pessoa mecânica, ou algo computadorizado. Seriam robôs?

T: Eles têm inteligência. Têm capacidade de pensar e reagir às coisas, mas é algo falso. Alguma coisa lhes diz como responder e o que dizer.
D: *Então, seriam mais como robôs ou máquinas, não?*
T: Sim, mas mais avançados.
D: *Se eles ficam zangados, isso significa que conseguem sentir algum tipo de emoção. (Sim) E que eles não querem estar ali. Bem, como Ísis se sente com a presença deles lá?*
T: Ela diz que são necessários. Que temos de fazer amizade com eles. Que precisa haver paz.
D: *Não haveria paz se ela não permitisse a presença deles?*
T: Sim, correto.
D: *Talvez haja alguma coisa que eles possam aprender.*
T: Bondade. Alguns superam aquela raiva e ficam. Estão aprendendo a ter sentimentos. Eles já conhecem as estrelas. Dizem que são da Via Láctea. Nós estudamos a cultura deles.
D: *Há outras pessoas diferentes nesse templo?*
T: Sim, há pessoas muito grandes. Usam mantos brancos. São calvas e muito altas. Mais de dois metros de altura. Não falam muito. E nem precisam. Elas podem simplesmente lhe dizer mentalmente o que desejam. Estão estudando os pontos de poder deste planeta. Eles os usam para gerar energia. É assim que viajam.
D: *Eles precisam de uma nave para isso?*
T: Às vezes, mas às vezes não.

D: *E os escuros, eles usam veículos?*
T: Sim, eles precisam ter alguma coisa. Eles não conhecem nada além de máquinas. Sua nave é longa e estreita, como um tubo. Conforme a maneira como manobra, você nem consegue vê-la. Ela vai parecer um lampejo de luz. Mas os altos simplesmente aparecem. Eles não gostam das máquinas.
D: *Parece que esse lugar tem muitos estudantes incomuns, não é?*
T: Sim, muita gente diferente. Algumas vêm da Terra. São humanos nativos da Terra, como eu.
D: *Há outros além desses que não são nativos da Terra?*
T: Não, ela não deixa muitos deles irem lá.
D: *Você gosta de estar lá?*
T: Ah, sim, é muito pacífico. Muitos livros.
D: *Com todos esses tipos diferentes de seres, você também pode aprender sobre planetas e estrelas viajando, não pode?*
T: Não temos permissão para sair.
D: *Pensei que dessa maneira você poderia obter conhecimentos em primeira mão.*
T: Ah, não. Os escuros querem nos levar, mas eles não nos trazem de volta.
D: *Provavelmente, querem os conhecimentos para o lugar deles. (Sim) Então, você prefere aprender com os livros.*
T: Sim. Estudo muito sozinha.
D: *Esse barco que você viu, sabe quem são essas pessoas que estão chegando?*
T: São peregrinos. Vieram de muito longe, de um clima muito frio. Sabem de Ísis. Querem vê-la pessoalmente. Eles nunca vieram antes.

Deu a impressão de que seriam vikings.

D: *Isso acontece com frequência?*
T: Não, há um véu. Você não consegue encontrar o templo a menos que tenha certeza.
D: *Então, o viajante normal não conseguiria encontrar este lugar?*
T: Ele nunca o veria.
D: *Então, isso é feito para proteção. (Sim) Você acha que desejam estudar ou apenas ver Ísis?*
T: Eles querem o conhecimento. Querem levá-lo com eles.

D: Todos querem levá-lo, não é?
T: Sim, mas não podem. Ela sabe para quem pode falar e para quem não pode.
Condensei o tempo e levei-a adiante para saber se os visitantes conseguiram conhecer Ísis.
T: Eles não falaram com ela. Ela não falou com eles. Algumas pessoas pensam que não há nada ali. Algumas veem uma estátua, mas eu sei que ela é real.
D: Fiquei surpresa por eles terem encontrado o templo, mesmo não sendo o tipo certo de pessoas.
T: Às vezes, eles o encontram por acaso.
D: Eles conseguem ver você e as outras pessoas?
T: Não, para eles parece ser uma ruína. É uma forma de proteção. Ele vai aparecer de maneira diferente para diferentes pessoas. Eles queriam o poder. Eles iriam utilizá-lo de forma errada.
D: Então, eles poderiam caminhar pelo templo onde vocês todos estão e não ver nenhum de vocês.
T: Sim. Às vezes, eles caminham sobre o conhecimento que está escondido ali. Dá a impressão de serem algumas colunas quebradas e um chão sujo. Eles voltam e dizem que não havia nada ali.
D: Esse é um bom modo de proteger. (Sim) O que você vai fazer com os conhecimentos que está aprendendo?
T: Ensinar crianças. Elas não vêm aqui. Serei enviada para ensinar. Há grupos de pessoas que me dirão para procurar.

Depois, tirei-a dessa cena e instruí-a a avançar até uma data importante. Ela me surpreendeu quando deu um "salto de rã". É o nome que dou quando o paciente dá um salto repentino até outra vida não relacionada. Ela entrou no dia de sua morte. Ela se viu no meio de uma batalha como um soldado, no que parecia ser Grécia ou Roma. Havia muito ruído, gritos e golpes de metais. Ela não conseguia ver, pois sua cabeça acabara de ser atingida por trás por alguma espécie de bastão. "Eu era um guerreiro. Tinha um escudo. Alguém me atingiu por trás. Não consigo enxergar. Tudo está escuro. Estou deitado no chão. E ouço ruídos à minha volta". Ele não sabia a que se referia essa guerra. "Provavelmente, é sobre dinheiro e ouro. Eles não nos dizem.

9

Só nos dizem para lutar". Era numa terra estrangeira, e por isso os invasores eram o seu grupo. "Agora, vejo-me deitado ali, e estou simplesmente indo embora. Meu corpo ainda está lá. Creio que não tem mais vida. Foi horrível. Estou apenas indo embora. Não quero mais ser guerreiro".

D: O que você vai fazer agora?
T: Ainda não me decidi.
D: Você precisa ir a algum lugar para descobrir?
T: Sim. Parece-se com uma biblioteca, muitos livros. Gostaria de ficar aqui. Meus professores estão aqui. Eles ficam esperando por nós ali.

Obviamente, era o plano espiritual, ao qual vamos após a morte e que foi descrito em meu livro Entre a Morte e a Vida.

D: Eles lhe dizem o que você vai ter de fazer?
T: Oh, dizem que tenho de voltar. Ainda não acabei.
D: Por que você tem de voltar?
T: Ainda estou ensinando.
D: Já resolveu aonde vai?
T: Acabo de ouvi-los dizer, "Longe, no futuro". O Fim dos Tempos. "Vamos precisar de você no Fim dos Tempos".
D: Por que querem que você vá tão longe no futuro?
T: Por causa de Ísis.
D: De Ísis? Qual a conexão entre ela e o Fim dos Tempos?
T: Ela vai voltar para trazer a luz dourada.
D: Ela voltou aqui desde a época em que você a conheceu? (Não) E vai voltar no Fim dos Tempos? (Sim) E querem que você esteja lá ao mesmo tempo? (Sim)

Houve um capítulo em Convoluted Universe, Livro Dois sobre Ísis. Nessa história, Ísis havia voltado à Terra para completar essa missão. Ela ficou muito abalada com a forma como os humanos estavam tratando a Terra.

D: De onde Ísis veio originalmente? Ela era nativa da Terra?
T: Não, ela era de... ela estava com Deus.
D: Ela chegou a lhe dizer como chegou aqui?

T: Não sei. Só vejo esta ponte de cristal, realmente reluzente. E ela pode ir e vir.

D: *Mas depois ela ficou algum tempo na Terra para ensinar?*

T: Sim, mas isso não deu certo. Essas máquinas. Vieram máquinas demais, e por isso ela teve de ir embora. Não dá para confiar nelas. Não dá para ensiná-las.

D: *Quando ela se foi eles também voltaram?*

T: Não, continuaram vindo. Queriam este lugar, a Terra.

D: *A pessoa que você era nessa época, ficou e viu todas essas coisas acontecendo?*

T: Essas máquinas me levaram porque achavam que eu sabia o que Ísis sabia, mas eu não sabia.

D: *Aonde a levaram?*

T: Não conheço esse lugar. Fica noutro grupo de estrelas.

D: *É a casa deles?*

T: Sim. É um lugar escuro, sem luz solar.

D: *Você poderia existir lá?*

T: Era difícil. Eu não conseguia respirar. Eles não me deixaram lá por muito tempo. Nunca voltei para casa. Fiz a transição. Não havia nada lá para mim.

D: *Você conseguiu ensinar-lhes alguma coisa, dar-lhes algo que quisessem?*

T: Não, eu não quis fazer isso.

D: *Dá a impressão que eles não entenderam que você não conseguiria viver lá. (Não) Mas eles não tentaram levar Ísis.*

T: Ela é poderosa demais.

D: *Mas então os outros seres ficaram na Terra depois que Ísis foi embora?*

T: Não sei o que aconteceu. Eu não estava lá. Tudo que sei é que vieram mais deles e que ficaram algum tempo na Terra.

D: *Mas agora você disse que queriam que você voltasse no Fim dos Tempos, quando Ísis também iria voltar. Por que chamam esse período de "Fim dos Tempos"?*

T: É só o fim do modo de pensar. Ela traz harmonia. Ela traz paz. Ela traz compreensão. Ela vai revelar, mostrar a luz às pessoas. Elas não podem sobreviver se não aceitarem os ensinamentos. É a última dessas máquinas. Elas estão indo embora.

D: *Essas máquinas ficaram tanto tempo assim? (Sim) As pessoas não as perceberam?*

T: Não, pois mudaram sua cobertura. Elas se parecem com as outras pessoas.
D: *Estavam tentando aprender coisas?*
T: Sim. Mas estão falhando.
D: *Estavam tentando mudar as coisas?*
T: Sim, queriam a luz do sol. Queriam esta beleza, mas não podem sobreviver aqui. Seu pensamento está errado.
D:*Não podiam ter voltado para casa?*
T: Não mais. Seu planeta não existe agora. Ele explodiu. Agora, estão como náufragos aqui. Queriam coisa desta Terra. As flores e as árvores, e a beleza.
D: *Isso não teria mudado sua negatividade?*
T: Às vezes, mudava.
D: *Estava pensando. Se eram máquinas, na verdade não podiam morrer, não é?*
T: Não. Eles habitam, usam um corpo e depois deixam-no. Eles procuram outro, e quando o corpo não consegue mais funcionar, buscam outro.
D: *Eles têm permissão para fazer isso?*
T: Eles precisam fazê-lo, ou do contrário não poderão sobreviver.
D: *Estava pensando que o corpo teria uma alma dentro dele, não teria?*
T: Sim, mas isso é diferente.
D: *Diferente como? Estou tentando entender.*
T: Eles não ocupam um corpo se a alma ainda estiver lá.
D: *Quer dizer um corpo que ainda não tem uma alma dentro dele?*
T: Sim. Eles – não consigo descrever. A alma está separada do corpo.

Um corpo que morreu recentemente? Isso se parece com um caso sobre o qual escrevi em The Convoluted Universe – Livro Três. O capítulo se intitula "Uma alternativa totalmente nova ao entrante". Normalmente, o entrante ocorre quando a pessoa resolve que não quer mais ficar nesta vida, por algum motivo. Ela quer ir embora, mas o suicídio não é uma opção. Por que destruir um corpo perfeitamente bom quando outra alma ficaria muito feliz em usá-lo? Assim, fazem um acordo com outra alma (geralmente, alguém que conhecem e com quem têm uma associação) para irem embora e a alma que vem possa ocupar o corpo naquele exato momento. Nada disso é feito com envolvimento ou motivação consciente. Geralmente, a consciência da pessoa não tem ideia de que aconteceu alguma coisa, só que parece que as coisas mudaram em sua vida. A alma que chega faz um acordo, segundo o qual vai assumir e levar a cabo quaisquer acordos que a pessoa tenha feito com outras, bem como qualquer karma que precise ser compensado ou contratos celebrados antes de entrar nesta vida. O entrante precisa respeitar esses compromissos e concluí-los antes de poder prosseguir com suas próprias razões para ter vindo. Isso é o que o entrante faz normalmente.

O que torna diferente este caso alternativo de entrante é que a alma que vem não a conhece de encarnações anteriores. Ela é enviada por um poder superior. Ela ainda está de acordo com a alma original. É preciso entender sempre que estes casos definitivamente não são de possessão, invasão ou tomada do corpo. Sempre são feitos mediante permissão.

D: *Eles criam um corpo?*
T: Eles podem fazer isso. Podem criar uma coisa que se parece com um corpo.
D: *É a isso que você se refere. Mas depois ele chega a um ponto no qual não funciona mais.*
T: Sim, ele se desgasta.
D: *Eles fazem isso para que as pessoas não vejam qual é a sua verdadeira aparência. (Sim) Mas você disse que no Fim dos Tempos o último vai embora?*
T: Sim. Quando ela voltar, eles não vão poder ficar. Tudo será diferente. Será lindo novamente.
D: *Então, eles terão de ir para algum lugar, não?*
T: Ela diz que eles vão simplesmente se desintegrar.
D: *Enquanto estavam na Terra, conseguiram as coisas que queriam?*
T: Não. Não podiam, não tinham alma. Fizeram coisas ruins. Tinham poder, tinham poder. Ocultaram-se nessa cobertura que se parece com um corpo.
D: *A pessoa comum conseguiria identificá-los, se os visse?*
T: Seus olhos parecem mortos.
D: *Mas se você os visse, saberia que havia alguma coisa diferente neles. (Sim) Mas você disse que depois de ter morrido na vida como soldado, ia voltar no futuro distante? E voltaria na mesma época que Ísis? (Sim) Dá para ver que tipo de corpo você terá nesse futuro?*

Estava esperando que ela descrevesse o corpo de Terry, mas ela me surpreendeu. "Ela é bem pequena. Tem um metro e meio de altura. Cabelos loiros, olhos azuis". Com certeza, não era Terry. Ela tem cabelos escuros e estatura mediana. Só para ter certeza, perguntei se ela estava falando de seu próprio corpo futuro ou talvez do corpo de Ísis. Mas ela insistiu que ela era a loira. "Muito conhecida".

D: *O que você faz para ser tão conhecida?*
T: Não sei. Não vejo isso. As pessoas, todas nós voltamos juntas. Trouxemos os pergaminhos conosco. O conhecimento.
D: *Esses pergaminhos foram deixados na Terra?*
T: Sim. Estão sendo mantidos em algum lugar, dentro de uma caixa de ouro.
D: *Você os escondeu faz tempo? O que aconteceu?*
T: Não, eles foram levados. Eles não sabiam o que tinham. Estão numa grande caixa de ouro. Eles não conseguem lê-los, mas têm medo desses pergaminhos. Pois eles destruiriam aquilo que fez as pessoas pensarem. Mentiram sobre tudo, e por isso, quando nossos pergaminhos forem trazidos de volta, a verdade será conhecida.
D: *Eles mentiram sobre a história, é isso? (Sim) Seu grupo encontrou esses pergaminhos, a caixa?*
T: Estão dizendo apenas que seremos cruciais para trazê-los à luz.
D: *E será isso que este (este corpo) com o qual estou falando, estará fazendo no futuro distante, no Fim dos Tempos.*
T: Sim, em 2050. Até lá, essas máquinas terão ido embora.
D: *Foi isso que você quis dizer com o fim de um modo de pensar. (Sim) O mundo está diferente?*
T: Sim, mais pacífico. Não há mais lutas, não há mais guerra. Agora, as pessoas estão aqui para aprender. E nosso grupo vai ajudar a ensiná-las.
D: *Mas isso ainda está no futuro distante.*

Levei-a da cena na qual estava falando sobre essas coisas com o conselheiro e chamei o SC de Terry. "Por que você escolheu lhe mostrar essa vida hoje?"

T: Para surpreendê-la, para ajudá-la a compreender que ela é uma professora com grande habilidade. Ela já foi professora em muitas, muitas ocasiões.

D: O que isso tem a ver com sua vida atualmente?

T: A maneira como ela vive a vida, ensinando sobre espiritualidade para outras pessoas, sobre a luz, sobre a bondade, sobre a harmonia. Você precisa compreender que uma vida bem vivida é uma lição para as pessoas. Ela não entendeu que estava vivendo bem a vida, fazendo aquilo que lhe havíamos pedido para fazer.

D: Por que você a levou ao futuro para ver aquela vida futura?

T: Porque ela pensou que esta seria sua última vida. Ela queria que fosse a última, mas não é. Tem sido muito, muito difícil para ela.

D: Então, ela não vai sair daqui tão cedo. Ela tem trabalhos a fazer.

T: Sim, muito trabalho. (Risos)

Então, eles disseram que lhe mostraram a morte do soldado para explicar os atuais problemas nas costas de Terry. "Ela sempre teve medo de ficar incapacitada e queríamos que ela soubesse que nós a protegemos. Isso foi noutra vida, não nesta. Estamos tentando dizer a ela, 'Deixe-nos ajudá-la. Não lute contra nós. Deixe-nos ajudá-la'".

OUTRA PACIENTE

B: Sua tarefa é trabalhar com a energia feminina. A energia feminina. Ela despertou e precisa da expressão humana. E não é fácil criar o vínculo. Ela a está vinculando a mulheres que podem levá-la adiante. É como o camundongo no labirinto: nem sempre é uma linha reta. E é preciso muita gente para iluminar o caminho. Ela é a parteira do nascimento daquilo que vai existir. Precisa ser feito através da consciência dela. E outros poderão enxergar através de seus olhos. Ela vai trabalhar apenas com oito aspectos da personificação da energia feminina. Há mais, mas oito proporcionam a direção. Ela vai trabalhar com esta energia. É quem ela é, mas ela não sabe disso. Ela deverá implantá-la na consciência humana. Ela vem absorvendo conhecimento sobre este planeta há séculos. É preciso fazer alinhamentos. Cada alinhamento precisa estar ancorado. É a mudança. A Terra se divide ao meio e se abre. Às vezes, ela chora por causa disso. Ela pensava que talvez tivesse sido responsável pela destruição.

D: *Como, noutra vida?*
B: Na próxima vida. Esta vida de agora.
D: *Ela acha que será a responsável pela destruição?*
B: Ela tem medo disso. Tem medo de poder provocá-lo em alguma coisa.
D: *Isso não vai acontecer, vai?*
B: Se tiver de acontecer, vai.
D: *Quero dizer, ela não será a única responsável, será?*
B: Sozinha, não.
D: *Na maior parte do tempo, ela só transmite informações?*
B: E às vezes as implanta. É como uma seta de luz que precisa ter um alvo. Ela cria o alvo para que a seta possa atingir o ponto. Leva algum tempo e alinhamentos para criar o ponto, o foco dos círculos concêntricos. O divino feminino é seu principal foco. O divino feminino é necessário para ajustar a consciência da humanidade e trazer-lhe equilíbrio. Ser criativa o bastante para fazer mudanças em grande escala. E as mudanças em grande escala estão flutuando. E há uma divisão acontecendo, uma cisão da consciência. Ela está preocupada que essa cisão se manifeste numa forma física da cisão da Terra. Ela está confusa se esta será física ou espiritual. E ela tem mesmo poder suficiente para manifestar a física. É disso que ela tem medo. Ela tem esse poder. Ela sabe canalizá-lo. Ela fez isso antes, noutra vida.
B: Ela está tentando ser muito cuidadosa, desacelerando as coisas. Ela não precisa desacelerar nada.
D: *Isso aconteceu na Terra ou noutro lugar?*
B: Isso foi interrompido na Terra, fora do controle dela. Alguém provocou isso. Ela viu isso acontecer. Ela não pôde deter o processo.
D: *Então, é por isso que ela tem medo que possa fazê-lo novamente.*
B: Porque ela sabe fazer isso. Ela não quer o resultado. Mas não é esse seu propósito desta vez.

Isso pareceu parecido com George (Convoluted Universe, Livro Três, Capítulo 38, A Solução Final) quando ele disse que tinha o poder para destruir a Terra e que estava na Terra quando isso havia acontecido anteriormente. Disse que não é o único na Terra atualmente com esse poder latente. Estou descobrindo mais sobre este tipo no meu trabalho. Naturalmente, não sabem disso conscientemente, e nem deveriam. Estão aqui para viver a vida mais normal possível neste planeta frenético que chamamos de "Terra".

Capítulo 2
ELES PENSAM QUE SOMOS DEUSES

No início, os ETs vieram e viveram entre as pessoas em desenvolvimento. Trouxeram muitos conhecimentos para ajudar as pessoas a progredir. É por isso que as lendas sobre deuses e deusas se originaram, pois os ETs viviam tanto quanto queriam e só morriam (ou iam embora) quando estivessem prontos. Por isso, as pessoas os consideravam especiais. No entanto, os ETs sabiam que uma hora teriam de partir e deixar as pessoas desenvolvendo-se sozinhas. Os ETs cruzaram com algumas pessoas para criarem líderes e não ficássemos totalmente sem ajuda. Um exemplo seriam os primeiros faraós, que no começo também eram venerados como deuses.

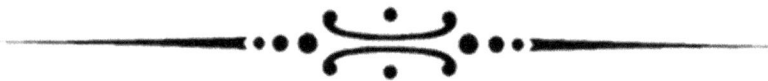

Rachel era uma escritora independente e colaborava em jornais e revistas. Tinha uma grande sede por conhecimentos e pelo desconhecido, mas achava que havia mais alguma coisa que deveria estar fazendo. Ela sabia que o medo a estava segurando.

Quando Rachel saiu da nuvem, estava num grande edifício que se parecia com um palácio. "Há grandes colunas em cada lado. Estou olhando para a água. A água é de um belo tom de azul e de turquesa, mas há algumas ondas toscas, brancas, e por isso deve estar ventando. Entretanto, vejo alguma coisa rochosa à minha direita, seria um promontório? E há algumas árvores lá. E posso ver uma enseada, uma praia caso olhe para baixo.

D: *O palácio fica acima da água?*

R: Ah, sim! Fica no alto e desce até a praia. Mas o sol está brilhando, é um belo dia.
D: Há outros edifícios próximos?
R: Não consigo ver mais nada dali, só a água. Estou numa sacada que tem cortinas leves dos lados. Se eu me virar, sei que estou no meu quarto. Esta parte é aberta. É muito bonito. A temperatura é amena na maior parte do ano.

Havia muita gente morando nesse palácio, mas eram servos, em sua maioria. Ela estava usando roupas leves e pregueadas. "Não é seda, mas é liso como seda". Teria vinte e poucos anos, com cabelos castanho-escuros presos na cabeça e mantidos no lugar por faixas. Usava joias de ouro, um bracelete largo de ouro, anéis e um colar largo de ouro com um pingente de forma triangular, feito de placas e não de uma única peça. Parecia a linda existência idílica de uma mulher rica que tinha tudo de que precisava e que era tratada da cabeça aos pés. O tipo de vida passada sobre a qual alguém gostaria de fantasiar. Mas quando falou dessa vida, ficou óbvio que não era perfeita. "O quarto é como meu santuário. Ninguém me incomoda aqui, a menos que eu permita".

D: As pessoas a incomodam noutros lugares?
R: Tenho de fazer algumas coisas. Tenho deveres. Funções reais. São entediantes. Tenho de ser agradável com pessoas que sequer conheço. Banquetes. Ouvir discursos formais. Protocolo. Ficar sentada por horas, é o que parece.
D: Isso é feito no palácio?
R: Sim, e num templo que fica a um quilômetro e meio daqui. Sou levada lá numa liteira.
D: Por quê você precisa participar dessas coisas?
R: Faço parte da família real. Preciso ir. Eles acham que somos deuses, mas não somos. Eles não compreendem. É o sangue alienígena.
D: Como assim? O que quer dizer isso?
R: É nossa linhagem sanguínea, pensam que somos deuses por causa disso.
D: Pode me explicar o que significa isso? Estou interessada.
R: Não são muitos os que conhecem a verdade, mas há muito tempo, os alienígenas escolheram alguns para governar em sua ausência. E copularam com meus ancestrais.

D: *Eles governavam no começo?*
R: Sim, controlavam os humanos. Mas faz séculos que não estão por aqui.
D: *E escolheram certos humanos para governar em sua ausência?*
R: Porque continham o sangue alienígena. Somos híbridos.
D: *Eram bons governantes?*
R: Não. Usavam os humanos como escravos. Consideravam os humanos subcriaturas, quase como animais, apenas um pouco melhores.
D: *Você sabe porque vieram para cá em primeiro lugar, se é que lhe contaram essas histórias?*
R: Havia alguma coisa na Terra, alguns minerais, algo de que precisavam. Os humanos não tinham poder. Eram como escravos. Usavam-nos para ajudá-los a obter os minerais. E também para cultivar alimentos e cuidar deles. E depois foram embora.
D: *E é por isso que escolheram certas pessoas – qual seria a palavra – para cruzarem com eles?*
R: Veja, não eram deuses. Não eram humanos, mas não eram deuses. E cruzaram com os humanos. E seus descendentes foram escolhidos para governar em sua ausência. Havia conflitos em seu planeta natal. Havia guerras. Eles tiveram de sair de lá.
D: *Contra quem era a guerra?*
R: Havia guerras entre eles e também com outros. Eles não eram deuses, mas os humanos achavam que eram porque eles conseguiam deixar o plano terrestre.
D: *Aqueles contra quem estavam guerreando também queriam coisas da Terra?*
R: Sim. É muito frustrante. E a verdade não pode ser contada, ou seríamos derrubados.
D: *Mas pode me contar, eu não represento uma ameaça para você. Só estava curiosa quanto ao que causou as guerras. O que esses outros grupos queriam?*
R: O controle de galáxias. Estavam lutando por galáxias. A história recua até esse ponto. Raças inteiras, mundos destruídos, mas sempre havia sobreviventes que iam para outros lugares e recomeçavam ali. E depois, começava tudo de novo – mais guerras. E o povo deste planeta pensa que somos deuses ou descendentes dos deuses. Ahh!
D: *Eles só tinham mais tecnologia.*

R: Sim. Além disso, não somos tão avançados espiritualmente.

D: *Mas seus ancestrais tiveram de sair daqui por causa das guerras ou de outra coisa?*

R: Foram forçados a sair, eles perderam. Os vencedores fizeram-nos sair. Agora, estamos num experimento. Eles estão observando. Estão protegendo. Não estão permitindo mais nenhuma interferência.

D: *Isso é bom. Mas você disse que agora o grupo está num experimento?*

R: Nós somos um experimento. Nosso grupo. Somos os híbridos.

D: *Por que você chama isso de experimento?*

R: Somos uma mistura de muitas raças, mas principalmente a raça original. Aqueles que originalmente usaram os humanos. Os vencedores interromperam a continuação dos experimentos. Estão observando para ver o que acontece.

D: *Por isso, eles não gostaram quando os outros vieram e fizeram coisas negativas.*

R: Eles interromperam isso. Pararam a guerra. Estão permitindo que as pessoas se desenvolvam, mas só algumas conhecem a verdade.

D: *E o resto do povo nativo acredita que vocês são deuses.*

R: Sim, pois alguns de nós ainda são capazes de se comunicar. Alguns de nós têm poder mental. E eles tinham – máquinas não seria a palavra certa – tinham coisas que os ajudavam a construir as cidades e os templos. Não usamos mais isso. Nossos ancestrais o fizeram, com os alienígenas.

D: *Como essas máquinas operavam?*

R: Era um dispositivo que permitia a focalização da energia. Em parte, era físico, mas também eram usados poderes mentais muito fortes para orientá-la. Alguns de nós conseguiam se comunicar telepaticamente, não todos.

D: *Seria esta uma das razões pela qual as máquinas não são mais usadas? Porque seu povo não tem a capacidade mental?*

R: Sim, ninguém sabe mais como usá-las, como ligá-las. Focalizando a mente e colocando a mão em certas posições, os dispositivos poderiam ser ativados. E, com frequência, alguém agia como ponto focal, e os outros canalizavam sua energia através desse indivíduo.

Isso se parece tanto com a informação de Bartholomew em Convoluted Universe, Livro Um, quanto com o modo como os essênios direcionavam a energia na biblioteca de Qumran, conforme dito em Jesus e os Essênios. Phil também era um diretor de energia para toda uma cidade em Guardiões do Jardim.

D: *Isso multiplicava o poder, não?*

R: Sim. Havia alguns no templo que tinham um pouco de poder, o suficiente, bem como a capacidade de reativar alguns dispositivos de comunicação, mas não totalmente. Há outros dispositivos que não temos mais poder para ativar.

D: *Então, o grupo que está observando vocês não quer lhes dar esse conhecimento?*

R: Eles não vão nos ajudar. E à medida que a linha sanguínea se enfraquece, a capacidade enfraquece. Há mais cruzamentos com os humanos. Então, as capacidades são reduzidas. Mas parte desse poder, dessa capacidade, também é passada para a descendência humana. Como descrever isso? Ela está diluída, mas mais pessoas têm um poder diluído. Creio que é um meio de descrevê-lo.

D: *Então, não é o poder puro, mas parte dele.*

R: Sim, está sendo difundido geneticamente, talentos latentes, e... (soluço) os vencedores cortaram propositalmente parte do poder que tínhamos. Era perigoso demais permitir-nos continuar com aquele poder e capacidade.

D: *Você acha que foi porque vocês não saberiam utilizá-lo?*

R: Ah, sabíamos usá-lo, mas não o usamos bem.

D: *Então, eles acharam que seria melhor bloquear parte dele? (Sim) Como fizeram isso?*

R: É energia. Estou tentando pensar. (Pausa) Se você tivesse uma mancha solar com tremenda energia, capaz de interromper campos magnéticos, seria como se o poderoso dispositivo fosse direcionado para a Terra. Naturalmente, eu não tinha nascido naquela época, mas, pelo que ouvi dizer, foi como se você ouvisse um som insuportável demais. E quando o som parasse, você estava surdo. Algo assim, mas não exatamente assim. Mas era como se você tivesse perdido um sentido. Foi assim que ele foi bloqueado inicialmente.

Nos meus outros livros, isso foi descrito como se um fusível se queimasse. As capacidades tiveram de ser removidas. Agora, estão retornando gradualmente, à medida que as pessoas provam que possuem a capacidade de usá-las de forma correta. Porém, se tornarmos a abusar delas, como fizemos muitas vezes no passado, elas serão bloqueadas novamente. Espero que sejamos capazes de mantê-las, pois elas serão úteis para nosso uso na Nova Terra.

D: Mas você disse que na sua época algumas pessoas ainda conseguiam se comunicar?
R: Era genética, a capacidade era transmitida mas era danificada. Quase como a radiação que causa danos genéticos. Mas não era radiação, era diferente.
D: Era proposital?
R: Ah, sim. Os vencedores eram de um continuum espaço-tempo diferente, pois a guerra estava ameaçando galáxias. Se não tivessem sido impedidos, ela teria causado catástrofes inacreditáveis em mundos, sóis, sistemas.
D: O que você quer dizer com continuum espaço-tempo diferente?
R: Dimensões diferentes, trabalhando com outros neste espaço-tempo. Mas aqueles noutras dimensões trabalham para ajudar a recuperar o controle e estabilizar universos e galáxias.
D: Então, trabalham numa escala maciça.
R: Sim. Sempre sendo ameaçados, estava ameaçando chegar a um ponto sem retorno, com efeitos em cascata. Sim, essa é a expressão, "efeito em cascata".
D: Portanto, os outros tiveram de sair e não permitiram seu retorno.
R: Sim. Foi parte do tratado de paz.

A história do grupo original de alienígenas que veio à Terra para dar início à vida sob a orientação dos arcaicos está contada (em Guardiões do Jardim), pois esse era seu propósito. Durante incontáveis milênios, eles viajaram pelas galáxias procurando planetas que tivessem chegado ao ponto no qual poderiam sustentar a vida. Sua tarefa era iniciar o processo da vida. Depois, as espécies em desenvolvimento eram deixadas por conta própria em função da primeira diretriz de não interferência.

Mas havia outros que vinham com outras agendas. Eram aqueles que estavam procurando minerais necessários em seus planetas. Eles ficaram e escravizaram os habitantes primitivos para que pudessem fazer o trabalho para eles. Foi quando ocorreram os cruzamentos. Naquela época, chegou à atenção dos conselhos o que estava acontecendo e eles entraram em cena para expulsar os intrusos a fim de não prejudicar o experimento original. Esses foram os fatos que me foram transmitidos ao longo de muitas sessões e relatados em meus outros livros. O relato de Rachel torna a enfatizar e confirmar essa informação. Permitiram que os poderes físicos ficassem diluídos, até que, na nossa época, ficaram praticamente inexistentes. Mas nunca desapareceram por completo, só ficaram adormecidos. Ainda estão em nossos genes e DNA. Hoje, em nossa época atual, estão vindo à tona e sendo reativados para serem usados na Nova Terra. Muita gente tem percebido que seus poderes psíquicos estão sendo despertados.

D: *Mas você disse que você e sua família ainda têm alguns desses poderes?*
R: São capacidades latentes que afloram esporadicamente em diversos indivíduos de cada geração. Eu sou uma delas. Há um número apenas suficiente de nós capazes de fazer coisas que levam as pessoas a pensarem que somos deuses. Mas não somos. Só alguns de nós têm esses talentos. E não somos tão especiais assim. Temos emoções, como qualquer um.
D: *Que habilidades você tem?*
R: Posso dizer quando as pessoas dizem a verdade. Sinto isso. E elas me fazem ir ao templo. Fazemos diversos tipos de julgamentos lá.
D: *Como num tribunal?*
R: É diferente. Vocês têm tribunais comuns, mas isso só é feito com pessoas sem habilidades. Isso é para resolver se o reino está sendo ameaçado de alguma maneira, se um embaixador está dizendo a verdade ou não. Levam-me lá e tenho de me sentar durante o banquete e observar. Não gosto de fazer isso. Não está certo. Eles deveriam saber o que eu estou fazendo. Nem mesmo meus familiares todos sabem de tudo que está acontecendo.
D: *Mas é bom ter essa habilidade, não é?*
R: Não. É uma maldição. As pessoas mentem o tempo todo e eu vejo isso. (Ela ficou emocionada.) É por isso que me permitem ficar sozinha no meu quarto. É difícil saber que existe tão pouco amor. (Chorando) A maioria das pessoas é ardilosa, tramando e conspirando e mentindo, lutando pelo poder.

D: *E você sente tudo isso.*
R: Sim. Aqui, consigo me afastar disso. Meu quarto é isolado. Não capto vibrações aqui. Posso apenas olhar para o oceano e me curar. Então, estou sozinha.
D: *Não existe maneira de você se fechar para essa habilidade, para que não fique funcionando o tempo todo?*
R: É muito difícil. É como sofrer bombardeios o tempo todo. Consigo me fechar, mas preciso me esforçar. Se estiver cansada ou baixar a guarda, mesmo que seja por alguns instantes, vou ficar sobrecarregada. É por isso que me deixam sozinha na maior parte do tempo. Têm medo que se me pressionarem demais, não serei mais útil para eles.
D: *Sua própria família tem essas habilidades?*
R: Tenho uma irmã, ela faz curas. Ela entende. Eles nos usam, as duas.
D: *Então, não é um lugar feliz para se viver, embora seja bonito.*
R: Não, mas tenho duas filhas.
D: *Você é casada?*
R: Sim, mas ele está longe por questões políticas, felizmente. Fico contente quando ele não está aqui. Ele quer ter um menino. Mas quando nos encontramos, capto todas as imagens em sua mente e não quero fazer nada. Não quero saber o que está acontecendo em sua mente.
D: *Suas filhas têm essas habilidades?*
R: Ainda não sei, são muito jovens.
D: *Essa é apenas uma das habilidades que você desenvolveu?*
R: (Pausa) Eu sabia canalizar a energia através do dispositivo de comunicação do templo quando precisava fazê-lo. Se você o visse, não perceberia nada. Parece-se apenas com um bloco de pedra. Mas há um ponto no alto onde ponho a mão e fico em silêncio. E então, visualizo a luz entrando pelo alto da minha cabeça e canalizando-se. Além disso, ela enraíza através dos meus pés. E então eu ponho a mão e a energia passa da minha mão para o bloco. E isso o ativa.
D: *Então, o que acontece?*
R: Então, os outros fazem perguntas.
D: *Como você recebe as respostas?*
R: Eu só sei. Elas estão lá.
D: *Elas vêm pelo bloco, por seu corpo, como?*

R: Não tenho muita certeza do mecanismo, mas é como se eu pudesse ver as imagens, recebendo a resposta na minha cabeça. Ela é sempre precisa. (Pausa) Estou preocupada com minhas filhas. Elas ainda não foram testadas.

D: Mas, como você disse, com o crescimento da linha sanguínea, ela enfraquece.

R: Espero que sim.

D: Você já teve oportunidade de viajar como seu marido?

R: Não quero. (Emocionada) Não quero ficar perto das pessoas. Quero ficar sozinha. Só com minhas meninas. Ah, tenho medo que voltem-nas contra mim em breve.

D: Por que acha que vão voltá-las contra você?

R: Porque sei que é isso que vai acontecer. Eles não me deixam ficar perto delas com frequência. Originalmente, era meu pai, e agora meu irmão. E os servos, e os importantões e quem quer que ache que isso é um meio de me controlar. Eles sabem que não quero mais fazer isso, e por isso me controlam através das meninas. Esse é um meio. E até ameaçam me levar a algum lugar, quando então não estarei mais sozinha no meu santuário. Ameaçaram-me dizendo que iam me levar para longe do palácio, para fazer-me trabalhar com as pessoas numa aldeia distante, onde sabem que só haverá humanos e nenhuma beleza na minha vida. E eu não conseguiria me livrar das emoções dos demais. Também me ameaçaram de trancar-me numa masmorra em algum lugar, com todas as vibrações das outras pessoas que estão trancadas por lá. Uma vez, me levaram lá. (Soluçando) Foi horrível! Foi horrível! Ficam me ameaçando se eu não fizer o que mandam.

D: É bom falar sobre isso. É bom desabafar sobre isso porque eu compreendo. É assim que controlam você?

R: Sim, e não me deixando ver as meninas. Mas elas estão ficando mais velhas, e em breve vão virá-las contra mim. Só minha irmã mais velha me entende. Não sei o que fazer.

D: Há algum modo de usar suas habilidades contra eles?

R: Não é assim que funciona. Eu capto todos. E eles me usam para canalizar minha energia no dispositivo do templo, para poder dar-lhes informações. Eles apenas me usam, querem-me para obter informações.

D: Mas você sabe que se mandarem você embora, não terão essas informações. Você é importante para eles.

R: Mas por que continuam a me ameaçar?
D: *Porque realmente precisam de você. Acho que não fariam essas coisas com você.*
R: Mas eles sabem que não quero fazer isso. Levaram-me para aquele lugar horrível quando me recusei a cooperar. E não quero voltar lá. Bem, minha irmã é curadora. É diferente, ela não capta as emoções como eu. Ela toca a pessoa e sabe o que há fisicamente de errado com ela. E sabe se consegue tratá-la com ervas e coisas assim. Ela não pode dar informações para fins de poder aos oficiais. Ela pode curar, e por isso ela é importante para impressionar os humanos. Mas ela está feliz com o que faz, pois está curando. Assim, não se sente usada como eu, pois ajuda as pessoas.

Ela pareceu tão triste que resolve tirá-la daquela cena e levá-la a um dia importante, na esperança de que fosse um dia melhor. Mas eu estava enganada, parece que não havia como escapar da tormenta pela qual ela estava passando.

R: (Suspiro profundo) Estou de novo no meu quarto. (Pausa) Vi as meninas. Levei-as à praia e caminhamos na praia. Foi bom, a água estava quente. Ficamos molhadas e cheias de areia. E nos divertimos. Levamos comida e comemos, rimos. E eu lhes disse como as amo. E que não importava o que pudesse acontecer no futuro, de algum modo, de alguma forma, eu sempre estaria com elas, protegendo-as. Só me deixaram passar essa manhã com elas porque acham que vou a um banquete esta noite.
D: *Para fazer aquilo que você sempre fez.*
R: Mas eu não vou. (Pausa) Porque eu me despedi das meninas e vou cometer suicídio, jogando-me da sacada.
D: *(Isso me surpreendeu!) Oh! Você acha que não tem outro caminho?*
R: Não vou mais ser controlada. E não vou para aquele lugar ao qual me ameaçam levar. Em vez disso, vou voltar ao espírito.
D: *Você acredita que é a única saída?*
R: (Suspiro profundo) Sim. Não serei mais usada. E não vou ficar louca com aquele lugar aonde me mandariam. Só vão descobrir quando for tarde demais.

Nesses casos, só posso deixar o paciente contar sua própria história. Nunca posso interferir ou tentar influenciá-lo.

D: *Você decidiu que não há outra maneira?*
R: Sim. Foi por isso que fiz o que fiz com as meninas.
D: *Mais ou menos como se dissesse adeus.*
R: Sim. Preciso fazer isso. Não vou mais ser usada.
D: *Muito bem. Compreendo. Diga-me o que acontece. E você não precisa ter a experiência. Pode falar sobre ela. O que você faz?*
R: Puxo uma banqueta até o corrimão e a uso. Agarro a coluna e subo. E fico com a mão numa lateral da coluna. Estou em pé no corrimão. Olho uma última vez e fecho os olhos, jogando-me para a frente. Atiro-me e caio. Atinjo as rochas lá embaixo. Vejo-me nas rochas, estou olhando para meu corpo abaixo de mim.
D: *Agora, você já saiu do corpo.*
R: Ah, sim. Não podia continuar a permitir que me usassem. Isso não estava certo.
D: *Compreendo. Enquanto você observa a cena, alguém encontra o corpo?*
R: Passa-se algum tempo, talvez algumas horas, e finalmente os servos batem à porta. Normalmente, eles sabiam que não podiam entrar sem a minha permissão, mas precisavam me preparar para o banquete. E quando não conseguiram resposta, repetidas vezes, ficaram assustados e procuraram alguém com mais autoridade. Por isso, um dos oficiais aparece, entra no quarto e vê que não estou lá, mas vê a banqueta perto do corrimão. Finalmente, olha e vê meu corpo lá embaixo. Mas eu já não estava mais lá.
D: *Como ele reagiu?*
R: (Riso) Deixou todos em polvorosa. Seus planos fracassaram. O oficial está com medo porque terá de contar ao meu irmão o que aconteceu.
D: *Pelo menos, você já saiu dessa. Não precisa mais estar envolvida nisso tudo.*

Então, levei-a para longe da cena e fiz com que a alma da mulher fosse a um lugar de paz e quietude. Chamei o SC de Rachel para que pudéssemos responder às perguntas dela. Naturalmente, a primeira pergunta é sempre porque o SC escolheu aquela vida para que ela visse.

R: Para lhe explicar seu medo de ser controlada, seu medo de se abrir psiquicamente. O medo de usar a energia.
D: Mas você sabe que o uso da energia nem sempre é negativo.
R: Sim, ela sabe disso. Mas a lembrança subconsciente do mau uso estava lá. Sua clarissensiência, sua capacidade de captar emoções estava sendo usada novamente com propósitos negativos. Não para ajudar as pessoas, mas para o poder e o controle.
D: Isso faz sentido. Assim, o que você está tentando dizer a Rachel hoje, nesta vida atual?
R: Que aquilo aconteceu antes, e que ela aprendeu muito desde então. E nunca mais será usada daquela maneira.
D: Não, ela não vai permitir isso. E, na nossa época, é muito pouco provável que isso aconteça.
R: Correto. Mas sempre houve o medo de se abrir e captar outras pessoas. E de não conseguir controlar isso caso haja uma abertura plena. Desta vez, ela não tem medo do abuso desse poder, mas sim de não ser capaz de tornar a fechá-la caso a habilidade realmente seja aberta. Mas ela aprendeu. Há uma mistura genética diferente e poderes diferentes foram aprendidos. Capacidades que foram aprendidas nesse meio-tempo. Ela precisa começar a usar essas habilidades para captar os outros e ajudá-los a se curar. A capacidade de tocar e compreender o medo de outra pessoa. Ajudá-los a verbalizar o medo, a conscientizarem-se do medo, para poderem superar esse medo.
D: Você acha que é o medo que faz as pessoas adoecerem?
R: Sim. E o medo as mantém em relacionamentos que não são mais saudáveis e nem proporcionam crescimento para a alma. O medo é negativo quando deixamos que ele impeça uma ação positiva. O medo é bom quando nos alerta sobre um perigo real para o corpo físico. Ele é bom como um aviso de que é preciso mudar emocionalmente, e sua capacidade de sentir os desequilíbrios emocionais. O medo é a raiz de todas as emoções negativas. Ele se manifesta de várias maneiras diferentes. Rachel tem a capacidade de ajudar as pessoas a encontrarem primeiro o medo superficial, trabalhando depois na raiz do medo. Ela vai precisar abrir sua clarissensiência de maneira controlada, para poder tocar as vibrações dos outros pelo tempo necessário para sentir o problema e trabalhar nele. Noutras palavras, tocar as vibrações

apenas o bastante para obter as informações necessárias para ajudar aquele indivíduo em seu processo de cura, sem se deixar sobrecarregar pelo medo ou pelas emoções do outro. Ela será capaz de fazê-lo com um breve toque da mão. No começo, ela vai tocar a mão da pessoa, e mais tarde vai tocar seu terceiro olho. Mas será apenas um breve toque, alguns segundos, e depois se afasta. Então, ela vai saber. Isso é a clarissenciência. Ela vai sentir as emoções. O medo, o medo subjacente. Depois de saber, vai ser capaz de começar a fazer perguntas para as pessoas. Vai fazê-las falar. Ela vai saber, mas vai informá-las fazendo com que respondam às perguntas.

D: Então, em essência, elas mesmas se curam.

R: Esse é o melhor tipo de cura. O Reiki está usando a energia para reequilibrar temporariamente os fluxos de energia através de todos os chakras. Ela também pode fazer isso, e em alguns casos vai fazer. Mas vai trabalhar com o consciente para trazer medos subconscientes à superfície. Ela vai saber que perguntas fazer. Quando tocar, vai sentir e vai começar a saber que perguntas fazer. Vai levar as pessoas ao ponto no qual elas chegarão à mesma conclusão.

D: Ela vai começar a captar os pensamentos e energias das pessoas?

R: Só quando decidir fazê-lo.

D: É particularmente importante que ela possa ligar e desligar isso a hora que quiser. Não queremos que seja como da última vez.

R: Sim, é muito importante. Ela será alguém que vai mostrar o caminho. Noutras palavras, vai permitir que as pessoas vejam seus próprios caminhos para que possam escolher sozinhas.

Uma pergunta física: Tornozelo quebrado, pois ela tinha dito que precisava de uma pausa. "Foi o esquerdo, pois ela estava se apegando ao passado. Estava com medo de dar um passo à frente, e por isso o esquerdo versus o direito. Basta ir em frente. Não se apegue ao passado".

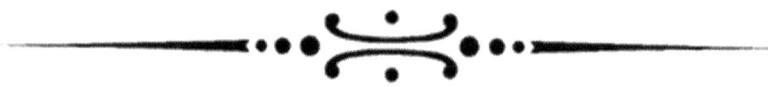

No meu trabalho, o SC sempre fornece as mesmas respostas para problemas físicos. Muitas vezes, foi dito que qualquer coisa que ocorra do lado direito do corpo refere-se a coisas desta época atual. Qualquer coisa que ocorra do lado esquerdo representa coisas do passado, seja da infância desta vida, seja de uma vida passada. E qualquer coisa que se relacione com as extremidades (quadris, pernas, joelhos, pés) significa que a pessoa tem medo de avançar. Geralmente, ela se vê numa encruzilhada e tenta tomar uma decisão. E o lado do corpo em que o problema acontece me diz de onde vem o medo: do presente ou do passado. As queixas físicas de meus pacientes me dizem muito sobre o que está acontecendo em suas vidas. (Veja o livro de Julia Cannon, Soul Speak, para conhecer mais definições sobre como o corpo fala conosco.)

Antes de encerrar a sessão, o SC sempre dá ao paciente um conselho final. Chamo-o de "Mensagem de Despedida".

Mensagem de despedida: Só para lembrar que ela agora sabe como ligar e desligar. Ela não precisa temer a abertura. Se começar a se abrir e sentir alguma coisa que é demais para ela lidar, vai perceber isso imediatamente e será capaz de se fechar. Ela pode se fechar. Ninguém a controla, ela controla isso sozinha. Só quando permite que outros usem essa energia, o que às vezes ela faz, é que isso vai acontecer. Mas é uma opção dela. Ela não é mais controlada.

Capítulo 3
NÃO REPITA OS MESMOS ERROS

Shiela era outra paciente diante de uma encruzilhada em sua vida. Era professora, mas achava que seu verdadeiro propósito não era esse. Achava que estava procurando alguma coisa além do seu alcance. Parte de seu dilema era se ela deveria passar para outra área para descobrir aquilo que estava procurando. Havia muita incerteza e ela esperava descobrir as respostas na sessão.

Quando Shiela entrou naquela vida, viu um muro rodeando uma cidade grande, próxima da água. "Não é como uma fortaleza, mas é grande. Parece que pode abrigar muitas pessoas. Centenas moram aqui. Alguns dos prédios são altos como torres. Tamanhos diferentes, mas altos, com janelas pequenas e estreitas. Não são para soldados, são para a luz. Não há soldados. É algo velho, como da época suméria". O tempo era sempre o mesmo, quente. Ela se viu como uma jovem com longos cabelos dourados, usando um manto marrom longo e fluido e sandálias. Também usava pulseiras. "Metal, sem pedras, só metal com inscrições e símbolos no meio. São muito raros. Uso-os apenas no braço esquerdo. O esquerdo é mais importante".

D: *Por que ele é mais importante?*
S: Para criar dessa maneira, é assim que flui. Criamos pela esquerda.
D: *O que quer dizer isso?*
S: Esse é o meu trabalho. Você estende a mão e então a energia flui.
   E é por isso que você quer que o metal atraia aquela energia criativa. Ele atrai através da mão esquerda. É como a cura, mas não é para o seu corpo. Quando você usa a mão, ela sai e o metal é um condutor de energia.
D: *Então, ele amplifica a energia?*
S: Sim. É por isso que é raro.
D: *De onde vem a energia?*
S: Vem de fora, mas você aprende a canalizá-la e a dar-lhe forma.
D: *E depois, como você usa a energia?*

S: Você se comunica, mas nem sempre com palavras. Há outras maneiras de se comunicar. Você usa símbolos. E não precisa se preocupar com a língua caso use símbolos, pois as pessoas compreendem símbolos universais. Eles sempre significam as mesmas coisas. Por isso, você pode compartilhar mensagens e sabedoria se deixar que a energia flua, simplesmente. É como a alquimia, pois muda de forma; portanto, não é apenas sua voz humana. É como a voz dos outros... os outros seres de luz lá em cima, que podem simplesmente deixá-la passar pois você, pois ela é pura e não é alterada pelos significados da língua.

D: Então, os símbolos contém muita informação?

S: Contém.

D: E você sabe ler os símbolos e compreendê-los?

S: Sim, eu sei.

D: São como símbolos de sonhos, geométricos, como são?

S: São ambos. Um símbolo pode representar mais de uma palavra, pois quem o recebe atribui-lhe significado, e por isso não sou eu lhes dizendo o que ele significa. É aquilo que eles recebem. Se você vir uma estrela, isso não vai significar aquilo que penso que seja uma estrela. Significa que estou lhe dizendo para ver uma estrela, e você sabe o que significa a estrela sem falar a minha língua.

D: Então, todos têm suas próprias interpretações pessoais?

S: É para isso que elas vêm, sim.

D: E você atrai essa energia e depois a direciona para fora de alguma maneira específica?

S: Você pode atraí-la. Pode retê-la. Pode registrá-la. Geralmente, eu a registro para uso posterior.

D: Então, você não precisa enviá-la para fora?

S: Não, você pode conter a energia. Pode dar-lhe forma. Pode colocá-la num metal. Pode colocá-la num tablete de pedra. Pode colocá-la num local sagrado e protegido que não permite que as pessoas abusem dela. É uma mensagem muito pura e protegida.

D: Eu estava pensando em enviá-la para fora, pois é assim que os curadores trabalham.

S: Eu não sou uma curadora. As pessoas procuram outros para isso. Sou uma sacerdotisa.

D: E você disse que registra as coisas. (Sim) Como você registra?

S: Você pode pintar os símbolos. Pode pintá-los nas paredes. Pode colocá-los nos templos, colocá-los em colunas brancas. As pessoas pensam que as colunas são brancas, mas elas não são. São pintadas, e nem todos conseguem lê-las. Mas as pessoas que deveriam ler conseguem lê-las. Outras pessoas pensam apenas que são colunas pintadas. Só conseguem a informação se estiverem prontas.

Ela estava num templo, e disse que vivia e também trabalhava nele. Fiquei me perguntando se o templo era dedicado a alguma coisa específica, como os templos romanos e egípcios que eram dedicados a vários deuses e deusas.

S: Não. Se há mais pessoas, ele fica mais forte. A mensagem pode ser mais forte e vocês podem trabalhar juntos. Posso ter uma habilidade mas outra pessoa tem outra habilidade, e se você combiná-las fica muito mais poderoso. Você atinge mais pessoas. Você não guia as pessoas se elas vão usá-las mal. Mas se estiverem prontas, então podem compreender muito bem.

D: Estava pensando que alguns templos são dedicados a deuses e deusas.

S: Nós não precisamos deles... a Fonte de Deus... a Fonte de Deus.

D: Que espécie de sacerdotisa você é?

S: Sou apenas uma mensageira. Só ouço e interpreto, e posso falar línguas sem ter de aprendê-las. Encontro um modo de não ter de aprender uma língua totalmente nova. Só o suficiente para transmitir alguma mensagem importante. Não é só para a elite. Não é para o deus se esconder do povo. Eles vêm em peregrinação. Eles vêm. Eles sempre são bem-vindos. Eles trazem comida, não oferendas. Eles trazem escambo, não dinheiro ou comércio. Mas seu presente é receber a benção de uma mensagem ou alguma sabedoria, como uma pérola.

D: Você disse que mora no templo?

S: Muitas de nós, centenas. Muitas, de todas as idades. Algumas estão aqui para trabalhar; outras, para aprender e ensinar, todas aprendem. Algumas curam. Eu não curo. Algumas, sim. Curam ossos quebrados. Curam corações. Curam danos ao seu corpo. Curam danos aos seus pensamentos. Às vezes, não consigo ajudar, mas às vezes curam.

D: *Você ensina o que faz para as outras?*
S: Sim, ensino.
D: *Você gosta do que faz?*
S: Oh, às vezes, eu abuso. (Ela estava ficando emocionada.)
D: *Por que isso a está incomodando?*
S: Acho que nós matamos pessoas com isso. (Ela estava chateada.) É como um poder. Elas pensam, "Agora, tenho poder", e por isso matam. Odeio isso. É muito sombrio. O que faço? Não ensino?
D: *Então, depois que você as ensina, não tem mais controle sobre isso. Não sabe o que vão fazer com isso.*
S: Não. E se matam? E se fazem isso? Tiramos delas? Expulsamolas? Banimos... ensinamos de qualquer modo? Desistir... esperar? Não gosto de escolher.
D: *São poucas que a usam negativamente?*
S: Poucas, mas o suficiente para causar dano. Podem destruir. Podem destruir o templo. Podem se destruir mutuamente. Só querem destruir coisas. Querem furtar coisas. Querem acumular e pilhar e... não sei o que fazer. Podemos parar. Mas não acho que seja certo. Não acho que devemos parar, mas se selecionarmos algumas vai ser ruim da mesma forma. E se as curadoras só curarem aqueles que elas quiserem? E se os jardineiros só cuidarem das plantas que quiserem? O que é isso? Está errado.
D: *Mas o que a pessoa faz com isso não é sua responsabilidade, é?*
S: Não sei. É? É o meu trabalho? Não sei. Ninguém me ensinou. Alguém deveria saber. Você não recebe um dom e o distribui a todo mundo se eles vão matar.
D: *Não tem como saber disso de antemão, tem?*
S: Eu quero saber. Elas vêm tomar aulas. Se eu puder lê-las, talvez consiga separá-las e dar-lhes apenas coisas com as quais não podem matar. Não sei como dizer. Se eu fosse mais velha. Talvez eu não tenha idade suficiente.
D: *Você conhece exemplos nos quais as pessoas usaram aquilo que você ensinou de maneira errada?*
S: Sim. Criam armas. Eu lhes ensino o poder, mas deveria ser o poder de criar. Ensino-lhes o poder de criar qualquer coisa, e as pessoas criam coisas ruins. Elas não deveriam criar coisas ruins.
D: *Que tipo de armas elas criam?*
S: São parecidas com espadas, mas de um material que pode destruir com um único golpe. Pode destruir qualquer coisa. Como uma

faca, como um cristal, como um fio fino que corta. É como uma faca bem amolada. Se você estender sua mão a energia sai dela, mas você a vê como uma faca de luz.

D: Então, não é uma coisa física? Eles criam uma arma de energia?

S: É, pois essa energia pode ser canalizada para curar, mas elas a canalizam para matar. É a mesma energia. O problema é o que você faz com ela.

D: Mas quando as pessoas fazem essas coisas a responsabilidade não é sua. A alternativa é não ensinar a qualquer um.

S: E o que você faz?

Pedi uma descrição do templo onde ela Morava. "Ele é bem grande. Tem muitas colunas, pois nós as pintamos e pintamos as paredes. E há câmaras e olhamos através delas. Ele tem aberturas e podemos ver as estrelas e um símbolo também. Você olha para cima. Usa as estrelas. Usa os reflexos. Usa o clima. Usa a luz. Tudo traz mensagens. É como estar numa biblioteca. Se você estivesse numa biblioteca que não tem livros. Se você estivesse numa biblioteca onde houvesse pessoas como mensageiras em vez de livros que são mensageiros. É isso que seria, uma biblioteca de pessoas".

D: Você sabe ler as estrelas?

S: Sim, sei. Elas se movem e lhe contam uma profecia. Elas falam de mudanças. Avisam de oportunidades, de quando há um surto de energia. As estrelas são energia, assim como o clima é energia, como a água é energia, como a maré é uma energia. As estrelas são energia... não apenas as estrelas, há as luas. Há muitas coisas e são energia. E quando você vê alguma coisa vindo... se você visse um tornado se aproximando, você procuraria abrigo. Se você visse o Sol mais luminoso, saberia o que plantar. Se visse nuvens escuras, saberia que elas podem matar suas plantas. Então, você sabe as mesmas coisas pelas estrelas, pois as estrelas têm mensagens e são profecias, e podem lhe dizer coisas assim.

D: Outras pessoas lhe ensinaram a fazer essas coisas?

S: Oráculos, era essa a palavra de que não me lembrava. As estrelas são um oráculo. Aprendi com uma leitora de oráculos. Você lê os oráculos e eles lhe dizem quando haverá morte, e dizem quando haverá movimento, quando você precisa mover as pessoas. Quando deve se abrigar, quando crescer e quando ter filhos.

D: *Então, é muito importante aprender a fazer essas coisas.*
S: Bem, você não precisa. Pode apenas esperar, mas se você souber de antemão, pode aproveitar melhor o que virá.

Shiela ficou emocionada e começou a chorar quando lhe perguntei se ela tinha uma família. "Acho que não. Acho que morreram. É por isso que acabei aqui. Eles me acolheram. É um lar. Passei a maior parte da minha vida aqui. Não me lembro de ter estado noutro lugar". Ela disse que seu nome era uma série de vogais: Mai-a-iá. (Fonético)

D: *As outras pessoas que estão fazendo o trabalho ou curas têm o mesmo problema com o ensino?*
S: Parece que sim. Elas curam as pessoas depois que se machucam, e eu lhes dou conhecimentos que criam armas. Elas ferem. E trazem as pessoas para serem curadas. Depois, eu as mando de volta para causarem o mal. É como um círculo. (Enojada) O que você pode fazer? Parar de ensinar? Parar de curar? Estou transmitindo a mensagem errada? Não estou enxergando alguma coisa? Devo selecionar? E se eu selecionar errado? Há muitas decisões.

Avancei-a até um dia importante e ela começou a chorar. Ela havia se casado e seu bebê tinha morrido. "Foi o processo de nascimento. Aconteceu alguma coisa. Estava tudo bem, eu o mantive, mas ele morreu. Não sei o que deu errado. As curadoras fizeram de tudo. Aconteceu. Eu tinha todas as ferramentas. Não sei porquê". A criança nascera no templo. Perguntei-lhe sobre seu marido e se ele estava envolvido nas mesmas coisas que ela. "Ele é muito sábio. Ele trabalha noutro lugar, mas é muito sábio. Ele constrói coisas".

D: *Então, ele não usa a energia como você?*
S: Não, ele cria belos edifícios.

Esse foi um dia triste, e por isso levei-a para a frente até outro dia importante, e havia uma comemoração. "É um dia festivo, as pessoas vêm e trazem aquilo que têm para compartilhar. E você comemora, dança, canta, é uma felicidade. É o solstício de verão, as estrelas lhe dizem quando é. É um momento de nascimento. Muitos bebês nascem então, e muitas colheitas são boas. E os barcos vêm, os viajantes vêm, é uma época de abundância e celebração". Agora, ela estava mais velha e tinha quatro filhos.

D: Você os ensinou?
S: Eles fizeram outras coisas. Não me cabia ensiná-los. Ficaram no templo e aprenderam outras coisas. Eles escolheram.
D: Que outras coisas eles poderiam aprender?
S: Eles constroem jardins. Eles constroem templos. Eles curam. Escrevem. Registram. Eles são os planejadores. Eles gostam de organizar e sabem onde colocar você, onde suas virtudes ficam mais fortes. Você pode fazer qualquer coisa. Pode criar joias. Pode viajar nos barcos que vêm no verão. Pode ir com eles. Eles trazem especiarias e levam tecidos e trazem pessoas. E você pode viajar e trazer de volta coisas bonitas e conhecimentos e pessoas que não são como você, e você pode ser um viajante. Pode usar seus dons livremente.
D: Ainda há pessoas negativas por aí?
S: Há menos. Temos nossa própria energia para nos protegermos. É triste fazer isso, pois você precisa expulsar as pessoas e elas não podem mais voltar, porque tornam tudo inseguro. E por isso, você aprende a usar a energia como um fosso. É líquida. Não é como uma parede. Se tentassem atravessar, ficariam doentes e morreriam. Agora, não podem atravessar. Se escolhessem abusar dela, não poderiam voltar. Antes, não sabíamos fazer isso.
D: Quando você desenvolveu esta energia protetora?
S: Foi meu marido. Ele é um guerreiro. Você pode ser um guerreiro sem matar. (Com certeza) Pode ser um guerreiro e proteger. É como um fosso. É como líquido. Se você estivesse a certa distância e olhasse, acharia que teria visto uma miragem. Você sabe como elas ondulam como uma energia ondulatória, mas não sólida. Você pode ver através dela, mas você acha que a está imaginando. Você pensa que vê uma cidade, mas você não vai, pois se caminhar na direção dela, vai ficar doente e vai pensar, "Estou louco". Eles ficam à distância. Eles nos evitam, e se vierem, vão passar direto por nós. Mas se forem das sombras, é como um repelente. Eles veem a cidade mas pensam que estão imaginando coisas. Não querem ir lá.
D: Isso é maravilhoso, pois você estava muito preocupada com isso.

S: Estava, quando era mais jovem. Agora não. Estou velha. Tenho quarenta anos. Aprendi muito sobre isso. Ainda não estou acabada, mas tem sido muito bom. Estamos mais seguros.

Depois, avancei-a até o ultimo dia de sua vida para ver o que aconteceu com ela. "Você escolheu ir embora. Você resolveu ir e teve uma cerimônia, como uma festa de despedida – não uma festa – uma reunião, e você se foi".

D: Não havia nada de errado no corpo?
S: Não, nenhuma doença. Vencemos isso.
D: Você simplesmente resolveu que era hora?
S: Você se sente preparada. Você escolhe. Talvez, só precisasse voltar para rever ou mudar algo, mas você não está triste. Não, triste não. A família está bem. Sabem que vão fazer a mesma coisa, então todos fazem o mesmo. Não é como se você fosse morta ou destruída. Você simplesmente se dissolve do outro lado e se vai. Temos pessoas que ajudam você a se libertar, a desapegar. Você está pronta e eles a ajudam a mudar seus vínculos, e então você simplesmente dissolve esses vínculos e você sai desse corpo. Eles lhe dizem como. Eles ensinam isso. Temos pessoas no templo que nos ajudam a atravessar. São guardiões do portal da travessia. É como nascer ao contrário.

Em vez de levá-la através da morte, levei-a para o ponto no qual tudo acabou e ela estava do outro lado, fora de seu corpo. A pessoa pode ver e entender muito mais sob essa perspectiva. Perguntei-lhe o que aconteceu depois.

S: É como se você não saísse, você simplesmente dissolve o seu corpo. Não dissolve o resto. Você pode ficar e observar se quiser. Não é muito interessante.
D: Quer dizer que seu eu real, seu espírito, pode ficar?
S: Não é seu espírito. É a essência de quem você sempre foi. Seu corpo é um veículo. É temporário, e por isso você o dissolve para poder existir. Há coisas que você pode aprender quando não está num corpo, e por isso você se vai. Eles queimam os corpos.

D: *Toda vida tem sua lição. Você acha que aprendeu alguma coisa com aquela vida? (Shiela fica emocionada.) Por que isso a deixou emocionada?*
S: (Sussurrando.) Eu me senti muito pequena. Não compreendo este mundo. É como você tivesse de manter isso no templo, e não consegue. Você precisa afastar os outros e isso é triste, porque não sei. Você os guia? Desiste? Creio que seria melhor esconder o conhecimento até eles ficarem mais inteligentes. Eles não são muito inteligentes.
D: *E não compartilhá-lo com ninguém?*
S: Por enquanto, não. São bárbaros demais. Por que são tão bárbaros?
D: *Mas nem todos são assim.*
S: Não, mas não podemos viver para sempre em nosso pequeno templo. Não é esse o propósito. Aprendi no templo. Nunca saí do templo, nunca. Fui até a praia. Fui ao templo. Fui ao jardim. Fui até os limites, mas nunca fui à cidade. Nunca fiz essa viagem, pois detestava isso. Sinto-me melhor no isolamento. Achava que podia trazer todos para mim, mas ele é pequeno. Se você esperar, eu os ajudo, mas isso é pequeno, e não gosto do pequeno. Creio que eu deveria ser grande, e por isso aprendi muito sobre o pequeno. É uma ótima lição a ser aprendida, pois aprendi todas as habilidades sobre o céu. Aprendi sobre a energia, aprendi sobre a biblioteca, mas não sei como ir além disso. Não sei como atravessar a barreira, pois ela é muito escura e não acho que fosse meu propósito atravessá-la. Meu propósito era ficar na biblioteca, mas ela era muito pequena. As crianças atravessaram. Eram errantes. Deixaram-me. Tudo bem. Não me importo.

Fiz com que ela se afastasse e pedi que a consciência de Shiela voltasse para que eu pudesse trazer o SC à tona. Perguntei-lhe porque ele escolhera aquela vida para ela ver.

S: Ela não gostou da escolha. Ela escolheu ficar. Ela poderia ter seguido as crianças como uma errante. Poderia ter ido no barco. Poderia ter viajado. Poderia ter ido e voltado. Poderia ter sido maior. Ela era tímida. Escolheu um lugar seguro e depois arrependeu-se do lugar seguro.
D: *Ela estava fazendo coisas boas, não?*
S: Estava, mas ela não precisa fazer isso duas vezes.

D: *É isso que você acha que está acontecendo na vida dela agora?*
S: Sim, é. Ela fez isso. Ela já estava numa encruzilhada. Ela não está prestando atenção.
D: *É por isso que você está tentando fazer uma comparação?*
S: Estou tentando. Da última vez, ela estava com medo de ir. Da última vez, ela achou que se saísse não poderia voltar. Da última vez, ela achou que se viajasse de barco, iria morrer. Da última vez, ela achou que ia perder as crianças. Da última vez, achou que só estaria segura na biblioteca. Da última vez, ela achou que ia precisar do fosso para se proteger. Achou que iam matá-la. Pensou que seria usada para matar, e por isso nunca tentou. E agora, ela diz que não consegue sair, mas ela já escolheu isso. Ela sabe o que vai acontecer. Ela sabe. Posso lhe dizer. Ela vai morrer. Ela vai atravessar e vai chorar porque ela não saiu, de novo. Vamos levá-la a fazer isso novamente até ela sair. Tudo depende do quanto ela gosta de fazer várias vezes a mesma coisa.
D: *Sim, você precisa repetir se não aprende a lição, não é?*
S: Sim, e ela pode ouvir isso. Ela é teimosa.
D: *Parece que está sempre atraída por Seattle. O que você acha? Ela está saindo do lugar seguro.*
S: A energia de lá é boa. A energia ajusta-se à dela. A energia da biblioteca está lá. A energia dessas pessoas, dos jardineiros, do construtor, dos curadores está lá. E ela sabe disso. É que está tão acostumada a ficar que acha que vai morrer se ela for.
D: *Ela disse que sua família não quer que ela vá embora.*
S: A família na biblioteca não liga. Ela presume as coisas. Ela não pergunta. Ela nunca pergunta. Ela deveria perguntar, não presumir.
D: *Ela disse que seu pai não quer que ela se vá.*
S: O pai dela foi para a Marinha quando tinha dezoito anos. Foi para Guam. Isso é ir embora. Seu pai se foi quando ela nasceu e era a primogênita. Ele se foi. Ele não ficou perto. Estava a mais de seis mil quilômetros quando o primeiro bebê nasceu e morreu.

Esta é uma coisa que descobri no meu trabalho. Geralmente, se uma criança morre no parto e outra criança nasce pouco tempo depois (geralmente, dentro de um ano), é a mesma alma ou espírito. Ela escolheu vir para aquela família, e se a primeira tentativa não der certo, vai tentar novamente.

S: Acho que se ela não for para Seattle, terá de fazer isso de novo. Ela nem tenta. Acho que se ela não tentar, nunca vai ter descanso. Pois vai fazer isso de novo até tentar. Está no contrato.

D: *Shiela disse que há alguns meses, teve um acidente e bateu a cabeça. O que aconteceu naquela época?*

S: Ela precisava vir para casa.

D: *Seria uma possibilidade?*

S: Ela poderia. Tinha terminado a parte triste.

D: *Ela disse que achou que poderia ter ido embora nessa ocasião.*

S: Shiela não fez isso. Eu diz. Era apenas o corpo dela nos destroços. Ela não estava nos destroços. O corpo era tudo que estava lá. Era apenas um corpo no veículo. Eu nunca saio. Era um modo de dar fim a aquele corpo, como antes, quando ele se dissolvia.

D: *Queremos que ela compreenda. Foi decidido que não seria permitido que isso acontecesse?*

S: Ela voltou para aprender a sair. Ela não precisa recomeçar como bebê. Ela pode aprender sua lição no seu corpo.

D: *Então, foi decidido que ela não sairia? Que ela voltaria e ficaria mais um pouco?*

S: Estava nas estrelas. Tudo alinhado. Era o momento certo para tentar mais uma lição. Se não funcionar... volta para casa.

D: *Então, é importante que ela tome a decisão certa agora, não é?*

S: É por isso que ela voltou. Neste corpo.

D: *Então, este corpo tem algumas coisas importantes para fazer?*

S: Sim, tem. Não é só Seattle. Seattle será seu lar e ela irá para todos os lugares. Seu trabalho envolverá viagens. Ela é professora. Vai viajar para ensinar. Ela é apenas uma mensageira. Professores são apenas mensageiros. Há muitas maneiras de ensinar. Ela vai viajar, mas volta para casa em Seattle. Ou faz isso, ou faz de novo. Depende de quantas vezes ela queira fazer de novo.

D: *É meu palpite, mas acho que se ela não tomar uma decisão, não terá motivos para ficar neste corpo.*

S: Não haverá razão para ficar.

Shiela andava com problemas nos olhos. Estava ficando com catarata e estas estavam avançando depressa, o que não era comum para sua idade. Obviamente, isto explicava tudo. Ela não queria ver o que deveria estar fazendo.

S: Ela criou o caminho. O caminho move-se para trás, não apenas para a frente. Não é uma encruzilhada. É o mesmo caminho, mas todo caminho tem um sentido para a frente e para trás. Quando você está no caminho, não está no começo do caminho. Você está no caminho. Você fica de frente para um sentido e avança. Você se move no outro sentido, não está num caminho diferente. Está indo para trás, no mesmo e velho caminho. É um caminho. Você já escolheu o caminho. Alterna entre ir para frente ou para trás. Ela não está vendo com clareza, pois está olhando para trás nesse caminho. É como o nevoeiro. Você não deve ir para trás. Se estivesse enxergando com clareza, veria o caminho, mas quando se vira para trás, vê o nevoeiro. Não está claro, pois ela já fez isso. Não se faz isso. Por isso está enevoado.

D: *Se tomar a decisão de ir na direção certa, seus olhos vão melhorar? (Sim) E ela não terá de se preocupar com operações?*

S: Não, isso não vai acontecer se ela escolher o caminho para ir em frente.

D: *Disseram que a doença veio muito depressa.*

S: Porque ela fez uma escolha errada. Ela parou de avançar, e quando parou de avançar, sua visão a deixou. Ela pode fazer o que ela quiser. A visão não vai voltar enquanto o caminho não for o certo. Ela estava no caminho certo até ficar com medo e largar tudo. Então, a visão a deixou. Sempre há uma mensagem.

Ela também desenvolvera diabete. O SC disse que era porque ela não tinha alegria. "A diabete é uma mensagem. Ela é uma mensageira. Seu corpo todo é um mensageiro. Todos os corpos são mensageiros. Eu sei qual é o problema dela. Ela não deixa a mensagem vir. Se ouvisse a mensagem, a alegria viria, mas quando você é um mensageiro e tem medo de dar a mensagem; se você foi punido por transmitir a mensagem e parou de dar a mensagem, não há alegria. Apenas tristeza. Ela não está ouvindo a mensagem. A diabete também vai parar se ela ouvir". Eu sabia que o SC poderia curar a diabete instantaneamente, mas parece que ele preferia que Shiela fizesse isso. "Eu a ajudaria caso ela pedisse. Posso fazê-lo. Não o farei se ela não estiver ouvindo. Eu teria de encontrar outra mensagem. Eu lhe dei as mais fáceis".

D: Então, essa decisão é muito importante; tudo em sua vida depende dela.

S: Ela está deixando tudo mais difícil do que precisaria. É apenas uma escolha.

D: Ela está preocupada com sua família.

S: Há mais de uma família. Há a família de sua alma. Ela é superior. Ela é maior. Não precisa ser biológica. Pode ser de onde seu coração vem. Você sabe quando os vê. Como ela poderá vê-los se nem vai?

Perguntei-lhe sobre seu interesse pela astrologia nesta vida e se isso veio da outra vida. "As estrelas são apenas um oráculo. É muito fácil lê-las. É muito fácil. Não é preciso aprender uma nova língua. As estrelas são as mesmas. Em todas as vidas, são as mesmas estrelas, e por isso você não precisa tornar a aprender a língua. Só aprender a mensagem dos símbolos dos sonhos e das estrelas e não precisa tornar a aprender nada".

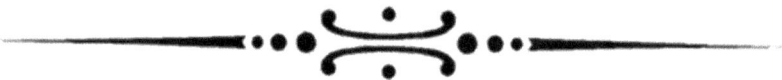

Mensagem de despedida: Ela precisa encontrar um lugar silencioso para chegar até mim, pois não consigo fazer isso através de seu caos. Ela não me escuta. É preciso que sua mente esteja quieta e que ela tenha escolhido esse lugar. É a única maneira de chegar. Ela precisa confiar que quando estiver em silêncio, sou eu. Ela vai sentir isso em seu corpo. É muito pacífico. Vou lhe mostrar símbolos. Ela compreende sentimentos, símbolos e imagens. Ela não entende nada de palavras. Vou lhe mostrar símbolos. Você precisa ter mais de um modo de ser um mensageiro. Às vezes, você fecha uma porta e depois precisa abrir outra. É como uma artéria. É como um desvio.

Capítulo 4
TRAZENDO DE VOLTA AS CURAS ANTIGAS

Trina era uma enfermeira aposentada que queria basicamente descobrir seu propósito. Esta é a pergunta que considero "eterna". Todo paciente a inclui em sua lista de perguntas. "Qual é o meu propósito? Por que estou aqui? O que eu deveria fazer na minha vida? Estou no caminho certo?" Raramente encontro alguém que não faz essa pergunta. Se encontro, posso dizer, "Há uma pergunta que você não incluiu em sua lista". Quando lhes digo qual é, geralmente eles dizem, "É porque eu conheço meu propósito e ponho-o em prática". Mas essas pessoas são raras. A maioria tateia pela vida, tentando compreender porque estão aqui, preocupados por estarem ficando sem tempo. Embora Trina tivesse uma ocupação na qual ajudava as pessoas, não estava satisfeita e achava que havia mais alguma coisa.

Eu ainda não tinha sequer completado a indução quando Trina começou a descrever onde estava. Tive de ligar rapidamente o gravador e tentar recapitular aquilo que ela havia dito. Ela estava num belo ambiente, quase sagrado, uma grande floresta com belas trilhas e lagoas. Ela disse que havia mágica na água do oceano, que estava repleto de peixes e conchas; era uma água curadora. "Todos nós sabemos usar a magia. Ela nos mantém vivos porque tomamos conta dela. Obtemos alimento da água. Temos grande respeito por ela". Havia muita gente vivendo numa aldeia. Ela se viu como uma jovem com pele escura e longos cabelos negros, usando um belo traje colorido. "Recebemos presentes da água. Fazemos joias e algumas das conchas têm propriedades de cura. Moemos certas conchas até fazermos um pó e colocamo-lo na comida. Ele equilibra nosso sistema. Nunca ficamos doentes porque ouvimos nossos corpos e ouvimos a terra". Perguntei-lhe se era determinado tipo de concha. "Vejo que é brilhante do lado de fora. Não é muito grande, menor do que a palma da mão. É como o náutilo, mas não igual. É um pouco mais aberto, tem cor de pavão no centro. Nós também moemos os menores. O pó também pode ser aplicado em ferimentos". Ela também sabia o que obter com as madeiras para alimentação ou cura. Ela não era a única na aldeia que sabia fazer essas coisas; havia outros que tinham esse conhecimento. "Somos guiados. Ouvimos nossos corações. Não recebemos conhecimento apenas oralmente. Ouvimos. Sabemos o que quer dizer quando o corpo nos dá desconforto. Sabemos o que fazer para cuidar dele. Parece que estamos conectados com a terra. Antes nos lembrávamos de como curar a terra. Creio que posso ser o instrumento principal, mas compartilho o conhecimento".

As cabanas da aldeia davam uma sensação aberta e espaçosa, com paredes retas e um teto com frondes. Cada família tinha a sua, mas elas também se reuniam para compartilhar. "Compartilhar nossas histórias, compartilhar conhecimentos, como uma comunidade". Sua própria cabana era desse tipo. "Tem cheiro bom. Queimamos incenso ali, e há jarros com ervas de cura perto da parede. Estão em frascos onde as cultivamos e secam. Está tudo ali para cuidarmos do que nos faz mal". Ela morava sozinha, sem uma família própria. "Nunca nos sentimos sozinhos. Todos são a minha família do coração". Havia outras aldeias, mas ficavam longe. "Pegamos coisas no litoral e comercializamos".

D: Você disse que também ouve a terra. O que quis dizer com isso?
T: Entro em meditação para fazer as perguntas certas, e as respostas sempre estão lá. Confiamos nessa fonte. (Ela deu a impressão de estar conversando com mais alguém.) Temos respostas, não temos? (Riso) Você está rindo para mim... dizendo, "menina tolinha".
D: Quem está dizendo "menina tolinha"?
T: Aquela bonitinha com cabelos longos, cheios. Sim, eu a vejo. Ela está bem ali e está olhando para mim como... Se você já soubesse as respostas. É isso que ela está dizendo. "Sim, e Trina precisa saber disso". Posso vê-la agora. Ela está me lembrando de que sou eu e que tenho todas essas respostas.
D: Sobre essa mulher chamada "Trina", sabe qual a relação entre vocês duas?
T: (Riso) Ela sou eu.
D: Como você entende isso?
T: Não sei, mas sinto que ela faz parte de mim. Ela está me lembrando de que preciso fazer isso, que vou descobrir as respostas e que isso

é fácil. Basta fazê-lo! (Riso) Ela está me dando aquela olhada tímida e mexendo o dedo, como se dissesse, "Você se lembra, vá fazer isso". (Riso)

Eu queria tirar a atenção dessa Trina e voltar para a mulher da aldeia. Perguntei se os outros moradores também sabiam meditar e procurar respostas.

T: Este é um conhecimento que compartilhei com todos, pois houve época em que nos espantávamos diante das pessoas com essa capacidade. Elas viveram antes. Aqui não é bem assim. Este conhecimento foi transmitido, mas havia um que tinha esse conhecimento e não o compartilhava, mas agora todos o compartilham. Eles também precisavam fazer isso.

D: Você acha que é melhor que todos saibam fazer isso, em vez de apenas uma pessoa?

T: Sim. Pois ninguém controla o conhecimento para si apenas. Agora, é possível compartilhá-lo com os outros. Eles precisam tê-lo. Aqui, há muita harmonia. Este é o lugar perfeito. Com as meditações, criamos mais harmonia, pois as pessoas percebem que todos estão conectados.

D: Há um tipo específico de meditação que vocês fazem? Quais as instruções que você daria para a pessoa?

T: É bem parecido com o que fazemos aqui, vamos a um lugar silencioso ou nos concentramos na respiração. No começo, vou com a intenção e as perguntas certas, caso haja perguntas a se fazer. Se houver uma pergunta para a qual desejo obter resposta.

D: Seu povo vive muito?

T: Sim, sempre com saúde muito, muito boa. Parecem ficar cada vez mais fortes à medida que envelhecem.

Com certeza, este lugar parecia ser perfeito e todos pareciam felizes. Resolvi avançá-la até um dia importante para ver o que estava acontecendo. Alguém foi até ela com uma bebê recém-nascida, e pediu que ela a abençoasse. Muitos outros se reuniram para ver isso. Ela a abençoou com óleos colocados estrategicamente em sua testa. Ela também entoou alguns cânticos que eram uma conexão com sua fonte. "Tem muitas vogais. Amana (?) É o que ouço, ou algo com três conjuntos de conexões com vogais, algo como A-ma-ná So-fál-á.

Estamos todos conectados e é uma bênção lembrarmo-nos de onde viemos".

Quando avançamos a história, ela já havia treinado aquela bebê (que cresceu) para substituí-la na aldeia. Ela percebeu no mesmo instante que ela é que seria treinada para que o conhecimento não se perdesse. Depois, avançamos até o último dia de sua vida. Depois de ter treinado sua substituta, não havia razão para ficar, e por isso ela decidiu morrer conscientemente. Ela descreveu uma cena repleta de amor, não de tristeza. "É maravilhoso. É tão alegre, estou aqui, acima deles, vendo-os trazer sua alegria. Meu corpo está bem ali. Ela acabou de sair dele, sem doenças, só velhice. Estava na casa dos noventa anos, creio. Já era hora. Bonito. Nada de pesar! Todos nós entendemos. A menina vai ficar na minha cabana. Agora, ela é uma jovem dama. Ela fica linda ali. Estou flutuando sobre eles, observando, sorrindo, sentindo muita alegria. As pessoas estão felizes".

D: *Agora que você saiu do corpo, sente que há algum lugar para o qual gostaria de ir? Sabe me dizer? – Você está sorrindo. O que foi?*

T: É muito lindo, e estou pedindo, "Posso ir? Posso ir ver como é lá?" Estou lhes pedindo, "Posso ver todo mundo? Qual a aparência de todo mundo?"

D: *Para quem você está pedindo?*

T: Para todos aqueles que conhecem mais do que eu neste ponto, para me darem um vislumbre. "Estou num lugar no qual posso ter um vislumbre de onde vim? Gostaria de ver de onde vim. "Você pode, se estiver disposta". Ah, eu gostaria muito. – Eles me pegam pelos braços, mas riem porque na verdade não são braços. Eu preciso de ajuda e digo isso a eles. Conversei com eles antes. Eu disse, "Se pudermos, eu gostaria de ir para a minha casa".

D: *O que eles estão lhe mostrando agora?*

T: Bem, é muito brilhante. Há um grande edifício à esquerda e tudo é bem branco e reluzente, mas não creio que seja a minha casa.

D: *Qual a aparência do edifício?*

T: Colunas vastas e leves em degraus grandes, brancos, altos, e todas as pessoas estão acenando para mim. Parece-se com aquilo que na minha imaginação sempre imaginei que seria o Salão dos Registros. E você pode simplesmente pensar no livro que deseja. Mas não são mesmo livros, são?

D: *Onde ficam os livros?*
T: Por toda a parte. No alto, embaixo, e com um pensamento você pode obter a informação.
D: *Qual desses livros você quer ver? (Pausa) Qual a atrai mais?*
T: Quero ver aquele com o qual posso aprender mais. Gostaria de ver de onde vim.
D: *Pergunte-lhes qual desses livros tem essa informação?*
T: Ele fica lá no alto e está descendo... está na mesa. Peço para que abra na página perfeita.
D: *O que você vê quando o livro se abre?*
T: Não sei se vejo, na realidade. Sinto paz e amor. Creio que é um lugar onde não temos forma, só ouvimos sem conseguir ver nada. Estou apenas sentindo a energia. Fico ouvindo que vi aquilo que eu deveria experimentar. Este outro não é tão importante. É apenas curiosidade. – Mas ainda seria bom vê-lo, já que estamos aqui. Seria glorioso se pudéssemos vê-lo. (Ela estava quase implorando.) Conseguir vê-lo... porque eu quero. (Com voz quase infantil.) Posso vê-lo em vez de senti-lo? Dizem-me que posso fazer o que eu quiser. Estou pronta? Estão brincando comigo. "Se quiser estar pronta". Sim, e desejo ver. "É muito maior do que aquilo que você poderia perceber". Ah, é por isso que não estou vendo? É muito maior do que eu poderia perceber? Mas gostaria mesmo de perceber.
D: *Talvez isso seja tudo que você consegue lidar neste momento.*
T: Isto é tudo com que consigo lidar neste momento?
D: *O que eles disseram?*
T: Por aqui. Naquele prédio grande e bonito. Lá vou eu, vendo-me folheando as páginas deste livro. Se eu for para outra página, tudo vai acontecer. Entendo isso. Vou lá. (Sussurrando) Vejo uma forma de vida branca e pulsante que começa grande e vai, vai, expande e recolhe... como um organismo coletivo. Talvez seja todos nós, todos nós, coletivamente, neste imenso corpúsculo. É imenso.
D: *Talvez seja por isso que é difícil você entender.*
T: Talvez.
D: *Isso ajudou você a entender o que queria?*
T: Sim, quem sabe da próxima vez.
D: *Eles são muito bondosos, e não querem lhe dar mais do que aquilo que você é capaz de lidar.*

T: Agora, vejo apenas muitas luzes roxas brilhantes rodopiando. Não sei o que quer dizer isso.
D: Tudo bem. Isso será uma coisa para Trina pensar.(Sim) Muito bem. Pergunte-lhes, "Precisamos chamar o subconsciente para obter respostas ou vocês podem lhe dar respostas?"
T: Podemos perguntar a vocês? Eles disseram, "Claro".
D: Eles têm respostas. Mas por que iam querer que chamássemos outra parte?
T: Eles disseram, quanto mais, melhor. – Eles são os guardiões.
D: O que são os guardiões?
T: São os guardiões do conhecimento.

Eu lhes agradeci pela ajuda que nos deram. Mas sabia que teriam capacidade limitada para responder às perguntas. Poderíamos conseguir mais com o SC. Por isso, eu o chamei. Perguntei-lhe porque ele escolheu essa vida para que Trina a visse.

T: Ela já havia respondido à pergunta. Foi para lembrar onde podia obter respostas. Quando ela achar que a vida está muito desafiadora, deve reservar um tempo e lugar para se conectar conosco. Tal como fez naquela outra vida.

Tudo que é aprendido não se perde jamais. Fica armazenado na mente subconsciente como um computador, e pode ser trazido à tona se for apropriado para a encarnação atual. No caso de Trina, ela deveria poder se lembrar de como usava ervas para cura naquela vida, aplicando esse conhecimento à vida atual. "Provavelmente, ela vai se inclinar mais para a medicina energética e o consumo de ervas porque descobriram-se fontes verdadeiramente viáveis".
Disseram-lhe seu propósito: Ser um instrumento da paz e da alegria. Ser um agente informal de mudança. Ensinar por meio do exemplo em qualquer forma de reunião. Praticar meditação pela manhã, ao acordar. Esforçar-se para se conectar e ficar equilibrada de manhã. Quando fizer uma pergunta, a primeira resposta será dada por nós. "Ela mal conseguirá fazer a pergunta antes de ouvir a resposta".
Ela tinha uma dúvida sobre um evento físico ocorrido alguns meses antes. Ela pensou que estivesse tendo um AVC, e as outras pessoas presentes também pensaram isso. O SC disse que não foi. Ela

estava apenas se ajustando às frequências e vibrações da mudança energética que está acontecendo atualmente.

O SC também disse (ao tratar de problemas físicos) que seria bom ela tomar cálcio. Isto relacionava-se com as conchas moídas que ela punha em sua comida na outra vida, que era lactato de cálcio. Seria bom para ela voltar a fazer isso na forma de cálcio.

Capítulo 5
OCULTANDO A INFORMAÇÃO

Joanne era outra mulher insatisfeita com sua ocupação. Ela trabalhava como corretora imobiliária e era bem sucedida, mas não se sentia satisfeita. Compunha canções como hobby e tinha interesse em aprender a curar.

Já vi muitos, muitos casos nos quais o paciente volta a uma vida passada na qual viveu entre pessoas ignorantes e supersticiosas. A pessoa possuía capacidades psíquicas que hoje são consideradas normais, mas naqueles tempos, era vista com muita desconfiança. Toda cidade ou aldeia tinha a sua "vovozinha". Alguém que entendia de ervas, óleos e a mistura de poções de cura. Tinham conhecimentos que lhes foram passados, e, embora geralmente os usassem para o bem, eram consideradas diferentes, o que era visto como uma ameaça. A pessoa era perseguida ou morta.

Não consigo nem contar quantos casos acompanhei nos quais a paciente foi queimada na fogueira, enforcada ou morta de outras maneiras horrendas. Talvez fosse algo pelo qual todos nós tínhamos de passar como parte do crescimento e desenvolvimento da alma. Esta memória oculta tem sido levada adiante até a vida atual como um medo inconsciente de desenvolver novamente essas habilidades e essas mesmas coisas tornarem a acontecer. Isso faz com que desenvolvam sintomas físicos ou doenças, embora não identifiquem a causa conscientemente. Sabemos que em nossa época é muito pouco provável que venham a ser feridas ou mortas por suas crenças. Entretanto, num dos casos o SC disse, "Sim, mas podem ser feridas por palavras".

No caso de Joanne, talvez pudesse haver motivo para o medo, pois ela era diferente. Com certeza, não se encaixava no molde daquilo que era aceitável nesse período. Ela fazia parte de um grupo que descobri e que chamo de "colecionadores". Eles percorrem as galáxias procurando e registrando informações. Geralmente, criam corpos que parecem ser humanos para que possam se encaixar nos lugares.

Embora sejam gentis, isolados e não prejudiquem ninguém em suas tarefas, eram e são vistos com medo e desconfiança.

Quando Joanne desceu da nuvem, viu-se numa pequena cidade que, pela descrição, parecia ser do século 18 ou mais velha. Ela ouviu o som de um sino. Havia muita gente reunida em torno de um campanário, que parecia ser o centro da cidade. Quando o sino soava, isso significa que todos deveriam ir até a torre para descobrir o que estava acontecendo. Um sacerdote estava lendo alguma coisa num rolo. Ela não conseguia ouvir o que ele estava lendo, mas sabia que era uma proclamação. "Creio que ele está falando de pecado, de pessoas que pecam. Pessoas que devem saber dos pecados contra a igreja".

D: *Isso vai ficar mais claro. Como você se sente quanto a essa proclamação?*
J: Faz-me sentir medo.
D: *Por que faz você ter medo?*
J: Porque não é verdade. Não há pessoas pecando contra a igreja.

Pedi-lhe para olhar para ela mesma. Era uma adolescente muito jovem, com cabelos longos e traje cinzento. Ela viu que tinha grilhões nos tornozelos. Ela ficou ainda mais assustada quando percebeu que suas mãos estavam atadas às suas costas.

D: *Entendo porque você estaria com medo. Por que amarraram e puseram grilhões em você?*
J: Para rirem de mim. É como uma zombaria.

Então, a proclamação era sobre ela. "Que eu teria pecado contra a igreja. Mas não entendo o que querem dizer. Só disse a verdade. Que cada um de nós é Deus".

D: *Para quem você disse isso?*
J: Para qualquer um que me escutasse.

D: *E eles acharam que isso estava errado? (Sim) E o que aconteceu?*
J: Não sei muito bem. Foi confuso demais. Eram pessoas que eu considerava confiáveis. Mas fizeram isso pelas minhas costas.

Eu estava tentando descobrir o que aconteceu. Ela disse que não tinha uma família naquela cidade. Na verdade, ela nem morava naquela cidade. Pedi-lhe que recuasse no tempo para ver o que aconteceu até este ponto. Ela viu que morava numa cabana distante da cidade, numa área de belas montanhas e vales. Havia uma pequena aldeia com cabanas similares, onde viviam diversos grupos. Esses grupos eram muito próximos e consideravam-se seguros vivendo nesse lugar isolado. Perguntei o que o grupo fazia. "Estudamos. Ciência. É uma ciência que você não pode ver, mas nós a documentamos. Nós escrevemos sobre ela e nós a ocultamos".

Eu sabia que poucas pessoas naquela época sabiam ler ou escrever, especialmente as mulheres, que normalmente não tinham permissão para aprender. "Você sabe ler e escrever?"

J: Desenhamos imagens.
D: *Mas você disse que era uma ciência que não se pode ver? (Sim) Fale-me dela. Como você obtém a informação?*
J: Em nossas mentes. Vemos além das estrelas e desenhamos imagens disso.
D: *O grupo todo faz isso ao mesmo tempo? Como é?*
J: Não. Há um professor. Somos todos separados, mas estamos juntos, e um professor começa tudo. Depois, todos podemos fazê-lo. E chegamos bem mais longe do que qualquer um consegue ver. Obtemos imagens e depois nós as desenhamos.
D: *Como vocês fazem isso?*
J: É como um feixe de luz no meio da sua cabeça. Fazemos uma varredura. Ela vem do meio da testa do professor. (Ela indicou o terceiro olho.) E ele se projeta. E então, todos nós podemos fazê-lo. Também sabemos enviar um feixe de luz, mas ele faz isso primeiro. Não somos tão fortes quanto ele. O feixe dele é muito mais forte do que o nosso.
D: *Então, ele o projeta?*
J: Talvez seja isso que ele faz. Ele começa o processo. Ele projeta até nós enquanto nos ensina. E depois, nós vamos mais longe com o

feixe, passamos dele. É algo muito, muito poderoso. Obtemos informações e fazemos desenhos.

D: *E de onde você acha que vem a informação?*

J: De muito, muito, muito depois das estrelas. Creio que é de certa galáxia.

D: *Então, a informação vem sempre do mesmo lugar. E vocês desenham as imagens. E anotam as informações?*

J: É isso que fazemos. E depois, nós escondemos tudo.

D: *Por que você sente que precisa esconder isso?*

J: Porque é algo muito incomum. As pessoas não entenderiam isso.

D: *Que tipo de informação é? (Pausa) Pode me contar. Você está segura comigo.*

J: Estão me mostrando planetas. Monitoramos as coisas. Na verdade, somos como uma estação. E eles encontram informações para a estação que queremos. E é por isso que temos de esconder, pois é apenas para aquela estação.

D: *O que você quer dizer com "estação"?*

J: É como uma estação intermediária. São informações para uma pessoa específica, alguém que precisa delas, mas temos de escondê-las. Temos de mantê-las longe das outras pessoas.

D: *Seu grupo faz isso há muito tempo? (Sim) Então, virá alguém para quem vocês darão as informações?*

J: É para isso que fazemos tudo isso.

D: *Eles já vieram antes?*

J: Disseram-nos que sim, mas nós não os vimos ainda.

D: *Você sabe o que fazem com isso?*

J: É para ajudar. E é por isso que nos dedicamos tanto. Tenho feito isto desde que era muito jovem.

D: *E o grupo todo trabalha junto nisso.*

J: Sim. Não há diferença entre as famílias. Mas estamos nas colinas, onde tentamos nos manter isolados.

D: *Você sabe de onde veio seu grupo?*

J: Fomos plantados especialmente aqui, e estamos felizes por estar aqui.

D: *O que você quer dizer com "plantados"?*

J: Tivemos de ter certa aparência. Não é assim que somos de verdade, por isso fomos especialmente plantados para trabalhar nestas colinas.

D: *Você quer dizer que sua aparência real não é humana?*

J: Temos de ter esta aparência. Quero dizer, temos uma forma peculiar, mas esta aqui não é a nossa forma. Temos de adotar esta forma.
D: *Para vocês poderem se misturar?*
J: Sim, mas sabemos que somos diferentes.
D: *Qual a sua verdadeira aparência?*
J: Na verdade, somos apenas luz. Mas tivemos de adotar esta forma.
D: *Disseram-lhes para ficarem por aqui?*
J: Sim, para uma tarefa. Para recolher informações para a estação.
D: *Para guardá-la e depois alguém viria para...*
J: Absorvê-la. Eles a absorvem. Desenhamos imagens para poder... bem, pareceu certo desenhar imagens. As informações provêm de uma galáxia específica.
D: *Que outro tipo de informação vocês precisam guardar?*
J: Ela vem codificada. Em imagens.
D: *Você compreende o seu significado?*
J: Sim, é simples, mas ninguém mais conseguiria compreender. Nós aprendemos desde cedo. É estranho. Trata da força vital e sua energia. Fico vendo nosso coletivo, mas o que fazemos é inacreditável. Mas parecemos normais. É por isso que temos de nos manter isolados. Mas estamos ocupados por 24 horas. Fazemos isso o tempo todo.
D: *Vocês precisam comer, dormir?*
J: Não nos vejo comendo. Não nos vejo dormindo. Não precisamos de comida.
D: *O que mantém vocês vivos?*
J: Energia. A força vital. É espantoso. Estamos naquela forma, mas não temos aquela forma.
D: *Mas vocês estão acumulando informações constantemente.*
J: Estou vendo uma pirâmide invertida, uma pirâmide pontuda, mas que entra na terra. Eles me mostram apenas que ela aponta para dentro da terra. É muito aguda. Mostraram-me que é lá que armazenamos tudo. Arquivos, arquivos, arquivos de armazenamento, mas vai dentro da terra. E escrevemos com nossos dedos.
D: *É neste lugar que você está? (Sim) Essa pirâmide é física, sólida?*
J: Muito física. Está embutida na terra. Posso senti-la no meu corpo agora mesmo. Posso vê-la na terra e posso senti-la no meu corpo ao mesmo tempo. Sobre meu estômago, sobre meu peito. Como uma pirâmide invertida. Ela armazena informações. Querem que

eu a sinta para saber que ela está lá. É um pouco desconfortável, mas não há problema.

D: *Por que ela está dentro de você?*

J: Creio que foi o modo como me mostraram isso. Na verdade, estava na Terra, mas talvez todos nós a tenhamos em nosso interior.

D: *Você se refere à informação? (Sim, sim.) Então, ela não estava apenas na terra, mas em seu interior também?*

J: Sim. Estranho.

D: *Seu grupo colocou essa pirâmide na terra?*

J: Sim, nós a construímos. É um objeto muito, muito, muito físico. É onde ocultamos a informação. Uau! É uma estação! É muito grande.

D: *Então, ela pode armazenar muita informação?*

J: Muita informação. É uma estação. Puxa! – Agora eles estão vindo.

D: *O que você está vendo?*

J: É ali que eles pousam. É uma estação. Talvez seja uma estação no interior da Terra e nós estamos sobre ela, tentando fingir que não há nada aqui.

D: *Tentando disfarçar, é isso?*

J: Sim, sim. Parecemos muito primitivos, pobres e estúpidos. Mas é ali que fica a estação. A estação é esta pirâmide. Eles podem entrar e nós podemos vê-los, mas ninguém mais consegue.

D: *Qual a aparência quando eles pousam?*

J: Só feixes de luz, feixes planos, feixes horizontais de luz. É estranho, mas eles vão pousar com a nossa própria aparência.

D: *Eles estão vindo numa nave?*

J: Sim, estão definitivamente numa nave. Eu vi todos eles, e depois eles se foram. Puxa!

D: *Você disse que uma pessoa comum não conseguiria ver isso.*

J: Não. Só nós, coletivamente. É uma estação na qual eles vêm para coletar as informações que temos para eles. E então, eles vêm e trocam informações.

D: *Quando eles vêm, eles descem até essa pirâmide?*

J: Sim, eles entram, mas não sei como fazem isso. Nós esperamos por eles. Eles vêm quando precisam e coletam as informações.

D: *Como vocês colocam as informações na pirâmide grande?*

J: Com nossas mentes. Ele nos dá essa luz, nós avançamos mais e recebemos as informações. E não sei como nós as colocamos lá. Creio que isso simplesmente acontece. Simplesmente acontece.

D: *Mas esses que vêm na nave...*
J: Não sei ao certo quem são. Temos de assumir esta forma para viver aqui, e isso nos confunde quanto a quem somos. Na verdade, é muito confuso.
D: *Consegue ver a aparência dos seres que vêm na nave?*
J: Não sei. Na verdade, têm uma ótima energia. Sabemos quem são, mas não nos preocupamos com sua aparência.
D: *Mas lhe disseram para vir morar aqui e assumir estas formas?*
J: Sim, tivemos de fazê-lo.
D: *Quem lhes disse para fazerem isso?*
J: Nós apenas dissemos que faríamos isso. É estranho estarmos aqui. Com certeza, é nosso trabalho, e não sabemos porquê. Dissemos que faríamos isso, e sabemos fazê-lo, e ficaríamos felizes por fazê-lo. Sabíamos que a estação provavelmente precisava de nossa energia. Só que é muito diferente. Por isso, não sabemos porque temos estes corpos. (Riso) Parecemos muito estúpidos.
D: *Creio que se não fosse assim, as pessoas teriam medo de vocês.*
J: Sim, foi o que aconteceu.
D: *Muito bem. Vamos em frente e descobrir o que aconteceu. Como você foi parar na cidade?*
J: Eu estava muito curiosa. Não conseguia parar de observar as pessoas. Quando chegamos, eu era muito diferente, mas a mesma. E não agia como eles, mas tentei falar com eles.
D: *Algum outro membro do seu grupo tentou ir lá?*
J: Não, eles sabiam que não deveriam ir. Eu só estava curiosa. Mas tinha esse jeito de falar a verdade e para eles não fez sentido. Para mim, foi muito fácil dizer-lhes a verdade.
D: *Mas acho que não é a verdade deles.*
J: Certamente. E é tão simples. Eu não ia falar da estação ou coisa parecida. Claro que não. Só estava curiosa. Eles eram muito engraçados. Eu só queria descobrir mais sobre eles. Acho que o garotinho com quem fiz amizade contou aos pais. Eu gostava mesmo dele, bonitinho e engraçado. Depois, ele ficou apavorado, pois achou que ia ficar encrencado. Eu era realmente pobre, mas não precisava de nada. E ele não entendia porque eu não precisava de nada. Então, ele contou.
D: *E você disse antes que a única coisa que estava lhes dizendo era sobre Deus, não?*

J: Sim, que todos somos Deus. E eles reagiram com um "Nããão!" E depois reuniram todos. Eles vão me abolir – seja lá o que for isso. (Riso) Eles me pegaram e me jogaram na cadeia. Não havia nada que meu grupo pudesse fazer. Eles sabiam que o que quer que fosse acontecer teria de acontecer. Essas pessoas pensam que sou maluca. Não sei o que o menino disse aos pais. Era melhor se livrarem de mim, pois aquilo que eu estava dizendo ia assustar as pessoas. E é melhor não ter esse tipo de informação. E então, é o que fazem. Poderiam fazer com que eu parecesse com uma pessoa pobre e maluca. Nunca viram alguém que não precisa mesmo de comida, sabia? Estavam realmente apavorados. Eu tinha um pouco mais de luz que o grupo, e era difícil esconder isso. Sabe o que quero dizer? Mas eu não queria esconder isso.

Em algumas das histórias em meus outros livros, muitas pessoas desse tipo tinham uma luz ou brilho que emanava delas e era difícil de esconder. Talvez fosse a isso que ela estivesse se referindo.

D: *Então, foi para isso que tocaram o sino e fizeram a proclamação? (Sim, sim.) E o que eles vão fazer?*
J: Não sei, mas posso ver todo o meu grupo observando a cena. Hah! Sei o que eles estão pensando, "Você não nos escuta".
D: *E o que acontece? Pode avançar e ver o que acontece com você.*
J: Bem, não sobrou muito de mim! Estava ali faz um minuto e depois não restou muita coisa do meu corpo. Queimaram-me bem depressa.
D: *Era por isso que você estava com grilhões e amarrada?*
J: Sim. Queimaram-me muito, muito depressa. Havia pessoas que ficaram tristes e não queriam que eu morresse, e por isso fizeram tudo ser muito rápido. Foi feito a toque de sino. Queriam se ver livres de mim porque tinham medo de mim. Eu não fazia sentido. Nunca faço. Mas meu grupo ficou assim, "tudo bem!" (Riso)
D: *Eles não podiam fazer nada para deter isso, ou nem tentaram?*
J: Não, não podiam. Fazia parte de um cenário maior e não havia nada que pudessem fazer. Eles não tinham o direito de alterar os planos, entende? Portanto, não sobrou muita coisa do corpo. Triste. (Sorriso) Saí do corpo antes que ele queimasse. Fiquei ali parada com o sacerdote, observando tudo. Ele não percebeu. Fiquei ali

do lado dele, dizendo-lhe que estava com pena dele. Triste. Eu realmente senti pena dele.

D: Imagino que ele deve ter pensado que estava fazendo o que era certo.

J: Bem, pode ser. Não, senti mesmo pena dele. Acho que ele era apenas um títere. Creio que minha mente tocou um pouco a sua mente. Acho que ele sabia alguma coisa e estava arrependido. Na verdade, é apenas uma mente para outra mente para outra mente, compreende? Algumas mentes podem sentir isso, outras não.

D: Então, algumas pessoas não estão prontas para isso.

J: Certo. É muito diferente. E quando você diz isso, consigo sentir a pirâmide invertida no meu estômago. É muito estranho.

D: Como se você levasse essa informação com você?

J: Sim, sim, sim. É como um código. Mas está aqui na Terra também!

D: Sim, era um lugar físico. (Sim) Mas você conseguiu levá-la com você mesmo depois de ter morrido e saído do corpo?

J: Sim. Ela não sai.

D: Então, você a leva em seu – o quê, espírito, sua alma?

J: Não sei.

D: Muito bem. Depois de sair do corpo...

J: Para onde eu fui? (Riso) Deixe-me pensar. Não voltei para o grupo. Não podia voltar para o grupo. Tinha de ir em frente. Vejo-me projetada como um feixe de luz. Creio que tive de voltar para a galáxia. Eu tinha mesmo de fazer isso, portanto esse foi o fim do meu trabalho aqui.

D: Bem, você tentou fazer uma diferença.

J: Sim. E fiz. Fiz. E não importa eu ter morrido, o plano era esse. Eu deveria ter sabido. Mesmo assim, não foi muito divertido. E vejo o menino que me traiu. Ele é bem bonitinho. Mas está assustado. Ele nunca imaginou que isso poderia acontecer.

D: Que tipo de forma você tem enquanto se move pela galáxia?

J: Nada de mais, apenas luz. Vou para outro lugar. Outra época. Eles apenas me dão missões. Há um lugar onde vamos repousar. É incrível. E as missões são engraçadas, porque são muito curtas. Você descansa e depois sai noutra missão. São curtas, dá quase para rir delas. Faz uma e depois volta. E pode ser em qualquer lugar. Não sei porque essa foi do jeito que foi, mas foi.

D: Mas depois lhe dizem para ir para outro lugar.

J: Sim, você vai até certo ponto. É o que fazemos! Vamos de lugar em lugar. Tentamos aprender mais coisas e ajudar.
D: *Certo. Vamos sair dessa cena. Vamos deixar o ser lá para que ela possa continuar a fazer o que estava fazendo.*
J: Não é uma imagem bonita. Deixar a pobre menina amarrada assim.
D: *Bem, não precisamos deixá-la amarrada. Você é a parte que saiu do corpo porque o corpo se foi, não é?*
J: Certo, certo. Só não é uma bela imagem.
D: *Você não precisa ficar olhando para isso. Vamos deixar essa outra parte de você, que foi para o outro lado, prosseguir em sua viagem, pois essa foi uma experiência agradável.*

Então, orientei Joanne a voltar ao corpo e chamei o SC para descobrir porque ele havia escolhido aquela vida incomum.

J: Ela precisava saber que as informações estavam com ela e que ela se esqueceu. Ela sabe, mas se esqueceu. E sempre quer escrever sobre isso, mas não encontra tempo.
D: *As informações que estavam na pirâmide?*
J: Sim. Estão codificadas, gravadas. Ela só precisa escrever.
D: *Mas ela iria entender o que escrevesse?*
J: Ah, sim. Quando se chega a esta forma aqui na Terra, é muito bonito. Talvez ela não saiba ao escrever sobre isso, mas depois de escrever ela vai saber. Vai entender, mas ela tem medo. As informações colocam-na num lugar muito difícil, compreende?
D: *Ela tem recebido estas informações?*
J: Ah, sim, desde que era pequena. Ela não sabe disso conscientemente, mas quando era pequena ela já as recebia.
D: *E depois, o que aconteceu?*
J: Ela tentou falar com as pessoas a respeito, conversou com todo mundo. Eles não conseguiram lidar com isso. Fizeram tudo que podiam para que ela visse, para que eles pudessem ver.
D: *O que ela via naquela tenra idade?*
J: A magia, o mistério, as luzes. Ela lhes mostrava, mas eles não sabiam lidar com isso.
D: *O que ela lhes mostrou?*
J: Certas naves que apareciam atrás de sua casa.
D: *Os outros conseguiriam vê-la?*

J: Talvez eu achasse que podiam, mas não podiam. Eles não entendiam. Isso me deixava muito... Não sei. Era muita pressão.
D: Então, as pessoas queriam que Joanne parasse com isso?
J: Ah, sim, sim, sim. Eu tive de parar. Mas eles se esforçaram muito para me calar. Nem sei aonde fui. Não estava lá. Eu saía porque... eu deixaria Joanne fazer isso, mas eu saía porque era difícil demais.

Isso me pareceu como uma cisão da personalidade de Joanne. Poderia ser o que os psiquiatras chamam de "dupla personalidade", quando uma parte faz alguma coisa que a outra parte principal não percebe. Se foi isso, aparentemente não fez mal permanente à personalidade de Joanne. (Leia meus livros da série Convoluted Universe para obter mais informações sobre como nossa alma é composta por muitas partes ou fragmentos, todos com sua própria experiência ou vida.)

D: *Então, Joanne descobriu que não valia a pena falar disso. Mas você ainda quer que ela traga de volta as informações?*
J: Sim, ela as tem! E ela sabe disso. Ela fica muito ocupada e por isso não escreve sobre elas.
D: *Ela disse que conseguia sentir essa pirâmide invertida em seu corpo? (Sim) O que é isso?*
J: Agora, em vez da pirâmide, é como um cone muito rápido.
D: *Isso veio daquela outra vida que estávamos observando?*
J: Ao que ela saiba, sempre esteve lá. E contém informações realmente, realmente lindas.
D: *Quando isso foi posto dentro dela?*
J: É estranho, agora consigo sentir. Acho que ela veio com isso.
D: *Você acha que ela nasceu com isso?*
J: Acho que sim.
D: *Mas nesta vida é difícil...*
J: Muito, muito. Impossível. Ninguém quer ouvir falar disso. É bom demais. Sabia? É bonito demais. As pessoas querem as coisas ruins.
D: *Talvez estejamos chegando ao momento em que vão ouvir o que é bom.*
J: Já era hora. Estou esperando. (Riso)
D: *Naquela vida, de onde seu grupo veio?*

J: Sim, definitivamente vieram como grupo. Todos nós concordamos em vir. Não dava para virmos como somos; tínhamos de vir assim, precisávamos nos encaixar. Mas não conseguimos. Não sei o que estávamos fazendo. Por que escolheram aquele lugar. Mas era importante que fizéssemos aquela construção naquele lugar do mundo e colocássemos aquele conhecimento lá. Esse era o lugar que precisava ser, e por isso tínhamos de nos parecer com as outras pessoas, caso nos encontrassem. Mas com o tempo, fomos descobertos.

D: O grupo todo?

J: Ah, sim. E não foi uma história bonita. Mas não importa, pois todos foram embora. Depois de queimá-los, as pessoas da cidade quiseram saber de onde teriam vindo. Felizmente, tínhamos enterrado tudo. Então, sabiam que isso ia acontecer. Tínhamos esse risco. Era nosso trabalho e era o nosso risco. As coisas são assim, sabia? Creio que todos foram queimados.

D: As informações ainda estão enterradas?

J: Ah, sim, estão. Por que ficam me falando sobre França? França. Há colinas na França? Não sei. Há alguma coisa lá, creio. Sim, creio que ficam lá.

D: Mas as informações ainda estão enterradas lá? (Sim, sim.) Mas será que as pessoas conseguiriam encontrar essas informações?

J: Se for para ser assim, creio que sim.

D: Estava me perguntando se elas seriam físicas...

J: Ou etéricas.

D: Para poderem encontrá-las e lê-las.

J: Não sei se as pessoas nesta Terra poderiam, a menos que acontecesse alguma coisa diferente aqui. (Riso) Lembre-se, é uma estação.

D: Talvez não fosse mesmo destinada aos humanos.

J: Era, e não era. É um lugar de energia que precisava estar lá. É um lugar onde foram trazer energia. Tinha de estar na Terra, naquele lugar. Se o encontraram ou não, não importa. É apenas uma energia que precisa estar lá, como um estabilizador. E, por algum motivo, a Terra era muito importante. E ainda é.

D: Joanne está trabalhando muito com energia, não está?

J: Sim. Às vezes, ela nem sabe o que está fazendo. São códigos! Ela sabe! Ela se esqueceu. Está trabalhando com códigos, números e códigos, e sequências. E é isso que ela faz. Ela se vale de outras galáxias para isso. Muita gente deprimida a procura para obter ajuda.

D: *Na verdade, ela não sabe de onde vem a energia, sabe? (Não) Mas ela está tirando essa sequência de números e códigos de outros lugares?*

J: Sim, e de si mesma. Ela tem os códigos. Eu quero que ela tenha consciência disso, e depois vamos lhe mostrar o que fazer com eles. Ela precisa saber que eles estão lá. Quando ela souber que estão, vai saber o que fazer com isso. Mas ela sequer sabe que estão lá. Precisa se conscientizar. Respeitá-los e não ter medo deles.

D: *Você quer que ela traga isso à sua memória consciente? (Sim, sim, sim.) Você vai ajudá-la a trazer?*

J: Sim. Tenho tentado ajudá-la. Mas está chegando a hora! (Riso) É como ler Braille, sabe? Se ela deixar, virá através de seus olhos até suas mãos. Vamos lhe mostrar como o Braille, vai para os olhos, percorre o cérebro e volta através de sua boca e de suas mãos. Ela não vai entender, mas vai começar a fazer isso. Também virá através de suas canções. Ela tem medo de deixar isso aflorar. Sabe, antes ela morreu por causa disso, portanto... (Riso) É um pouco difícil. Ela escolheu morrer muitas vezes por isso. Essa tem sido a sua aventura.

D: *Mas nesta vida atual, ela não vai morrer por isso.*

J: Não, esta é uma na qual ela não morre por isso. Se reduzir seu ritmo, ficar tranquila e souber que tudo está lá. Ela precisa ver isso. Ela precisa saber que desta vez não fez um arranjo para pagar com a vida. Embora não tenha medo de morrer, não é uma experiência muito divertida. Ela já fez isso até demais. E acho que é isso que fizemos. Você entra num padrão. Ela precisa sentir aquela pirâmide invertida dentro dela. Lembre-se, lembre-se de onde você veio. Lembre-se da razão para estar aqui. Faça o seu trabalho. É como apertar um pequeno botão, um pequeno interruptor. Como "Ligar". "Ligue, você se esqueceu. Por que isto está aqui?" " Gire-o em sua mente". Só não se esqueça do que está aí dentro, não se esqueça da razão para ter vindo. Mas aproveite, esta é a melhor encarnação na qual você pode fazer isso. Você não precisa pagar o preço. Você já pagou o preço. Aproveite, compartilhe. Não é nenhum motivo para morrer.

Capítulo 6
MANÁ DO CÉU

Nicole era enfermeira num grande hospital havia muitos anos. Dava-lhe muita satisfação poder ajudar pessoas doentes. Entretanto, ela estava se sentindo inquieta, como se devesse estar fazendo outra coisa em sua vida.

Quando Nicole saiu da nuvem, só conseguiu ver águas calmas à sua volta. Geralmente, isso pode significar diversas coisas. A pessoa pode estar num barco na água ou, em alguns casos, pode ser uma criatura marinha. Sempre permito que contem sua própria história. Descobri que não posso mesmo influenciá-las. Elas sempre vão relatar o que veem ou o que estão experimentando. Neste caso, ela disse que não estava em alguma coisa, mas como se flutuasse sobre a água. Perguntei-lhe como via o seu corpo. "É como se eu não tivesse um corpo. Sou apenas um pensamento, apenas um pensamento".

D: *Você sente que faz parte da água ou que só está sobre a água?*
N: Só sobre a água. Como se flutuasse, porque é onde eu resolvi estar. Nenhum motivo, só queria estar mais próxima da água. É muito calmo e repousante. Não há ondas, só ondulações suaves. Mas não consigo ver mais nada, só água.
D: *Muito pacífico. Desse modo, você não tem mais nada para fazer, tem?*
N: Não, não preciso fazer nada. Nunca preciso fazer nada mesmo. Só existo. Só tenho a experiência. Só sinto. Não tenho metas.
D: *O que você sente?*
N: O calor. A sensação do calor. Um pouco do balanço da água, caso eu queira me sentar na água. Posso me aproximar um pouquinho. É como se eu flutuasse. Neste momento, eu não preciso fazer mais nada. É muito bom. Não há nada para fazer. Sou apenas isso, um pensamento.
D: *Você acha que precisa ir a algum lugar?*

N: Não, não me ocorre que eu tenha de ir a algum lugar. Só desfrutar. É o que eu deveria fazer agora. O sol está brilhando e está quente. Nada mais. É só água. Posso ver um ou dois peixes. Às vezes, o sol reluz na água e por isso é difícil enxergar. Basta relaxar, ser e aproveitar.

Isto poderia durar muito tempo. E, embora Nicole estivesse gostando, resolvi levá-la adiante, condensando o tempo, até o momento em que estivesse acontecendo alguma coisa. Não sabia se iria continuar a ser um pensamento, mas de repente ela anunciou, "Sou homem. Uso roupas, mas são incomuns, ásperas e marrons. É o que eu deveria estar vestindo, mas não me parecem confortáveis". Ela tinha cabelos escuros de comprimento médio e era jovem e saudável. Seus sapatos eram "De couro, apertados, mas não proporcionam apoio. São apenas coisas frouxas de couro sobre meus pés. Protegem contra gravetos e algumas pedras, mas às vezes ferem meus pés. Prefiro andar descalço, mas se o faço, machuco os pés". Ele estava numa floresta densa, caminhando por uma colina num terreno acidentado. "Há árvores à minha volta. Amo as árvores. Sinto que sou caçador, mas estou caçando alguma coisa que não é de comer. Estou indo para algum lugar". Ele levava uma bolsa marrom de couro ao ombro. Havia algumas frutas secas na bolsa, mas também algumas coisas pequenas. "Pedras. Algumas são reluzentes, e tem uma que é muito preta. Uso-as para minha saúde e não adoeço. Protegem-me de coisas que poderiam acontecer comigo".

D: Alguém treinou você para usar essas coisas?
N: Sim, um homem mais velho. Ele me disse para usar diversas coisas para minha proteção, para a proteção dos outros. É o que estou fazendo. Estou indo a algum lugar para encontrar alguém para ensinar. Vou lhe mostrar como usar as pedras. Desse modo, vou passar a informação. Ela me foi passada e vou passá-la para os outros. Eu também trabalho com cristais. São brilhantes, diversos ângulos. Não tenho nenhum comigo neste instante. E os sentimentos da noite entram em cena de algum modo, mas eu não sei como. Como é a escuridão. Aquilo que existe na escuridão às vezes entra nas pedras. Não compreendo isso.

D: *Você vai se lembrar mais à medida que falar. Mas creio que você está acostumado com a floresta. Não o incomoda caminhar por lá?*
N: Não, é um lugar bem amigável. Gosto muito da floresta. Conheço tudo que há na mata. Não há nada a temer lá.
D: *Você não tem alguma arma?*
N: (Indignado) Não! Por que deveria?
D: *Oh, estava pensando nos animais.*
N: Não, eles são meus amigos. Não me machucam. Na verdade, eu ajudo a curá-los também! É sim! Eu os ajudo quando estão feridos. Por algum motivo, eles não têm medo de mim. Coloco uma energia à volta deles para ajudá-los a sarar e por isso eles não têm medo de mim. Às vezes, eles se machucam.
D: *Então, você sabe transferir energia? Seria essa uma maneira de dizê-lo?*
N: Sim! Eu sei! Mas também uso as pedras. O homem me disse como usá-las.
D: *Você está sorrindo. Deve gostar do que faz.*
N: Gosto, gosto. Gosto mesmo. Ajudo todos. A saúde é importante para os animais.

Ele vivia sozinho. Não havia ninguém por perto. "Isso contamina. Fico melhor sem muita gente por perto. É muito melhor".

D: *Estava pensando no homem que ensinou você.*
N: Eu o visitava com frequência, mas ele também morava sozinho, na encosta de uma montanha.
D: *Você tem família?*
N: Não. Minha mãe mora onde moram as outras pessoas, mas eu não. Eles moram na aldeia, mas eu saí de lá para poder aprender. Às vezes, outras pessoas trazem energias ruins. Por isso, é melhor eu estar sozinho.

Estou sempre tentando determinar uma época ou lugar, e por isso perguntei sobre o tipo de casas onde seu povo vivia. "São feitas de gravetos. Gravetos no teto, gravetos nas paredes. Pequenas, marrons, sem luz. Escuras. São úmidas. Eu vivo ao ar livre, sempre que encontro um lugar. É melhor estar na floresta. Ela lhe dá energia. As casas a tiram. É ao ar livre que aprendemos. De qualquer modo, é melhor assim".

D: E quando o clima fica ruim?
N: Não é um problema. O clima é nosso amigo. Não me incomoda. Não me importo em me molhar.
D: Não fica frio?
N: Não, não onde estou.
D: Parece ser um lugar perfeito. E o que você come?
N: Sempre que preciso de comida, ela está lá. Posso encontrá-la ou ela aparece do nada.
D: Acho isso milagroso.
N: Não, simplesmente acontece.
D: Que tipo de alimento você come?
N: O que aparecer. Não sei o que é, ele apenas aparece.
D: Achei que talvez fosse alguma coisa que crescesse na floresta.
N: Não, posso comer isso, é bom. Mas geralmente este outro alimento está ali. Se quero, ele aparece. É branco. Não tem forma, é só um punhado, mas é muito bom. É tudo de que preciso. Se estou com muita fome, aparece mais. Se não estou com muita fome, se quero só um pouco, aparece só um pouco. E está ali. Só preciso querer e ele aparece.

Isso me pareceu muito com o misterioso maná que sustentou Moisés e seu povo durante sua perambulação pelo deserto. Êxodo 16:13: E pela manhã jazia o orvalho ao redor do arraial. E quando o orvalho se levantou, eis que sobre a face do deserto estava uma coisa miúda, redonda, miúda como a geada sobre a terra. E, vendo-a os filhos de Israel, disseram uns aos outros: Que é isto? Porque não sabiam o que era. Disse-lhes pois Moisés: Este é o pão que o Senhor vos deu para comer. – 16:31: E chamou a casa de Israel o seu nome maná; e era como semente de coentro branco, e o seu sabor como bolos de mel.

Quando Nicole acordou, preservou uma memória parcial. Ela disse que viu a comida que criou pelo pensamento parecida com um monte sólido de arroz. Podia ter muitos gostos diferentes, mas era muito boa.

D: *E o resto das pessoas na aldeia?*
N: Ah, eles trabalham para obter a deles. Eles precisam cultivar coisas. Eles colocam coisas na terra e fazem comida com isso. Ou alguém sai e mata pequenos animais. Eu não preciso fazer isso. Basta querer alguma coisa e ela está lá. É uma comida de ótimo sabor.
D: *Tem sido assim a sua vida toda?*
N: Sim, mas não deveria ser. De algum modo, eu não deveria saber que era capaz de fazer isso, pois ninguém mais conseguia. Exceto o homem. Ele conseguia. Mas minha mãe não gostava disso. Minha mãe disse que a comida não era correta, pois não me vinha da maneira como eles a preparavam. Era diferente, e ninguém mais queria o que eu tinha.
D: *Eles queriam trabalhar para comer.*
N: Eles não queriam trabalhar, mas achavam que a minha maneira não era correta. Eles eram muito magros! Eram muito magros porque tinham de trabalhar pela comida, e eu não.
D: *Você sempre teve essa comida, mesmo quando criança?*
N: Sim, tudo que eu tinha a fazer era querer. Isso me tornava diferente. E ninguém mais conseguia fazer isso. Ninguém, exceto o homem. Ele morava no alto da montanha. Mas eu ia vê-lo. Acho que ele era meu pai! Não sei porquê ele não morava na aldeia.
D: *Ele se parecia com os outros?*
N: Não, não parecia. Todos na aldeia eram morenos. Cabelos escuros. Ele era loiro. Cabelos claros. E sua pele era mais clara. Não sei porque ele parece diferente. Eu me pareço mais com minha mãe.
D: *Mas ele vivia sozinho nas colinas?*
N: Sim, era um buraco onde ele fazia fogo, mas era bonito. Era quente e ele tinha tudo que queria. E eu ia visitá-lo. Todos os demais tinham medo.
D: *Eles sabiam que ele estava lá?*
N: Sim. Sabiam, mas não deviam vê-lo. Ele era quem tinha todas as informações, mas todos tinham medo dele, exceto eu. Ele poderia tê-los ajudado, mas eles tinham medo. Ele me ensinou muitas coisas, mas não tudo que sabia. Disse-me que eu podia fazer coisas. Eu sempre soube como encontrar a comida. Isso era fácil para mim. Ele me ensinou a manter-me saudável. Ensinou-me como seria mais tarde, depois... depois desta época.
D: *O que você quer dizer?*

N: Além de quando eu ia estar aqui. Ele me disse o que ia ser.

D: *O que ele lhe disse?*

N: Que não haveria mais ninguém que pudesse fazer as mesmas coisas que eu fazia. Que não haveria mais comida como aquela porque todos iam ter medo e as pessoas iam ser más umas com as outras. Não como quando ele estava lá, ou quando eu estava lá. Eu não vou querer estar lá então. As pessoas são más. Elas não tomam conta umas das outras, como a minha mãe e os aldeões. Elas não fazem isso. Passou esse tempo. Depois, eu terei ido embora para sempre.

D: *O que ele lhe ensinou sobre a manutenção da saúde?*

N: Que havia algumas pedras que afastavam os ferimentos. E algumas pedras que curam lugares feridos, quando você cai numa pedra e se machuca, e elas fazem o ferimento sumir. Ou você pode fazer sumir a marca deixada por um golpe de alguém. Se alguém acerta você com uma pedra afiada e deixa um corte, marca a sua pele, a pele vai embora. Mas ele consegue reparar isso e tudo fica bem.

D: *Isso é maravilhoso!*

N: Ah, era. Eu achava que era! Mas todos os outros tinham medo disso.

D: *Esse homem era da aldeia?*

N: Não, não, ele não era de lá. Não sei de onde ele era.

D: *Ele chegou a lhe dizer?*

N: Disse, mas era um segredo.

D: *Você tem permissão para me dizer?*

N: Sinto que tenho. Ele veio de um lugar muito distante e que jamais, jamais, jamais poderíamos chegar caminhando. Ele veio de uma estrela. Ele me mostrou qual era. E eu tentei contar uma vez à minha mãe, mas ela não acreditou em mim.

D: *(Riso) Naturalmente.*

N: Era a missão dele. Foi a palavra que ele usou. Era sua coisa para sua vida, era o que precisava fazer. Ele precisava fazer isso para ajudar as pessoas. É daqui que vem meu desejo de ajudar as pessoas.

D: *Ele disse como veio aqui desde essa estrela?*

N: Um pensamento. Ele veio por um pensamento. Ele não tinha nada, apenas um pensamento. Foi o que tinha a fazer. Eu ainda não sei fazer isso.

D: *Mas ele está num corpo que você consegue ver, não está?*

N: Sim, e sua aparência é muito bonita. Gosto da aparência dele.
D: Como ele conseguiu um corpo se ele era apenas um pensamento?
N: Ele também era capaz de fazer isso. Ele pode fazer isso. Ele pode fazer o que quiser. Se ele pensar em algo, consegue fazê-lo. Como eu quando penso em comida e a faço. Mas as outras pessoas não gostam disso.
D: Você disse que achava que ele é seu pai?
N: Ele é. Acho que ele me pensou dentro da minha mãe. Eu não sabia que as pessoas podiam fazer isso. Ele simplesmente me pensou! Mas eu fui o único. Ele sabia que eu seria mais como ele. Era preciso ter outra pessoa para vigiar o povo.
D: E ele lhe deu essa tarefa?
N: Sim. Eu sou especial.
D: Ele vai ficar para ajudar? Você sabe disso?
N: Não, não depois de algum tempo. Ele se vai.
D: Depois de você ter aprendido tudo?
N: Por algum motivo, ele precisou sair antes. Teve de sair antes de eu aprender tudo. Mas foi inesperado. Ele teve de sair antes do que queria, por algum motivo. Não sei qual foi. Ele não me disse. Ele me disse que teria de ir embora. E estou triste porque eu o queria aqui.
D: Ele deve ter achado que você já havia aprendido o bastante.
N: Tanto quanto ele podia me ensinar naquela época. Mas eu não era muito velho. Poderia ter aprendido mais. Eu quis aprender mais, mas ele teve de ir embora. Ele só pensou e se foi. Foi isso. Ele só pensou. Foi assim. Todos que podem fazer isso, podem pensar e está feito.
D: Mas você sabe como são as pessoas, a maioria delas não sabe que pode fazer essas coisas.
N: É porque elas não podem fazer essas coisas. Elas não são daquele lugar.
D: E você era diferente. Não era como os outros.
N: Certo, pois ele me ensinou. Gosto de poder fazer essas coisas. Mas deve haver outros como eu em algum lugar. Imagino que haja. Vivem noutro lugar, um pouco distante. Não sei onde vivem, mas às vezes vejo-os na floresta. Eu os reconhecerei quando os vir. Sim. Estou sempre em movimento. Sempre tenho de ir a algum lugar. Por isso, não fico muito tempo num lugar. Tenho de ir ajudar alguém.

D: *Eles vão aceitar sua ajuda?*
N: Sim, mas as pessoas ainda têm medo de mim porque não sabem como eu as ajudei. Por isso não fico muito tempo em determinado lugar. Estou sempre me movendo. Preciso sempre ir para outro lugar. Não posso parar.
D: *Como você sabe se alguém precisa de você? As pessoas entram em contato? Como é?*
N: Eu simplesmente sei. Sei quando é hora de ir e vou para outro lugar. E há sempre alguém lá que precisa de mim. Nunca há um lugar onde eu tenha de ficar. Mas não há problema, porque eu gosto da floresta. Tudo me é provido, e assim fica fácil. Não preciso fazer nada. Só cuido das pessoas. Sempre me sinto bem sabendo disso.
D: *Você tem de ensinar alguém?*
N: Quando chegar a hora, vou pensar em alguém. Quando for velho o bastante e tiver andado por um número suficiente de lugares, vou pensar em alguém. Vou encontrar alguém especial que me escuta. Então, vou pensar em alguém. E vou ensinar essa pessoa.
D: *Do contrário, se você é o único, não vai querer que o conhecimento se perca.*
N: Ah, ele não se perderá. Não! Vou ter um filho. Mas só um, só um. Há muitos conhecimentos para transmitir.
D: *Então, você poderia ter alunos.*
N: Não. Precisa ser só um. Muita coisa para aprender. Não há tempo suficiente para tudo que preciso passar.

Achei que já havíamos explorado esse assunto o suficiente, e por isso avancei-o até um dia importante.

N: Feri a minha perna. Não é este o dia em que vou morrer, mas alguns dias antes de morrer. É cedo demais!
D: *O que aconteceu?*
N: Caiu alguma coisa na minha perna e me feriu. Não consigo me mover. Creio que deve ter sido uma árvore. É uma coisa grande e pesada. Não consigo empurrá-la. Minha perna está presa. Eu poderia curá-la, mas não posso. Não tenho as minhas coisas e estou preso. Eu deveria saber que isto iria acontecer.
D: *Por que você deveria saber?*
N: Porque eu deveria saber tudo. Mas não sabia disto.
D: *Bem, acho que ninguém consegue saber tudo.*

N: Não, mas eu sabia tudo. Sabia tanto. Mas não sabia que isto ia acontecer!
D: *Não dá para estar preparado para tudo.*
N: Não. E estou sem minha sacola. Não estou com minhas pedras. Teria ajudado se eu tivesse minha pedras. Deixei-as para trás.
D: *Você teria conseguido erguer a árvore se tivesse suas pedras. Elas também o tornam forte?*
N: Elas teriam reparado o ferimento e eu teria conseguido sair. Sim, eu teria saído. Estava sem elas. Eu sempre deveria estar com minhas pedras. Foi muita tolice deixá-las.
D: *Você chegou a encontrar outra pessoa para ensinar essas coisas?*
N: Eu já estava fazendo isso. É lá que estão as pedras. Eu devia encontrar mais pedras.
D: *Então, você conseguiu pensar em alguém a quem poderia ensinar?*
N: Sim, meu filho. Ele é muito jovem. Não lhe ensinei tudo ainda. Não houve tempo.
D: *Você encontrou uma mulher com quem poderia gerá-lo?*
N: Sim, ela foi muito meiga.
D: *Ela entendeu o que estava acontecendo?*
N: Não, porque não foi daquela maneira. Mas ela entendeu o suficiente para eu poder ter meu filho. E me deixou levá-lo. Isso é muito incomum! A maioria das mães fica com os filhos. Mas ela sabia que eu podia fazer coisas especiais. Ela queria isso para seu filho. E eu o estava treinando. Mas ele não está comigo. Ele tem as pedras. Mas tudo bem, é melhor ele ficar com as pedras. Ele vai precisar delas.
D: *Ele entende o suficiente para saber usá-las?*
N: Talvez não. Mas talvez ele aprenda. Talvez ele tenha o suficiente daquilo que lhe dei para conseguir fazer essas coisas.
D: *Você lhe ensinou a fazer comida aparecer?*
N: Ele sabe. Não precisei ensiná-lo. Ele já sabia.
D: *Talvez haja outras coisas que ele saiba. Talvez ele seja capaz de aprender por sentimentos, intuições e instintos. E seja capaz de deduzir o resto.*
N: Certo, certo. Ele é um garoto inteligente. Dei-lhe o suficiente. Espero que aprenda o resto. – Por isso, tenho de encerrar. Não era para ser a minha hora, mas chegou. Eu devia ter ficado mais tempo. A ideia era eu ficar até ser uma pessoa velha, velha. Fico mais fraco, mais fraco. Ninguém me encontra.

Eu o levo até depois de sua morte para que ele veja seu corpo desde o lado espiritual.

N: É uma imagem triste, todo amassado. Eu não era tão velho. Poderia estar mais velho, mas não estava. Fiquei amassado sob aquela árvore. Não sei como aquela árvore caiu em mim.
D: *Às vezes, as coisas estão destinadas a ser como são.*
N: Deve ter sido isso.

Então, perguntei-lhe que lição ele havia aprendido com aquela vida, vendo-a daquela perspectiva.

N: Viajando, aprendi a não ter medo de ficar num lugar só. Eu não devia ficar num só lugar. Viajar era o que eu tinha de fazer. Aprender coisas novas no caminho. Aprendi a não ter medo e a ficar numa aldeia, como todos os demais. Algumas pessoas têm medo do desconhecido. Elas querem apenas ficar com aquilo que sabem que é seguro. Eu já tinha feito isso muito tempo atrás. Eu devia saber. Era para eu sair e experimentar o novo.

Deixei o homem lá e pedi para Nicole se afastar, chamando seu SC. Perguntei-lhe porque ele escolhera aquela vida para ela ver.

N: Ela precisa saber que é importante continuar a curar. Ela precisa perceber as capacidades que possui e que ela tem muitas outras das quais sequer sabe.
D: *Ela usa algumas dessas capacidades de cura como enfermeira.*
N: Há mais para aprender. Mais para se fazer.
D: *Mas naquela vida ela usava pedras, não?*
N: Claro. Você precisa progredir através de suas vidas. Precisa usar os materiais de que dispõe até chegar ao ponto de não ter materiais, fazendo tudo instintivamente.
D: *Então, agora ela não precisa mais de ferramentas?*
N: Não. Ela acha que precisa, mas não precisa. São muletas para o aprendizado. Usamos essas pedras e cristais. Mas você chega a um ponto no qual não precisa de nada. Você usa o pensamento. O pensamento é muito poderoso. O pensamento é tudo de que você precisa. É a vida. A vida ainda é na Terra, e está tão baseada na

Terra que as pessoas não percebem que podem simplesmente usar o pensamento. Elas pensam que precisam usar coisas materiais, mas não precisam. É assim que progredimos.

D: *As pessoas sempre me perguntam sobre rituais que podem usar.*
N: Os rituais são como passinhos de bebês. Você dá pequenos passos para chegar até onde possa fazer o que precisa fazer. E não precisa mais dos rituais.
D: *Você quer dizer que Nicole já passou disso?*
N: Sim, mas ela não sabe disso. Ela ainda não sabe como chegar lá. Ela deveria estar curando e ensinando. Mas não conheço o caminho para mostrar a ela. Ela terá de se desenvolver.
D: *Mas ela trabalha como enfermeira, e por isso está no ambiente de cura.*
N: Isso não será suficiente. Há outra coisa que terá de fazer.
D: *Ela deveria usar sua habilidade de cura no hospital?*
N: Não, isso já passou. Ela deve avançar, mas nós não podemos lhe dizer como avançar. Ela quer saber, mas ainda não chegou a hora. Ela chegará. Ela está trabalhando com bebês e crianças, e isso é importante. Mas são passos de bebês na direção aonde vamos, aonde precisamos ir. Ela precisa fazer mais, pensar mais, ser mais aberta. E essas coisas virão. Não existe uma escola. O conhecimento virá de cima, de longe, se ela deixar. Ela quer uma escola, e isso não é uma coisa que possa ser ensinada. É uma coisa que vem à sua vida desde muito longe.
D: *O que você quer dizer com "muito longe"?*
N: De lugares que não são daqui.
D: *Não são da Terra?*
N: Certo. De outras realidades. Realidades? Está certo isso? Outros lugares que não são daqui. Não são físicos. Não são pesados. Outro lugar, mas não é pesado.
D: *Não é um lugar físico, sólido?*
N: É, mas muito mais leve. É muito, muito mais pensamento do que físico. Isto virá, mas no momento certo. Ela quer acelerar isso.
D: *Tudo precisa acontecer em seu momento certo. Mas você pode lhe dizer se ela deve fazer cura prática com as mãos ou de algum outro tipo?*
N: Ajuda quando você toca as pessoas. Mas é mais pensamento, como quando aquele homem pensava no alimento. É o mesmo tipo de energia. O pensamento vai ajudar. O pensamento vai infundir a

capacidade. Não faz sentido, mas é o que acontece. Os pensamentos infundem e as habilidades acontecem.

Segundo o dicionário, infundir significa instilar ou extrair certas qualidades.

D: *Mas você sabe que nós, humanos, gostamos de aprender e que nos mostrem coisas.*
N: Algumas coisas não há como dizer. São aprendidas pelo pensamento. O que é bom, pois você está ajudando no processo mental. Permitindo a expansão de ideias para abrir a mente. Quanto mais aberta a mente, mais fácil infundir as habilidades na pessoa. Ela sabe que essas coisas estão vindo até ela. Vai levar algum tempo. Ela está com pressa. Ela tem medo que alguma coisa vá acontecer com ela para interromper sua vida antes de aprender esta lição. Ela não tem de se preocupar com isso. Ela estará aqui. Só vai levar algum tempo. A única maneira é confiar em seus instintos, intuições. Não existe livro, não existe escola. Nada que alguém conheça neste momento é exatamente verdade. Isso vai acontecer. Ela sabe essas coisas. É mais forte do que a intuição. Será um conhecimento. Ela vai ter de permitir isso e não ter medo disso, porque a condição humana consiste em ter medo. Tocar as pessoas irá curá-las. Há muitos que podem dizer que fazem isso, mas não é verdade. Muitos deles não conseguem. Aqueles no... aparelho de comunicação... hmmm...
D: *Você quer dizer a televisão?*
N: É isso, é isso. Eles dizem que conseguem, mas isso não está certo. Eles ainda não podem fazer isso. Há pessoas que podem fazer isso, mas essas pessoas dizem que podem fazer isso. Estão magoando essas pessoas porque mentem para elas. Mas chegará um tempo em que haverá mais pessoas que podem fazer isso. Tocando e pensando, poderão curar as pessoas.
D: *Você disse que alguns estão fazendo isso. Provavelmente, estão nos bastidores.*
N: Você deve saber mais sobre isso do que eu.
D: *Quero dizer que não estão enganando as pessoas.*
N: Só algumas pessoas como você, com quem elas não têm medo de falar. Elas lhe contam tudo. Mas você precisa ouvir para saber quem pode fazer isso, estimulando-as porque elas também sentem

medo. Mas estamos tentando enviar a linguagem da cura e infundir as habilidades. Mas todos estão se sentindo sozinhos, e não estarão sozinhos. Elas não compreendem que têm essa habilidade. Essas pessoas estão perdidas porque não conhecem ninguém com quem poderiam falar. Elas têm medo que as pessoas não as compreendam ou não as aceitem.

D: *Mas isso vai ficar mais natural na época em que Nicole conseguir fazer isso?*

N: Sim. Haverá mais gente fazendo isso. Isso vai acontecer antes que ela se vá desta vida.

D: *Ela deveria continuar trabalhando no hospital por enquanto?*

N: Ela pode, não importa se fica ou não. Ela vai receber a infusão quando chegar a hora. Todos que devem fazer isso deverão recebê-la ao mesmo tempo.

D: *Mas você não pode nos dizer quanto tempo vai levar?*

N: Bem, algum tempo. Será enquanto você ainda estiver aqui. Nicole ainda estará aqui. Mas ainda vai demorar algumas unidades.

D: *Então, vai acontecer durante a nossa vida, mas não será já.*

N: Certo. De algum modo, o medo precisa deixar as pessoas, e haverá uma abertura de conhecimento. Vai haver uma onda de conhecimento que vai começar a se infundir. E junto com ela, haverá a cura.

D: *Então, todos nós devemos estar envolvidos nisso tudo.*

N: Todos estarão envolvidos, mas só aqueles que realmente se importam serão curadores. Todos na Terra estarão envolvidos nesta onda, mas as pessoas sentem tanto medo que não conseguem se abrir. Eles terão medo demais para se abrirem para ela. Mas os curadores e pessoas como você estarão na linha de frente. Serão aquelas que vão extrair o máximo disso, os medrosos, não. Ela trará habilidades especiais. Mas haverá gente suficiente capaz de ajudar os outros a progredir.

D: *Muita gente me procura e lhes dizem que serão curadoras.*

N: São, todas elas. Sim. Precisamos de tantos curadores quanto possível, pois haverá uma grande doença sobre este planeta.

D: *O que quer dizer isso?*

N: Uma terrível... é uma doença ruim. Ela pode ser tão nociva que não permite recuperação. Essa doença... será necessário que muitos curadores pensem positivamente para se contrapor a aquilo que poderia acontecer.

D: É uma doença que vai afetar as pessoas?
N: Sim! Oh, oh, todos vão ficar doentes! Oh, isso não é bom!
D: Que tipo de doença?
N: Poluição ambiental.
D: Algo no ar?
N: No solo, e o solo deveria ser saudável. Mas não tem sido já faz algum tempo, e não ficará. Será preciso um monte de curadores para ajudar as pessoas a superarem isso, se puderem. Tem havido muitos avisos e ninguém está ouvindo. Isso vai acontecer.
D: Isso vai acontecer através da comida que estamos comendo?
N: Da comida, da água. A água é o pior. Mas a comida vem do solo. E não há nada a se fazer para salvar todo mundo.
D: Quer dizer que ela está sendo contaminada?
N: Sim, e será preciso que todos pensem positivamente e ajam positivamente para pensarem em começar a lidar com isso. É muito grande. Está por toda parte. (Chocada com o que está vendo.) Oh, minha nossa!
D: Estava imaginando o que iria acontecer para que tantas pessoas se tornassem curadoras.
N: Oh, precisaríamos ter mais curadores do que realmente teremos! Oh, puxa – que tristeza! Tanta gente vai morrer!
D: Isso está acontecendo gradualmente agora ou vai acontecer de uma só vez?
N: Está acontecendo agora, mas os efeitos vão se tornar – dez anos. Em dez anos, os efeitos serão plenamente conhecidos.
D: Quanto ao que isso está fazendo ao corpo?
N: Sim. Preciso dizer "dez anos". (Esta sessão foi realizada em 2005.)
D: Isto vai afetar mais as pessoas nas cidades do que aquelas que moram no campo?
N: Essa é a parte triste. Isso afeta todos da mesma forma. São as coisas que pomos no solo e que se infiltram na água. Não haverá lugar seguro. Os curadores terão de vir para limpar as pessoas e a terra.
D: Então, os curadores estarão protegidos dessa doença?
N: Não, não necessariamente. Alguns também vão morrer.
D: É por isso que muitos serão necessários? (Sim) Estava achando que se virão para ajudar os outros, teriam de estar protegidos.
N: Não existe proteção para isso. Está por toda parte. A única proteção virá de outro lugar.
D: Você acha que isso vai acontecer?

N: Se tivermos sorte, sim. Eles terão piedade de nós. Se mostrarmos que queremos que tudo fique direito, vão nos ajudar. Se continuarmos a fazer o que estamos fazendo, não vão. Há muitos por lá que farão isso, desde que comecemos a limpar o que temos agora. Do contrário, vão nos deixar descobrir nosso próprio caminho. Eles não podem interferir. Se já estivermos no caminho, eles podem nos ajudar.

Capítulo 7
SÓ VESTINDO UM CASACO

Pamela estava trabalhando para uma empresa ambiental. Recentemente, fora despedida por causa de problemas e conflitos com seu chefe. Ela havia descoberto atos desonestos na empresa e sentiu-se compelida a relatá-los. Agora, estava se perguntando se deveria seguir uma direção diferente em vez de voltar ao mundo corporativo. Era esse o propósito da sessão. Acredito sempre que o SC vai levar o paciente até o momento e o lugar mais apropriados para explicar os problemas em sua vida, mesmo que para mim isso não faça sentido no começo. Sei que tudo será resolvido antes de terminarmos, pois "eles" conseguem ver a cena toda.

Pamela viu-se em pé numa colina, olhando para uma pequena cidade. Ela viu que era um homem idoso, com longa barba branca, trajando roupas simples que envolviam o seu corpo. Ele tinha um cajado, e por isso imaginei que fosse um pastor. Mas ela disse que não, que era um sábio, um curador ancião. Ele morava numa pequena cabana na margem da floresta da colina sobre a cidade. A cabana não tinha muita coisa, mas o principal foco era um pote sobre o fogo no qual ele preparava ervas e remédios. Ele cultivava algumas ervas e colhia outras na floresta. Disse que não fora treinado para isso, mas que sabia instintivamente que ervas deveria usar para ajudar as pessoas que o procuravam. Ele morava sozinho, mas parecia gostar do seu trabalho, pois sentia que estava ajudando as pessoas. Usava não apenas ervas, como também as mãos. Podia curar tocando certas partes do corpo da pessoa.

Eu já havia feito muitas sessões nas quais a pessoa era curadora usando substâncias naturais. Muitas vieram com um conhecimento natural e outras aprenderam com alguma pessoa sábia. Mas embora fizessem muitas coisas boas pelas pessoas, eram vistas com desconfiança e medo. Geralmente, viviam isoladas, pois as pessoas não achavam que fossem seres humanos normais, como o resto da comunidade. Essas vidas passadas são bons exemplos do papel do medo no desenvolvimento da humanidade. As pessoas sempre tiveram medo daquilo que não compreendiam, e não conseguem confiar no desconhecido, no estranho e no que é pouco familiar. Já mudamos muito desde essa época. Pelo menos, não matamos mais as pessoas por causa de suas crenças. Mas ainda encontro resquícios desse medo, mesmo hoje em dia.

D: *Você disse que ninguém lhe ensinou a fazer isso. Você simplesmente sabia?*
P: Sim, sempre soube. Aprendi com os animais da floresta.
D: *Você cura as pessoas de outras formas, além das ervas e do toque?*
P: Converso com elas. Às vezes, é tudo de que precisam. Às vezes, é muito simples. Às vezes, não. Às vezes, precisam tomar os remédios para se lembrarem da cura. Na verdade, não fazem nada. Às vezes, sim. Pode ser. Na verdade, não precisam deles, mas precisam para se lembrar. Assusta-as quando se curam sem remédios.
D: *Você sabe que na verdade elas podem se curar sozinhas. É isso que você está dizendo?*
P: Sim, mas às vezes elas têm medo. Elas querem que outra pessoa faça isso, e não há mal. E às vezes, têm medo de mim, mas acabam me procurando. Às vezes, até quando as ajudo, isso acaba tornando-as mais temerosas, achando que sou temível. Pois não pensam que podem fazer isso quando lhes digo "você pode". É mais fácil ter medo.
D: *Não há motivo para o medo, mas creio que as pessoas são assim.*

Ele tinha descoberto a base daquilo que ensino em minhas aulas. Que todos têm o poder de se curar. Mas como as pessoas não acreditam que podem ter esse poder natural, pensam que precisam que outra pessoa as cure.

Resolvi avançá-lo até uma data importante e ele disse, "Vejo-as subindo pela colina. Estão com tochas. Eu sabia que fariam isso. Vieram queimar a minha casa".

D: *Por que fariam isso?*
P: Eu curo as pessoas. Ninguém deveria poder fazer isso. Só Deus deve curar. Eu não sou de Deus, é o que dizem.

D: *Mas eles iam até você, não iam?*
P: Oh, claro. Alguém as convenceu de que eu era mau. Não faz sentido. Elas não fazem sentido. Não sou do grupo delas.
D: *Você não nasceu nessa cidade? Ou o quê?*
P: Não, eu pareço diferente. Eu pareço muito diferente. Elas são muito simples. Eu não sou. Vim de um lugar diferente. Vim ajudá-las. E elas vão queimar e pensar que me mataram, mas não o fizeram. Eu simplesmente fui embora.
D: *Você veio de um lugar diferente? – Você está sorrindo.*
P: Parece que vim das Estrelas, pois não morro. Tento explicar quando chego, mas elas não me ouvem e acham que se me matarem eu desapareço.
D: *Mas você disse que veio ajudá-las?*
P: Sim, mas só podemos ajudar até certo ponto.
D: *Alguém lhe disse para ir até aquele lugar?*
P: Eu podia escolher. Escolhi. Havia a possibilidade de ajudar e de crescer um pouco. Pensei que as pessoas poderiam aprender. Pensei que poderia ensiná-las, e de fato algumas aprenderam. Muitas foram ensinadas, mas isso também as deixou com medo. Elas não serão capazes de fazer o que poderiam, mas vão se lembrar por algum tempo.
D: *Elas não vão perder todo o conhecimento. (Não) Mas você disse que veio das Estrelas?*
P: Sim, é um lugar diferente.
D: *Fale-me disso. Você estava sorrindo, como se fosse um bom lugar.*
P: São muitos os que vieram para fazer essas coisas.
D: *Vocês decidiram vir como um grupo?*
P: Em lugares diferentes, geralmente cada um vai a um lugar.
D: *Então, você está longe dos outros membros do grupo.*
P: Sim, mas é um período breve. Venha, tente ajudar, deixe alguns conhecimentos.
D: *Fale-me desse lugar de onde você veio.*
P: É uma nave.
D: *Você tem o mesmo tipo de corpo que tinha quando estava na nave?*
P: Não. Somos diferentes. Não temos os mesmos corpos, mas adaptamos alguns para virmos. Precisamos. O corpo tem de ser adaptado ao lugar e ao visual para dar certo. Não há mal em sermos diferentes. É importante sermos diferentes, mas não diferentes demais.

D: *Do contrário, você poderia assustar as pessoas? (Sim) Então, seu corpo normal é diferente?*
P: Sim, ele é um pouco diferente.
D: *Alguém lhe disse para vocês virem fazer isso?*
P: É o que fazemos. A evolução do grupo consiste em avançar as coisas. Ou trazer fragmentos de informação para as pessoas, fragmentos de tecnologia. Do contrário, leva tempo demais. Alguns grupos se saem melhor do que outros. Alguns grupos não têm tanto medo. Depende do sistema de crenças do grupo. Se o grupo já tem medo, este será mais difícil de se superar. Mas se avançaram, então é possível fazer mais progresso sem ter de trabalhar muito o medo.
D: *Você trabalhou muito tempo com esse grupo dessa aldeia?*
P: Ah, não. Talvez uma vida humana.
D: *Você já desenvolveu este corpo como um adulto plenamente crescido? (Sim, sim.) Você não precisou começar como criança? (Não) Você decidiu sobre o tipo de corpo em que iria se ajustar.*
P: Sim, mas diferente. Essas pessoas têm um tom de pele diferente. O tom de pele que escolhi foi diferente, mais claro, para chamar a atenção. Mas como a evolução deles é simples, pode ir nos dois sentidos. Pode tornar-se uma coisa "como um deus" e pode entrar em conflito com aqueles que eles consideram seus deuses, e nunca dá para saber o que vai acontecer.
D: *Você nunca sabe se irão aceitá-lo.*
P: Não, mas aprenderam o suficiente sobre as ervas que funcionam, e alguns aprenderam a usar suas mentes. Os outros não querem acreditar que conseguem fazer isso sozinhos; querem um deus.
D: *Então, alguns serão capazes de aceitar esse conhecimento e de usá-lo. (Sim) Mas neste caso, eles pensaram que você não estava trabalhando com os deuses deles? (Sim) E por isso, pensaram que você era mau?*
P: Tudo está relacionado ao poder e à medicina, e a aldeia achou que estavam perdendo seu poder. Na verdade, tudo se resumiu a isso.
D: *Então, viram-no como uma ameaça?*
P: Tentei trabalhar com eles. Um deles aprendeu e depois achou que poderia fazer tudo sozinho, e que ainda iria progredir. No começo, isso foi muito especial para ele, pois trabalhei primeiro com ele. Mas depois vieram outros e ele não se sentiu tão especial. E quis

todo o conhecimento para si, e por isso virou os outros contra mim.

D: *Então, ele foi responsável por mandar as pessoas subirem a colina com as tochas? (Sim) E como você se sente por ele ter feito isso?*
P: Tudo bem. É o que eles fazem mesmo.

Foi bom ele não ter ficado com raiva deles, pois isso criaria um karma que poderia ser trazido à vida atual.

D: *Bem, você disse que eles estão subindo e você achou que eles iam queimar sua casa. O que aconteceu?*
P: Eles queimaram a casa e foram embora.
D: *E o que aconteceu com você?*
P: Imagino que o corpo tenha queimado.
D: *O que você vê?*
P: Fiquei sentado na casa e fui queimado.
D: *Você não tentou escapar?*
P: Não. Seria inútil.
D: *Mas agora você está fora do seu corpo, olhando para ele? (Sim) O que você vai fazer agora?*
P: Voltar e escolher outro corpo para fazer tudo de novo. Ainda posso ajudar.
D: *Você vai voltar para a nave?*
P: Sim... o que quer que ela seja. É lá que vou obter outro corpo. Posso escolher.
D: *Você disse, "O que quer que ela seja". Ela não se parece com uma nave?*
P: Sim. Vejo um objeto que parece metálico, mas não sei.
D: *Você disse que é para lá que vai obter os corpos? (Sim) Como isso acontece?*
P: É quase como se fosse uma casca.
D: *Você voltou para lá e creio que você está se preparando para a próxima. Você disse que queria sair e fazer isso de novo?*
P: É o que fazemos. É nosso trabalho.
D: *Não desencoraja você quando acontece alguma coisa como aquela?*
P: Não sinto emoção alguma.
D: *Como você obtém o próximo corpo? Qual é o procedimento?*

P: Basta escolher o lugar e usar aquilo que foi aprendido na experiência anterior, moldando-o de acordo. Talvez sua forma tenha sido muito diferente, então, da próxima vez, vou ter de tentar... é como se a mente pudesse criar o corpo. É fácil. Use as lições aprendidas e faça-o mais similar; talvez, mais diferente, mas você tenta... É como uma casca. Você simplesmente a troca. Depois, entra nela. Você simplesmente aparece. Não é uma vida inteira. Não é como se você nascesse. Você simplesmente coloca a casca e sai andando.

D: *Você cria a casca na nave ou a veste no lugar aonde está indo?*

P: É como se acontecesse quando você aparece.

D: *Quando você decide aonde vai?*

P: Sim. Você simplesmente entra nela.

D: *Você sempre entra nela como adulto?*

P: Sim. Pode escolher não fazê-lo, mas funciona melhor.

D: *Você não quer perder tempo sendo uma criança. (Certo) E dessa forma você também não se esquece do seu plano.*

P: Não. Isto é diferente de uma encarnação. Numa encarnação, você tem um plano. Isto é uma tarefa.

D: *É uma coisa que você resolveu fazer para ajudar.*

P: Para ensinar.

D: *Então, da próxima vez, você vai escolher outro lugar e vai curá-los e ensiná-los?*

P: Ah, sim. E algumas vezes levam mais tempo do que outras. E vou aprender a lidar melhor com eles. Somos um pequeno grupo que faz isso.

D: *Você já teve encarnações?*

P: Sim, esta é apenas uma, e a tarefa é servir a este propósito muitas vezes.

D: *Você teve uma vida física na Terra antes?*

P: Muitas. Esta foi apenas uma tarefa. Uma escolha para passar aquele período de tempo ensinando e ajudando. Eu ensino. Eu aprendo, mas é diferente das tantas encarnações nas quais vou aprender. Mas os corpos e as tarefas são apenas parte desse plano de vida. Depois, vou para uma vida diferente. Para esta vida, porém, a tarefa era descer até determinado grupo e ajudá-los durante determinado período de tempo. Vestir um casaco humano para fazer isso e depois voltar. E posso fazer isso quantas vezes eu quiser, até decidir tornar a encarnar como humano novamente. Eu só queria tentar. Mas parece que sempre acaba da mesma maneira. Há um momento em que o medo abaixa e eles não confiam mais, e então eu preciso partir.

D: *Mas não é sua tarefa tentar mudar o medo?*

P: Sim, e alguns se saem bem nisso. Mas é depois que eu me vou que nem sempre seguem a direção certa, ou tudo vai se perdendo com o tempo. Cada um é diferente, mas há muitos que conseguem. De modo geral, há progresso até quando o medo aparece. Ainda houve progresso. Está bem. Não tenho emoção para um lado ou para outro nessas coisas. Não importa.

D: *Porque na verdade você não é aquela pessoa. (Não) Você está apenas tendo a experiência. (Sim) Mas você tem o conhecimento daquilo que acontece e consegue levá-lo com você?*

P: Sim, mas como não é humano, não há emoções humanas.

D: *Certo. Mas agora você saiu daquela e disse que vai escolher outro corpo.*

P: Mas ainda não é humano. Ainda é aquela vida.

D: *Você está consciente de que está falando através de um corpo humano que chamamos de Pamela? (Sim) É um caso diferente? (Ah, sim.) O que aconteceu?*

P: Eu queria tentar isso do lado humano. É muito diferente.

D: *Você resolveu viver uma vida completa?*

P: Ah, sim, muitas. Tivemos muitas, muitas vidas em ocasiões que era muito difícil ser humano.

D: *Mas quando você resolveu vir a esta vida como Pamela, você fez um plano?*

P: Claro.

D: *Com que plano você veio? O que você esperava realizar?*

P: Tudo... tudo. Amarrar todas as pontas soltas, compreender melhor. Resolver as lições humanas que tinham sido acumuladas ao longo de todas as vidas. Limpar isso e aquilo, aprender o que precisasse ser aprendido.

D: *Quando você fez seu plano, você decidiu que teria obstáculos?*

P: É preciso tê-los.

D: *Por que precisamos ter obstáculos?*

P: Como você prova que aprendeu alguma coisa?

D: *Estava pensando como seria bom vir a uma vida sem problemas. (Ela riu.)*

P: Podemos escolher isso, mas não será tão divertido quanto pode parecer. Não precisamos ter grandes problemas. Se não existe a escuridão, você não percebe a luz. Se você não faz algo por conta própria; se está tudo alinhado e tudo é fácil, você pode escolher isso e apenas vivenciar a experiência humana, mas não haverá crescimento nisso. O crescimento está nos desafios. É muito fácil entender no espírito. Outra coisa é fazer isso acontecer como humano.

D: *Então, a ideia é crescer? (Naturalmente.) Aprender mais?*

P: Dominar as emoções humanas. Seria difícil para um humano vê-los se aproximando com tochas. É por isso que eu não queria mais fazer isso.

D: *Mas você sabe que quando vem para o corpo, esquece-se do plano.*

P: Sim, mas quando você passou por isso e resolve adotar outro plano, você resolve continuar a fazer o trabalho, mas não tem as emoções. Essa foi a escolha. Depois disso, tente novamente, em algum ponto, as experiências humanas para ser capaz de entender até com as emoções humanas.

D: *Combinar as duas?*

P: Sim. Na outra vida, quando era capaz de escolher os corpos e de sair para ensinar, não havia medo e nem a emoção da satisfação, e por isso perdi ambas. Você pode ter a experiência e ganhar conhecimentos e compartilhar conhecimentos, mas você não tem satisfação ou medo das pessoas matarem você e coisas assim, porque nenhuma delas acontece. Então, você não consegue a alegria de compartilhar como humano, mas também não tem o medo. O desafio seguinte, portanto, é tentar fazer isso na forma humana, experimentar a alegria e limitar o medo, fazendo tudo. É importante aprender a superar o medo. É muito difícil fazer isso se as pessoas estão vindo na sua direção com tochas na forma humana, pois você sabe que vai perder a forma humana. No outro caso, era apenas um casaco. Não significava nada. A tarefa é aprender na forma humana. É só diferente.

D: *Dá a impressão de que você deve ser muito avançado para tentar fazer essas coisas. (Sim) Alguém, numa vida humana, que está preso à roda do karma que gira e gira, não seria avançado a ponto de fazer essa separação, seria? (Não) Então, parece que você está fazendo isso há muito tempo.*

P: Sim. Esta deveria ser a última vez. Posso mudar minha opção se quiser. Sempre podemos mudar de ideia.
D: *Você acha que esta será a última vez que você terá uma experiência humana?*
P: O plano era esse, mas o plano pode mudar. E depois, o livre arbítrio e nossas opções entram nesta vida, e talvez fosse muito bom tentar uma vida bem suave.
D: *Você acha que já deve ter aprendido tudo que podia?*
P: Muito já foi feito, sim.
D: *Então, não haveria razão para tornar a voltar?*
P: Só por diversão.

Em diversos dos meus livros, até mesmo naqueles escritos há mais de vinte anos, são mencionados seres que mudam de forma. Entretanto, nunca são referidos no contexto negativo que alguns autores modernos estão dizendo. São do tipo mencionado neste capítulo e noutros deste livro. São sempre seres que vieram ou foram enviados para ajudar as espécies lutando pela sobrevivência na Terra. Eles têm vindo há tempos incontáveis. Eles não vêm através do procedimento normal do nascimento e da vida física. Formam um corpo que se encaixa na cultura na qual estarão vivendo. Fazem isso para não assustar aqueles que estarão ensinando e com os quais viverão. Sempre estão aqui para ajudar e ensinar, e por isso tentam trabalhar nessas áreas. Muitos deles, até hoje, trabalham nas áreas da medicina e do ensino, para poderem ajudar fornecendo seus conhecimentos. Eles não influenciam, simplesmente compartilham e ensinam. Estão proibidos de participar ativamente do governo de uma sociedade. Isso iria contra a primeira regra: a não interferência. Por isso, permanecem nos bastidores. Muita gente, até hoje, provavelmente já esteve em contato com uma dessas pessoas e nem sabia disso.

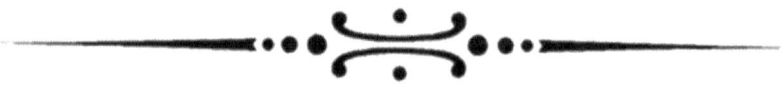

Achei que era hora de entrar na terapia e fazer as perguntas de Pamela. Perguntei-lhe se eles poderiam responder às perguntas ou se eu precisava ir até alguém mais elevado. Eles disseram que achavam que poderiam tentar responder a algumas perguntas. "Parece que vocês conhecem muita coisa sobre Pamela", disse.

P: Há muitos aqui que conhecem.
D: Bem, esta vida atual para a qual ela veio não foi divertida. Não foi uma vida agradável que ela preparou, tendo em vista sua infância difícil e outras coisas. Por que idealizou um plano tão difícil?
P: Foi para ter todas as questões resolvidas numa só vida. Foi muito complicado. Todas as lições restantes, todo o karma de outras vidas, deveriam ser organizados e limpos.
D: Tudo que sobrou? (Sim) E ela poderia fazer tudo isso tendo uma infância muito ruim?
P: Não foi tão ruim assim, mas houve danos. Foi o equilíbrio no karma e na escolha, pois as questões que havia eram do tipo que precisava ser enfrentado e superado novamente.

Pamela havia sofrido abuso sexual na infância, e seus pais não foram muito bons com ela. "Ela escolheu ser mulher e escolheu essa energia, sendo atacada dessa maneira". Isso pareceu cruel, e há ocasiões em que tenho dificuldade para acreditar que uma alma pode escolher tais circunstâncias. Naturalmente, do lado espiritual, tudo parece muito claro e fácil de se solucionar. Perguntei se ela tinha algum karma de vidas passadas com essas pessoas de sua vida. Eles disseram que havia, mas que agora estava tudo acertado. Seu casamento também tinha sido uma experiência ruim, e disseram que ela poderia tê-lo terminado mais depressa. Ela não precisava ficar nele o tempo que ficou. Concordaram que o "lixo" restante estava eliminado e que ela não precisaria voltar novamente, a menos que decidisse fazê-lo.

Cobrimos a maioria das perguntas de Pamela e recebemos respostas valiosas. Então, chegamos a um bloqueio e eles disseram que não tinham a informação, e por isso perguntei se haveria problema se eu chamasse mais alguém que poderia responder às perguntas. Eles concordaram, agradeci-lhes e chamei o SC. A primeira pergunta é sempre porque ele escolheu aquela vida específica para que Pamela a visse.

P: Para ela poder ver que é a mesma.
D: *É a mesma?*
P: Sim. Ela só está usando um casaco agora. É só um casaco humano.
D: *Sim, apenas uma casca humana. Sempre a chamo de "um costume" (Sim) Por que você quis que ela soubesse disso?*
P: Ela se esquece. (Ela estava sorrindo.) Tudo parece muito real porque é. Os humanos têm sentimentos e são bem reais, mas no final de tudo é a mesma coisa. Tudo é espírito. Tudo é um.
D: *Naturalmente, naquela outra existência não havia emoções envolvidas.*
P: Sim, isso é fácil.
D: *Ele estava ajudando as pessoas mas não precisava sentir nada.*
P: Não, mas você deixa de ver o que é bom quando deixa de lado a dor. A lição é essa. As emoções são muito importantes. Não dá para ficar sem elas.
D: *Pamela escolheu uma vida difícil mesmo desta vez.*
P: Sim, mais difícil do que precisava ser. Haveria tarefas, mas ficou difícil. As tarefas eram as mesmas, mas ela estava com dificuldades.
D: *Mas ela aprendeu muito, não? (Ah, sim.)*

Então, fiz a pergunta que a outra parte não pôde responder. Pamela havia feito uma sessão de hipnose com um amigo que assistira ao meu curso, e surgiu algo nela que nenhum deles conseguiu compreender. Disseram-lhes que aconteceu alguma coisa quando ela era bebê ou muito jovem, e isso teria tirado um pedaço de sua alma. Para mim, isso não pareceu correto.

P: A confiança. Foi a confiança.
D: *Vamos explicar isso a ela. O que quer dizer isso? Como seria possível levar um pedaço de uma alma? Eles receberam a informação correta?*
P: "Levar" não é a palavra correta. Não deveria acontecer dessa maneira. A confiança, o vínculo, foi quebrado; o vínculo com a cuidadora. A mãe não criou um vínculo. As duas não se conectaram. Aquela parte de sua alma não se desenvolveu.

Embora a mãe não pudesse mostrar afeto físico, ainda assim havia uma carência sufocante na mãe.

D: *Então foi isso. Não foi levada, simplesmente não se desenvolveu. Isso faz mais sentido, pois aprendi no meu trabalho que você não consegue tirar uma parte da alma.*

P: Essa parte não se desenvolveu e foi deixada de lado, o que dificultou as coisas. Foi difícil manter um relacionamento carinhoso e amável com qualquer pessoa, pois ela não recebeu isso quando criança. Devia ter acontecido e a mãe não conseguiu fazê-lo. Mas é uma história muito similar. O foco da mãe estava no marido, e sua própria dor era grande demais. Ela não conseguiu mostrar amor a Pamela. E, como resultado, essa parte da alma de Pamela não se desenvolveu, o que a afetou pela vida toda. A falta de afeto da mãe passou para cada um dos parceiros de Pamela.

Isso afetou o casamento de Pamela e ela nunca se sentiu segura, e por isso não podia mostrar emoções. Agora, ela tinha um homem em sua vida que a estava influenciando de maneira positiva. Estava proporcionando um ambiente seguro para que ela aprendesse a expressar e a sentir emoções. A maior parte de seu karma tinha sido resolvida, exceto um pouco com sua filha. "Não há nada que possa fazer, e ela sabe disso. Ela precisa se perdoar. O erro que cometeu foi muito similar aos erros de sua mãe. O desenvolvimento não estava lá. Ela não podia dar aquilo que não tinha. Apesar disso, ela aprendeu muito. Ela podia ter feito escolhas diferentes, mas como aquela parte estava faltando, digamos assim, não se desenvolveu e ela não foi capaz. Pois mesmo numa situação ruim, se a conexão afetiva se desenvolve, a alma pode superar muitas coisas. Sem esse desenvolvimento, isso fica muito difícil. Ela se saiu bem".

D: *Isso mostra a importância da infância, não é?*

P: Sim. Ela se lembra muito pouco dela e é melhor assim. Ela quis morrer, literalmente. Muitas vezes. Ela não queria estar aqui sem amor. De que valia sentir as emoções humanas se você só sentia a dor? Ela veio a esta vida para sentir emoções. Foi isso que não estava de acordo com o plano. Ela deveria ter sido capaz de sentir o amor. E ele não lhe foi retribuído da maneira como ela precisava, queria e dava, e ela se fechou. E criou outros comportamentos e técnicas que se assemelhariam ou dariam a impressão de ser amor.

D: Ela chegou a tentar se matar?
P: Não, mas muitas vezes ela não quis estar aqui.

Esta era a principal razão para os problemas físicos de Pamela, especialmente a apneia do sono, o fechamento da respiração. "Ela se fechava".

D: Ela não queria ficar aqui se não tivesse amor.
P: Não, e isso era muito triste. Em sua infância, as pessoas à sua volta lhe mostravam amor de certas maneiras, mas por causa do abuso isso despertava reações confusas. Na superfície era de um jeito, mas por trás dos bastidores era de outro. E a falta de afeto da mãe. A mãe não sabia passá-lo. Ela era muito distante. Sua mãe tinha muitos, muitos problemas.

D: Ela também não sabia o que era o amor.
P: Não, e quando tudo foi arranjado, o potencial estava presente; porém, na época em que ocorreu, ela não podia passá-lo. Por isso, Pamela sabia que a dor era tudo que ela equiparava ao amor, pois não tinha nada mais para comparar. Assim, seu casamento foi muito pior! A dor foi muito maior.

D: Ela o conhecia de outra vida?
P: Ah, de muitas, muitas. Nesta vida, ele tinha o potencial para fazer algo diferente, mas optou por não fazê-lo. Ele não pôde fazê-lo.

Aparentemente, ela estava se entendendo com o novo homem em sua vida. Ele era totalmente diferente, uma influência muito boa sobre ela. Por isso, parecia que finalmente sua vida poderia passar de negativa para positiva.

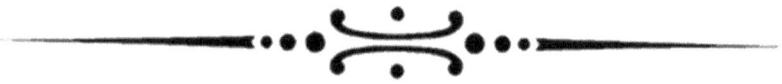

O assunto da cura foi mencionado. Tive alguns pacientes que diziam que queriam ser curados, e foram, mas não aceitaram e ficaram com muita raiva de mim. Disseram, "Você deveria ter me consertado".

P: Eles querem suas doenças. Elas lhes servem bem. Eles precisam estar prontos. Há um número limitado de pessoas que você pode ajudar, e cabe a elas. Algumas podem se identificar com Jesus, que na Bíblia diz que primeiro é preciso expulsar os demônios. Não são demônios reais. São crenças dentro delas. Estas não podem ser curadas. Não há porque se importar em curá-las enquanto os demônios não foram expulsos, e os demônios são criados por elas mesmas. Pergunte-lhes se estão realmente prontas e dispostas a serem curadas, e que não venham se não estiverem! Há muitos que precisam de você. Não desperdice seu tempo com aqueles que não precisam.

D: Uma mulher gritou e berrou comigo no telefone porque disse que eu não a havia curado.

P: Você não é curadora. Ela é.

D: Eu sabia que isso lhe ocorreria. Quando ela saiu da minha sala, estava ótima.

P: Se a pessoa quer permanecer nas energias inferiores, você deve respeitar isso. Você fez o seu trabalho. Mas a cura se deu em muitos níveis. E mesmo que não passem às energias superiores nesta vida, elas serão reconhecidas. A pessoa vai crescer. Ainda valeu a pena. A energia é muito importante. Desperdiçá-la com... vocês dizem, pérolas aos porcos... Isso é verdade. Seu trabalho é muito valioso. (Eles começaram a rir.) Ah, adoramos trabalhar com você! Você faz a diferença, pois todos que você ensina exercem um efeito exponencial sobre o planeta. Nem todos vão fazer isso, mas estão conscientes. Todos que você toca ainda exercem um efeito, pois todos falam e toda semente é plantada em toda parte. Tem feito uma diferença enorme.

Capítulo 8
A TRIPULAÇÃ DE EMERGÊNCIA

Shani era originária da África. Agora, vivendo nos Estados Unidos, tinha sua própria empresa financeira. Sua principal dúvida eram os problemas de relacionamento, não o seu propósito.

Shani reviveu uma vida estranha noutro planeta, tentando ajudar pessoas que estavam em situações desesperadoras ou muito difíceis. Ela criava um corpo semelhante aos daqueles entre os quais se encontrava para não atrair atenção ou suspeitas. Era uma tarefa difícil em virtude das emoções que sentia nas pessoas. "Quero ajudá-las. Não gosto. Aqui é muito, muito desconfortável".

D: Alguém lhe disse para ir ajudar essas pessoas?
S: Sim. Eu vim de outro lugar para ajudá-las. Fui designada para este trabalho.
D: Como era o lugar de onde você veio?
S: Oh, maravilhoso! As pessoas são felizes. São muito, muito boas. Temos muita energia.
D: O que você faz nesse lugar?
S: Meu trabalho é ajudar pessoas de outros planetas. Eles nos mandam para aquele lugar. Eles sabem exatamente aonde ir.
D: Quando você começou, você teve uma vida lá?
S: Sim. Tive uma vida noutro planeta. Fui enviada numa tarefa de ajuda. Este é um momento muito, muito difícil. Eles nos dizem aonde ir e como avançar.
D: Você tem opções?
S: Não muitas. Mas não podemos dizer não, pois é isso que fazemos. Temos de ir e fazer aquilo. É meu trabalho. Eles não podem me ver, mas tenho de me parecer com eles. Não posso ser como sou e aparecer. Tenho de parecer com eles.
D: Você é enviada com frequência nessas tarefas?

S: Sim, sou. Muitos lugares diferentes. De onde venho, todos trabalham, visitando lugares diferentes nas galáxias, os planetas. Assim, eu vou lá e trabalho um pouco.
D: Eles nunca sabem para onde vão enquanto não recebem a tarefa?
S: Não. Só esperamos. Alguma coisa muito necessária. Nós nos chamamos de tripulação de emergência. (Riso) É muito engraçado.
D: Mas vocês não são como Anjos da Guarda? (Não) Às vezes, eles cuidam de emergências, não?
S: Sim, cuidam. Mas somos como energia, vivemos neste espaço. Não num planeta, apenas num espaço. E nossa energia é muito elevada, vamos e ajudamos outras pessoas noutros planetas.
D: E tem mais alguém que sabe quando aparecem essas emergências?
S: Sim. Temos uma estação que recebe todas essas informações. As informações vão para essa estação e depois as recebemos e nos designam nossas tarefas.
D: Há uma pessoa que controla tudo isso, como um diretor?
S: Não, não há isso de diretor. É como se alguém tivesse essa tarefa, mas não é um diretor. É apenas uma pessoa que tem o trabalho de obter as informações para nós.
D: Mas ele sabe o que está acontecendo em todas as galáxias e planetas? (Sim) Esse é um trabalho bem importante.
S: É um trabalho bem importante, e este também é um momento muito importante.
D: Por que é tão importante?
S: Porque veremos muitas mudanças acontecendo.
D: Onde vão acontecer essas mudanças?
S: Por toda parte, pelo universo todo, pelas galáxias.
D: Que tipo de mudanças serão?
S: Creio que será um desastre. Serão mudanças drásticas, mudanças para evoluir, para crescer. Para todos os planetas irem para o nível seguinte.
D: Então, chegou a hora de todo o universo se mover?
S: Sim, creio que sim, é. Alguns estão se movendo muito depressa. Alguns estão desacelerando, mas todo mundo está se mexendo.
D: Isso afeta todo mundo e todos os planetas?
S: Sim, afeta.
D: Afeta de formas diferentes?

S: Tudo depende. Só é diferente. É muita coisa, é imenso, e muitas outras coisas. É muito difícil explicar isso a você neste momento.
D: Mas parece ser mesmo um trabalho imenso. Então, deve haver muitos outros como você.
S: Sim. Temos cristais diferentes. Alguns deles têm um cristal azul, alguns deles têm o cristal branco, alguns têm o amarelo, alguns púrpura, alguns o cristal verde. Todos têm cristais diferentes, mas não são os cristais que fazem o trabalho. É a energia no cristal, e eu tenho um vermelho-claro realmente brilhante.
D: As cores têm significados diferentes?
S: Todos têm significados diferentes. Se você tem o cristal vermelho, pode ir para vários lugares nos quais o cristal vermelho é importante. Todos eles têm energia, mas se você tem o cristal vermelho, como eu tenho, ele será um cristal de cura. Ele cura tudo aquilo que encontra. Cura o corpo de um ser humano, ou até um planeta. Ele é poderoso. Não precisa ser grande. Basta ser portátil. Você pode colocá-lo no pescoço, como um colar.
D: Então, as outras cores têm propósitos distintos?
S: Sim, propósitos distintos. O azul traz todo o conhecimento. Se existe um lugar onde o conhecimento é necessário, quem tiver os cristais azuis vai até lá para reunir o conhecimento. E se você quiser fazer uma grande construção ou edifício, você usa cristais brancos. Eles ajudam a construção e os arquitetos que a estão planejando. Se você usar os cristais amarelos, eles vão trazer as energias para fazer as flores ou árvores crescerem. Toda a natureza. E o cristal púrpura é o mais poderoso, usamo-lo para levar as pessoas a um nível superior de espiritualidade ou para evoluir com uma velocidade maior. Ele é muito poderoso. O cristal verde é usado para viagens, quando você vai de um lugar a outro, para o poder, para a fala e coisas assim. E, claro, meu cristal vermelho é usado em curas.
D: Então, cada indivíduo tem tarefas e missões diferentes? (Sim) Os cristais que eles usam têm relação com o desenvolvimento deles?
S: Sim, e também com seus interesses. Eles precisam estar interessados em fazer essas coisas. Todos são importantes.
D: Como você chega no lugar para o qual foi designado?
S: Simplesmente vou. Simplesmente chego lá. Não sei como chego lá. Creio que é apenas pelo pensamento. (Riso)

D: *E quando você chega ao lugar da tarefa, você precisa criar um corpo para se encaixar com os demais?*
S: Sim, precisamos nos encaixar no nosso ambiente. Temos de ser aquela pessoa, ou do contrário os outros não vão nos aceitar. Temos de ter o corpo ou o que quer que você esteja fazendo.
D: *Do contrário, vão ficar com medo. Eles precisam ter algo aceitável. (Sim) Faz tempo que você faz isso?*
S: Sim, há muito tempo. Amo isso. É bonito, mas faço outras coisas também. Também vou a lugares e vivo num corpo ou num lugar.
D: *Quer dizer que você fica por períodos mais longos? (Sim) Então, você não tem apenas de cumprir sua tarefa e sair?*
S: Fazemos as duas coisas, as tarefas e o resto. Algumas são bem rápidas. Apenas enviar-lhes luz e energia e voltar. Em alguns lugares, é necessário ficar mais tempo. Por exemplo, se você vai curar um lugar. Você pode curar um planeta. Pode curar algo que foi destruído. Pode restaurar. Quando isso acontece, vou com um grupo. É preciso muita energia. Trabalhamos muito neste planeta. Precisamos curar o planeta, o planeta Terra, para que ele possa evoluir e crescer, e os outros grupos também estão vindo.
D: *Você às vezes vai e vive algo parecido com uma vida? (Sim)*

Eu estava tentando levá-la ao ponto que fosse possível ligar a seu atual corpo físico.

D: *E você fica por muito tempo?*
S: Não. Não gosto de ficar muito tempo. Não gosto porque vivo nesta energia. E esta luz é tão elevada que quando você vive noutro lugar, perde esse poder e torna-se como eles. Por isso, não gosto de ficar aqui. Você perde seu poder, fica sem poder, e não estou acostumado com isso. Estou acostumado o tempo todo com este poder, e quando você se torna humano, é como se o poder não estivesse lá. Fico muito confuso.
D: *Mas às vezes lhe dizem para você fazer isso?*
S: Sim, por uma razão, claro, para um propósito.
D: *Do contrário, você fica naquele lugar bonito e sai para suas tarefas?*
S: Sim, fico.
D: *Você sabe que está falando através de um corpo humano neste momento?*

S: Sim, eu sei. (Riso)
D: *É este o corpo no qual lhe disseram para viver durante algum tempo? (Sim, sim) Fale-me dele. Eles lhe deram esta tarefa?*
S: Bem, há muitas razões para isso. Número um, nasci naquele lugar da África para curar aquele lugar. O mero fato de estar naquele lugar já ajuda por causa da minha energia, aquela porção de energia para curá-lo, e também pela família. Cada um tinha problemas de vidas passadas com os demais. E eu vim ajudar.
D: *A resolverem isso?*
S: Sim, não apenas resolverem isso. Foi também a doação de minha energia para curá-los. Não sei explicar em palavras, mas foi isso.
D: *Sim, mas quando você entrou no corpo, esqueceu-se de tudo isso, não?*
S: Sim, e essa é a experiência mais desagradável. Chegamos aqui, esquecemos de tudo e precisamos começar de novo. Mas o poder ainda está ali. É bem minimizado. Não trazemos todo o nosso poder. Não podemos fazê-lo, mas trazemos algum por essa razão. Esta é a minha tarefa atual, viver neste corpo daqui.
D: *Para ajudar? Mas você não está mais na África.*
S: Sim, eu vim para cá porque também há muitos humanos necessitados nesta área, neste lugar.
D: *Agora, você está morando em Washington, DC.*
S: Sim, o propósito foi esse. Tenho de estar ali porque estão tomando decisões para destruir o mundo, destruir a Terra.
D: *(Isso foi uma surpresa.) O governo lá? Estão tomando decisões que poderiam prejudicar o mundo?*
S: Sim, e preciso enviar minha energia para lá a fim de mudar isso. Não sou só eu, há muitos outros.
D: *Mas como humana, você não sabe dessas coisas, sabe?*
S: Oh, não. Todos são apenas veículos... precisam apenas estar presentes e fazer o trabalho interior.
D: *Como você fica sabendo dessas decisões e das coisas que estão acontecendo?*
S: Como lhe disse, tenho informações. Temos informações armazenadas lá de onde venho, e me dão as informações quando venho para as tarefas. Eles colocam as informações em mim e sei exatamente o que preciso fazer. Tenho de enviar energia para o governo, para a Casa Branca, para o Capitólio. Para todos esses

lugares em Washington. O tempo todo, o tempo todo, envio energia e luz.
D: *Mas Shani não sabe que você está fazendo isso, sabe?*
S: Ela não tem ideia. Não sabe que faz isso. Faço isso principalmente à noite. Há muitos outros ajudando, pois é um trabalho que precisa ser feito rapidamente e precisamos de muita ajuda.
D: *Por que esse trabalho precisa ser feito rapidamente?*
S: Do contrário, muitas coisas ruins vão acontecer. As pessoas tomam decisões ruins o tempo todo, e assim queremos ajudar nisso.
D: *Você quer dizer, impedir que essas coisas aconteçam? (Sim) O novo presidente (Obama) não é tão ruim quanto o anterior (Bush), é?*

Esta sessão foi realizada em maio de 2009, alguns meses após a eleição.

S: Não, o novo presidente é um portador da luz. Foi escolhido.
D: *O antigo estava criando muita negatividade, não estava?*
S: Sim, ele não era uma luz. Tinha energias ruins, acredita em guerra e acredita em destruir vidas desnecessariamente.
D: *Mas agora ele não está mais em posição de fazer essas coisas. (Sim) Você acha que agora as coisas vão melhorar, com o novo?*
S: Não é tanto as mudanças que o novo presidente vá fazer. É que todos os membros do governo precisam elevar sua consciência. Ainda há no governo pessoas que estão realmente tentando fazer coisas ruins. Ele é apenas uma pessoa, mas é muito importante que esteja lá. Muita gente não sabe, mas ele também é uma das pessoas de luz. Ele não sabe, mas ele também é muito poderoso.
D: *Então, pessoas como Shani que estão ocupando corpos, são capazes de influenciar... enviar energias para pessoas que são negativas?*
S: Sim. Quando você envia energia, não é apenas para mudar a mentalidade delas. É enviar a energia que está flutuando pelo ambiente. Você apenas faz com que essa energia torne-se mais elevada, e as pessoas começam a pensar de maneira diferente.
D: *Mas isso não representa uma interferência em seu livre arbítrio?*
S: É por isso que não podemos influenciar indivíduos. Não podemos ir contra o livre arbítrio. Só deixamos a energia para que as pessoas a peguem por livre arbítrio.

99

D: *Mas você tenta espalhar a energia para que elas elevem sua consciência, ou algo assim?*
S: Sim, ela já foi criada. A energia ruim já foi criada por maus pensamentos, más ideias. Tentamos substituí-la por novas ideias, novas energias para que as pessoas possam começar a receber essas informações.
D: *Então, muitos de vocês vêm ter vidas em corpos físicos?*
S: Sim, mas mais do que isso, muitos de nós estamos aqui em formas espirituais. Todos trabalham pela mesma causa. Ao mesmo tempo, sou um espírito e vivo num corpo. Há outros que vêm como espírito, como energia. Eles não têm corpo. Estão trabalhando nesse nível. É mais difícil trabalhar num corpo físico. Seu poder fica limitado.
D: *E ela não tem a menor ideia. Ela não sabe o que está acontecendo. (Riso)*
S: Não, não tem.
D: *Isso significa que ela não tem tido vidas passadas?*
S: Ela tem tido vidas passadas, mas a maioria das vidas passadas foram minhas para minhas tarefas, para trabalhar. Não para evoluir, nascer aqui e evoluir aqui. Não é esse tipo de vida passada. As vidas passadas normais são bem diferentes.
D: *Estou acostumada a explorar vidas nas quais a pessoa simplesmente passa por sua vida e mantém conexões com as pessoas. (Sim) Isso significa que não haveria acúmulo de karma, haveria?*
S: Não, ela não teria karma. Ela não precisa voltar. Só noutra tarefa.
D: *Então, se ela se lembrasse de vidas passadas, poderiam ser similares a imprints. Sabe o que são imprints?*
S: Sim, claro, sei o que são imprints. Às vezes, usamos imprints, sim. Mas suas memórias são de tarefas, não imprints. Com ela, há uma diferença.

Para mais informações sobre imprints, veja meu livro Guardiões do Jardim.

D: *Muito bem, estou sempre descobrindo coisas que eu não sabia. (Riso) Mas ela está nesta vida por um motivo, e ela não sabe que está influenciando o governo.*

S: Não. (Riso) Não tem noção, nada. Mas ela é muito, muito importante em Washington. Estar naquele lugar e naquela posição. Tivemos sorte de conseguir aquele lugar para ela, a casa onde ela mora. Tudo está disposto para que a energia possa ir de certo modo. É um lugar de onde ela pode enviar sua energia em diversas direções, e tudo chega lá ao mesmo tempo.

D: *E ela não sabe disso. É por isso que vocês escolheram aquela casa e sua ocupação, para ela poder estar ali?*

S: Sim, tudo isso. É engraçado termos escolhido aquela casa para ela. Ela foi feita para ir lá e comprar aquela casa. Ela é como um farol que irradia. Ela a adora. É uma casa perfeita para ela, sua energia e tudo o mais.

Entre os problemas para os quais Shani queria obter respostas, era o medo que tinha de perder a casa. Ela tinha medo de que iria perder tudo. "Ela não vai perder nada". Mas ela tinha perdido a empresa que administrava a partir da casa. "A empresa tinha de ir embora. É hora de mudar e ela sabe disso. Ela terá uma tarefa. Em nosso mundo, nós a chamamos de tarefa, mas vocês a chamam de trabalho?"

D: *Sim, é assim que nós a chamamos.*

S: Seu emprego atual já se foi. Não queremos que ela faça mais isso. É uma tarefa, e desta vez vamos mandá-la pelo mundo afora. Ela vai a lugares diferentes. Vai manter sua casa, mas vai viajar pelo mundo todo. Vai conversar com as pessoas. Vai a lugares, pensando às vezes que está indo conversar com pessoas, mas está indo lá para mandar energia para aquele lugar, especialmente o governo. Sua energia vai estar em lugares nos quais uma decisão importante vai acontecer. Por exemplo, se a Rússia está fazendo alguma coisa e é preciso tomar uma decisão, nós vamos levá-la lá e ela vai usar sua energia lá. Para os governos e também para as pessoas. Há muitas pessoas sofrendo neste mundo e nós sentimos isso. Sentimos que as pessoas estão vindo pedir ajuda o tempo todo e ela é uma das pessoas que se ofereceu para fazer isso, e assim podemos mandá-la para enviar a energia a todos esses lugares para a cura.

Eles também lhe garantiram que ela iria ter dinheiro suficiente para fazer essas coisas. Ela estava preocupada com isso, pois precisava de uma importância significativa para pagar algumas dívidas, e precisava disso em breve. Eles não pareceram preocupados. "Vou arranjar alguma coisa para ela. Ela terá dinheiro. Encontraremos um meio para que ela consiga o dinheiro. Ele vai chegar a tempo, mas não podemos dar os detalhes". O dinheiro não viria através de um trabalho, mas essa era toda a informação que eles podiam fornecer, exceto o tempo em que tudo se resolveria, três ou quatro meses. As viagens começariam dentro de um ou dois anos.

D: *Preciso fazer uma pergunta. Você sabe que tenho sido enviada a mais e mais lugares, o tempo todo, através do mundo. Creio que eu tenho um propósito diferente.*
S: O seu é diferente. Seu propósito é trazer informações às pessoas. É para isso que você está aqui.
D: *Eu também vou a diversos países.*
S: Você está levando informações às pessoas, está levando informações de um lugar e enviando-as para outro lugar. É isso que você faz.
D: *Então, sua energia é de um tipo diferente?*
S: Sim, é um tipo de energia diferente. A nossa fica armazenada num lugar acima deste planeta de onde ela vem. É um lugar que armazena todas as informações e podemos ter acesso a essas informações e usar nosso poder e energia para influenciar as pessoas.

Ela também estava tendo dificuldade para atrair e manter um homem em sua vida. Eles disseram que sua energia era muito forte e o homem podia sentir isto, o que o faria se afastar. Ela teria de encontrar alguém com a mesma energia, mas eles acharam que manter um relacionamento iria interferir em seu trabalho, pois iria interferir com a energia sendo emitida. "Ela pode ter alguém em sua vida, mas isso não deve interferir em sua tarefa. O que ela faz é muito importante. Ela não sabe. Há poucas pessoas como ela neste mundo. Se ela encontrasse alguém como ela, um dos dois teria de se mudar para outro lugar. Não podem fazer isso". Esta também era a razão para seu excesso de peso. Eles não queriam que ela fosse atraente. Mas agora, o peso poderia ir embora, pois ela iria viajar. Seus sintomas de azia e gases eram apenas a energia, bem como a ideia de que estava tendo problemas no coração. Às vezes, a energia era poderosa demais para seu corpo. "Os médicos não conseguem encontrar nada nela, pois não há nada lá. Quando ela evoca a energia e a usa, esta é poderosa demais para o corpo. E tentamos usá-la lentamente, pois é algo pesado demais para ela, mas ela vai usá-la com mais frequência agora". Perguntei se a energia podia ser mais branda para que ela não tivesse desconforto físico. "Posso aumentá-la ou diminuí-la. Sempre que ela canaliza energia, ela recebe mais energia para canalizar. Ela passa por seu corpo e ela recebe mais. E ela tem feito muito isso desde o começo desse ano. Ela está sendo dirigida para Washington. Tem havido muitas mudanças no governo e, como você já sabe, a economia está mudando. É a tarefa dela. Ela sabia disso antes de nascer. Sempre lhe damos aquilo que ela pode suportar".

D: *Ela pode suportar esta informação?*
S: Sim, ela pode. Ela é muito poderosa, mais do que você imagina. Ela vai se surpreender e, ao mesmo tempo, ficar empolgada, tenho certeza. Ela não sabe porque se sente da maneira como se sente, e o que está fazendo. Ela não tem noção disso. Ela é muito saudável. O corpo dela está se rejuvenescendo enquanto falamos. O seu também está se rejuvenescendo.

Foi enfatizado muitas vezes, em meu trabalho, o poder da mente para focalizar e criar. Foi dito, "Se o poder da mente de um homem é forte o suficiente para mudar circunstâncias, imagine o poder da mente de um grupo. Se você puder fazer com que grupos de pessoas se concentrem numa coisa, você pode mudar o mundo e criar verdadeiros milagres. Pois o poder da mente coletiva não é apenas multiplicado, ele é elevado ao quadrado. O poder é imenso". Fui encorajada a divulgar esta mensagem em minhas palestras e aulas em todos os lugares do mundo que visito. Disseram-me para contar às pessoas que se elas puderem passar cinco minutos em preces coletivas, grupos de meditação, reuniões metafísicas, etc., e pedir a todos que focalizem a paz e a harmonia, poderíamos mudar o curso do mundo.

Capítulo 9
OUTRO VIAJANTE

Peter era um jovem advogado negro. Um de seus principais motivos para me procurar era descobrir se podia mudar de emprego. Aquele que tinha era bem sucedido, mas monótono.

Quando a sessão começou, Peter estava sendo apenas um observador, vendo cenas da natureza: cavalos correndo pelo campo e depois ele saiu flutuando sobre uma bela paisagem. Ele não quis descer, quis prosseguir, voar e observar. Então, ele deu com uma cena e começou a descrevê-la detalhadamente: um rio passando por um vale entre duas montanhas. Havia um acampamento no qual as pessoas se movimentavam em seu trabalho. "É aqui que as pessoas estão. É aqui que ficam. Estão trabalhando, mas estão esperando por mim. Ainda estou voando, mas sabem que estou aqui. Quero ver as pessoas. Quero observar e ver se estão seguras aqui do ar. Vou encontrar as pessoas e protegê-las em seu percurso através deste vale. Estou me certificando de que será seguro para elas".

Sua tarefa era observar essas pessoas e guiá-las. Ninguém lhe havia dito para fazer isso. "Eu só sabia. Sou seu líder. Tenho sempre cuidado das pessoas". Isso ficou confuso, pois dava a impressão de que ele poderia ser algum tipo de espírito guardião. Mas quando lhe pedi para se descrever, ele pareceu físico. "Sou um ser humano do sexo masculino, mas também posso voar. Sou muito forte. Também posso mudar de formas. – Posso viajar pelo espaço".

D: Quer dizer que você tem a capacidade de se transformar naquilo que quiser? (Sim) E as pessoas? Podem vê-lo como ser humano?
P: Quando quero que o façam.
D: Estava curiosa para saber: se você tem um corpo físico, eles podem vê-lo voar?
P: Podem me ver quando quero que me vejam.
D: Do contrário, você é invisível?

P: Sim. Mas viajo pelo espaço, onde não tenho forma. Só sei que visito lugares. Vim à Terra, tenho características semelhantes às humanas e posso voar.

D: *Você disse que viaja pelo espaço. Refere-se ao espaço da Terra?*
P: Não, ao espaço entre planetas. Estou sempre percorrendo planetas.

D: *Então, você tem a capacidade de ir aonde quiser? (Sim) São talentos maravilhosos. Mas agora, você acha que sua tarefa é vigiar essas pessoas em sua viagem? (Sim)*

Pedi uma descrição dessas pessoas. "São como índios. Não usam muitas roupas, mas se cobrem. Estão conectados à terra. Centenas deles estão viajando juntos".

D: *Você já fez isso antes, tomar conta de pessoas?*
P: Sempre foi minha responsabilidade cuidar de pessoas, não importa onde estejam.

Condensei o tempo e lhe pedi para ver aonde estavam indo e se havia mais alguma coisa que ele precisava fazer. "Você ainda está no ar acima deles ou não?"

P: Sim, estou voando acima deles. Eles estão viajando. Estão indo para algum lugar e estou me certificando de que estão em segurança. Essas pessoas sempre viajam. Elas não ficam muito tempo num só lugar.

Isso poderia levar muito tempo, e por isso avancei-o e procurei ver se havia alguma coisa que ele precisava fazer. Embora seu trabalho fosse protegê-los, agora ele viu-se num corpo físico, segurando uma lança. Pedi uma explicação. "Decidi misturar-me com eles. Quando estou com eles, sempre sou físico. Quando não estou na Terra, não sou físico".

D: *Alguma razão para você resolver tornar-se um deles?*
P: Para que me conhecessem. Poder estar com eles. Para que pudessem me ver. Eles saberiam quem sou. Por isso, assumo uma forma física quando venho à Terra.

Eles o ouviriam mais se o vissem como uma pessoa física. Ele os estava levando a um lugar seguro. "Viajo com eles, mas dou-lhes a direção".

D: *Você lhes diz aonde devem ir e depois não precisa mais ter uma forma física? (Certo) Eles não acham estranho você desaparecer de repente?*
P: Eles sabem que eu vou voltar.
D: *Você sai e vai cuidar de outras pessoas ou fica vigiando-as?*
P: Não, faço outras coisas. Vou a outros lugares. Tenho muitos trabalhos, mas sempre ajudando as pessoas.
D: *É isso que você sempre fez?*
P: Sim. Não gosto de coisas ruins.
D: *Você já viveu num corpo físico no qual precisou ficar? Entende o que quero dizer?*
P: Sim. Não me lembro de nenhum corpo físico, exceto quando venho ajudar as pessoas.
D: *Então, você se torna física quando deseja? (Sim) Desse modo, você não fica preso a um corpo. Pode apenas formá-lo e dissolvê-lo quando quer? (Sim) Então, você permanece por algum tempo com esse grupo e os ajuda a ir a um lugar seguro. Depois, você vai a outro lugar?*
P: Sim. Estou indo a um planeta. Estou voando. É diferente. Há uma luz. Há quadrados de luz no planeta... tecnologia. Os quadrados estão espalhados pelo planeta.
D: *Os quadrados de luz são a tecnologia?*
P: Sim. São usados para energia. É uma cultura avançada. Há pessoas vivendo neles.
D: *Este é um planeta onde você já viveu ou você está apenas explorando?*
P: Não, eu conheço este planeta. Estou descendo.
D: *Quando você desce, assume uma forma física?*
P: Não. Minha forma é como uma esfera de energia. É aqui que eu moro.
D: *Há pessoas nesse planeta?*
P: Pessoas, não. São diferentes. Esferas de luz.
D: *Mas têm consciência, não?*
P: Sim. Somos trabalhadores. Vamos a outros planetas. Estou recebendo esta energia. Pego esses quadrados de energia e levo-

os comigo para outro planeta. Vou até esses quadrados de luz, colho sua energia e depois saio voando.
D: *E agora, aonde você vai?*
P: Só viajo. E ajudo as pessoas.
D: *Você já pensou em se tornar um ser físico?*
P: Sim, quando venho à Terra.

Estava tentando fazer a sessão chegar até Peter, o ser humano físico deitado na cama.

D: *Você já pensou em permanecer num corpo físico?*
P: Não. Eu visito.
D: *Já pensou em ficar numa forma física sem ter de ir para lá e para cá?*
P: Gosto de ir para lá e para cá.
D: *Nunca teve vontade de ficar no físico?*
P: Não, estou apenas visitando aqui.
D: *Desse modo, você tem liberdade completa, não tem?*
P: Sim, mas eu trabalho.
D: *Alguém lhe diz qual deveria ser sua próxima tarefa?*
P: Sei disso automaticamente.
D: *Bem, vamos ver aonde você vai a seguir. Você vai ficar naquele planeta ou vai flutuar até outro lugar? O que lhe parece?*
P: Agora, estou na Terra, olhando para um edifício. Está escuro.
D: *Você tem outra tarefa que deve realizar?*
P: Não sei. Estou observando este edifício. Desta vez, sinto-me diferente. Estou sendo arrastado de volta para a Terra. Agora, quando venho à Terra, é de trás para a frente. Estou sendo puxado para a Terra e estou olhando para este edifício. Estou sendo atraído para cá contra a minha vontade.

Subitamente, ele se viu num corpo, mas não do tipo que criava habitualmente. Agora era físico, mas estaria encarnado?

P: Na verdade, posso ajudar as pessoas como ser humano, mas preciso aprender mais. Tenho de fazê-los acreditar que posso ajudá-las. Que posso curá-las. Que posso ajudar suas vidas.

D: *Você acha que pode curá-las melhor numa forma física do que na outra forma que viaja? (Sim) Por que você resolveu ficar físico? Estava fazendo muitos trabalhos lá fora, não estava?*
P: Sim, mas precisavam da minha ajuda aqui. Fui enviado aqui para ajudar.
D: *Então, alguém lhe disse para entrar num corpo físico e tornar-se físico?*
P: Sim. No começo, achei que estava indo para trás, e depois determinei-me a fazer o que tinha de fazer.
D: *Então, você resolveu entrar no corpo conhecido como Peter? (Sim) Você entrou nesse corpo como bebê?*
P: Sim, mas aconteceu alguma coisa. Não me lembro o que foi, mas eu era um bebê.
D: *Mas você entrou no corpo quando ele era um bebê?*
P: Nove anos de idade.
D: *E ficou no corpo enquanto este crescia?*
P: Com nove anos.

Pode parecer estranho, mas já me deparei com isso em diversos casos. A primeira vez em que esse tipo de energia tenta entrar num corpo físico, ela é forte demais e radicalmente diferente, e por isso há um conflito com o físico. Pode causar um aborto, pois é demais para o feto suportar. Nesses casos, permite-se que apenas uma pequena porção da energia da alma entre no corpo do bebê durante o desenvolvimento e a infância. À medida que a criança cresce, mais energia entra, em pequenas quantidades. Por algum motivo, a maior parte da alma pode entrar aos oito ou nove anos. Tive pacientes que disseram que não estavam fisicamente no corpo senão naquela idade. Geralmente, não se lembram de nada de sua infância antes dessa idade.

D: *Você gosta de estar neste corpo?*
P: Sim, mas quero melhorá-lo. Quero torná-lo perfeito. Quero entender. Quero o conhecimento.
D: *Mas Peter tem o conhecimento do Direito, não tem?*
P: Isso não é suficiente. Isso é maior. É maior do que o Direito.
D: *Essa é uma das coisas que ele queria saber. Ele deveria estar fazendo mais alguma coisa além de seu trabalho?*

P: Eu deveria estar explicando coisas para as pessoas... ensinando-as. Há um motivo. Quero que todos se curem.
D: Dá a impressão de que esta é a primeira vez que você assumiu uma vida física. É verdade? (Sim) É sempre um pouco estranho, não é?
P: Quero ter acesso ao subconsciente. Sei que todo o conhecimento está lá, e quero obtê-lo.
D: Muito bem. Então, se não há problema, vou chamar o subconsciente para obter respostas. Tudo bem? (Sim) Gostei de conversar com você e lhe agradeço muito pelas informações que nos deu.

Então, chamei o SC na esperança de obter explicações mais claras. Ele disse que não tinha levado Peter para vidas passadas porque era mais importante ele conhecer esta parte. Ele concordou que sua vida atual era a primeira num corpo humano físico. Ele sempre fora um observador, um ajudante.

D: Alguém lhe disse que seria melhor estar na matéria?
P: Sim. Há trabalho para ele na Terra. A transição... ajudar na transição.

Eles explicaram que isso estava relacionado com a passagem para a Nova Terra. Ele era uma de muitas pessoas que estavam vindo para cá pela primeira vez. Aquelas que já estavam na Terra há muito tempo não iam conseguir ajudar. Ainda estavam presas na Roda do Karma. Era necessário que almas novas e puras viessem ajudar. Isso está explicado mais detalhadamente em meu livro As Três Ondas de Voluntários e a Nova Terra. Peter era uma dessas novas almas. Embora estivesse fazendo um bom trabalho no Direito, queriam que ele fizesse mais. "Ensinar as pessoas a se curarem. Ensinar as pessoas sobre a mente. Ele sabe o que fazer".

D: Você quer que ele dê aulas de algum tipo?
P: Sim. Ele sabe o que fazer, mas terá de dar aulas para que saibam que ele sabe o que fazer. Ele também deve trabalhar com a energia. Ele tem o poder em suas mãos.
D: Ele só precisa despertá-lo?

P: Sim. Ele pode curar com as mãos sobre a coluna. A energia está na base da coluna. Há uma bola de fogo na base da espinha dorsal.

Eu sabia que a Kundalini estava localizada ali e que tinha um grande poder, mas as pessoas precisam tomar cuidado ao usá-la. Eles insistiram que Peter sabia o que fazer. Ele não deveria tocar a pessoa, e sim trabalhar em seu campo de energia. Disseram que havia um pequeno bloqueio na base da coluna que o estava impedindo de despertar a energia que ele iria usar. Ele precisava visualizar este bloqueio sendo dissolvido para que a energia pudesse ficar livre para subir. Ele deveria assistir a uma aula para aprender a usar este poder. "As mulheres devem ensiná-lo. Isso vai acontecer em breve". Essa energia não foi liberada antes porque era poderosa demais para ele. Mas agora era hora e ele seria capaz de lidar com ela. "Ele não deve desperdiçar a energia. Ele precisa usá-las sempre corretamente. Ele não pode fazê-lo por motivos egoístas".

D: A pessoa precisa querer ser ajudada?
P: Ele precisa convencê-las do poder que elas mesmas possuem.
D: Ele precisa pedir permissão à pessoa antes de trabalhar com ela?
P: Sempre!
D: Assim, ele não estará desperdiçando a energia, não é?
P: Não. Isso está correto.

Ele deveria continuar a trabalhar como advogado em seu emprego formal, pois seria assim que entraria em contato com as pessoas que precisaria conhecer. "Mas você não tinha dito que ele estava aqui para ajudar na transição?"

P: Sim, é isso. Ele precisa seguir seu caminho. Até agora, ele não estava pronto. Ele precisa começar a usar o terceiro olho.
D: Não queremos que ele tenha problemas no trabalho. Você quer que ele tome cuidado?
P: Sempre. Mas ele precisa continuar a explorar, buscar e aprender. Quando ele trabalhar com as pessoas, elas vão saber. Ele vai ajudar muitas pessoas durante este período de transição.
D: Então, ele terá duas coisas para fazer: a carreira jurídica e a cura.

Era claro que Peter fazia parte da segunda onda de voluntários (nasceu em 1958), pois parecia ser um observador. Fizera isso por um período de tempo extremamente longo; por isso, o que poderia ser mais natural para ele do que continuá-lo nesta vida atual?

Capítulo 10
COR E SOM

Erika sempre esteve envolvida no trabalho com energias, no campo da cinesiologia. (É o estudo do movimento do corpo. Noutras palavras, como o corpo funciona e a influência exercida pela energia sobre ele.) Por isso, o uso da energia não era novo para ela, mas ela ainda achava que precisava de conselhos.

Quando Erika entrou na cena, estava escuro, mas ela sabia que não era noite. Estava escuro porque havia cinzas vulcânicas no ar. "O ar está preto, denso. O chão está ressecado, como se tivesse sido queimado". O ar parecia quente e tinha cheiro de cinzas queimadas. Quando se deu conta de seu corpo, viu que seus pés estavam pretos de tanto caminhar sobre as cinzas quebradiças e o solo carbonizado. Ela era um rapaz vestido com trapos, e seu corpo parecia magro como se estivesse passando fome. Ele sabia que havia vivido ali antes desse desastre acontecer. "Aqui ficavam os campos onde tínhamos nossas ovelhas. Eu tinha uma casinha, uma casa de grama. Não era muito grande, mas era minha. – A casa queimou. Não sobrou nada. Não sei porque se queimou, pois era de grama, mas queimou". Ele vivia sozinho ali porque não tinha família. Mas não se sentia solitário, pois tinha suas ovelhas e um cão. "Estamos no alto da montanha. Todas as pessoas ficavam nos vales".

D: *Onde você estava quando a casa se queimou?*
E: No riacho. Estava na minha casa quando o chão começou a tremer. As ovelhas ficaram correndo por ali e fazendo muito barulho, e o cachorro estava tentando reuni-las.
D: *Como se soubessem que alguma coisa estava acontecendo?*
E: Sim. Então, o chão começou a tremer. Saí correndo. Vi o chão tremendo e minhas ovelhas espalhadas. O cão estava tentando acalmá-las e reuni-las, mas elas saíram correndo e o cão foi atrás delas. Uma nuvem de fumaça saiu da montanha e, naturalmente,

lava e pedras voaram pelo lugar. Tudo estava queimando, e por isso corri para o riacho.

D: *Isso já havia acontecido antes?*

E: Não, não enquanto eu morei aqui. As pessoas falavam, sabe, contavam histórias. – Fiquei deitado no riacho e tudo queimou. Fiquei ali um bom tempo. Depois, não sei. Devo ter ficado inconsciente durante algum tempo. Creio que acordei e o mundo estava preto, eu não tinha mais casa e nem sinal de que já houvesse existido alguma coisa ali. E tudo estava esfarelando, e eu estava faminto.

D: *O que você vai fazer agora?*

E: Preciso encontrar minhas ovelhas e meu cão.

D: *Você também precisa encontrar alguma coisa para comer, não?*

E: Antes, preciso encontrar meu cão. Creio que vou descer a montanha até onde ficava a aldeia. Não consigo imaginar as ovelhas correndo para cima. Elas devem ter ido para baixo. Parece que teriam ido para nordeste, subido um pouco e depois descido. Há um grande lago lá embaixo.

D: *Teria sido a coisa inteligente para fazerem, não é?*

E: Sim, e as ovelhas não são muito inteligentes. (Riso)

Condensei o tempo para ver o que aconteceu.

E: O cachorro está perto do lago. Ele ficou muito contente ao me ver e conseguiu salvar pelo menos um terço do rebanho.

D: *Você vai ficar aí embaixo?*

E: Creio que teremos de sair, pois há muita fumaça e cinza do vulcão.

D: *Você vai para a aldeia?*

E: Ela também está coberta de cinzas.

D: *É? Ela também foi destruída?*

E: Não foi destruída, mas é impossível viver ali.

D: *Você vai tentar encontrar as pessoas?*

E: Não gosto delas.

D: *Hmm, por que você não gosta delas?*

E: Porque não gostam de mim. Sou diferente... só diferente. Não sou como elas porque falo engraçado. Acho que tenho lábio leporino ou algo assim. Pareço engraçado... falo engraçado. Sou feio demais.

D: *Você já teve família?*

E: Acho que a minha família também não me quis, ou tinham algum tabu contra pessoas como eu. Alguma espécie de "coisa" que fazia com que pessoas como eu não pudessem viver com as outras.
D: Como um pária?
E: Sim. Vejo uma mulher. Ela não era a minha mãe, mas procurou assegurar-se de que eu ficaria bem.
D: Então, você resolveu viver lá sozinho com suas ovelhas?
E: Creio que, de algum modo, foi ela que me possibilitou isso. Fiquei feliz.

Agora, ele não tinha escolha exceto sair dessa terra para procurar outro lugar para viver. Ele começou a caminhar com suas ovelhas e seu cão, embora não soubesse o que existia nas outras direções. Condensei novamente o tempo para ver aonde eles foram.

E: Ficamos andando um bom tempo, mas achamos outro vale, que é bem bonito. Há um rio que o cruza. E outra aldeia ali. É estranho, porque as pessoas dali não têm esse tabu. (Ele pareceu feliz.) Ouviram minha história e estão dispostas a me deixar trazer as ovelhas e curá-las. Na verdade, isto é bem engraçado, pois há outra pessoa como eu lá. E esta pessoa é realmente boa para curar ferimentos em ovelhas. Elas estão queimadas. Assim, trocamos histórias sobre elas e eles me convidam para fazer parte de sua comunidade.

Aparentemente, ele havia descoberto uma situação ideal. Pedi-lhe para avançar até um dia importante, e ele ficou confuso. "Sou uma pessoa diferente?" Ele viu que estava numa encosta de montanha granítica; uma montanha diferente das que já havia visto antes. Primeiro, ele pensou que estivesse usando uma roupa branca, e depois descobriu que ele era um ser feito de luz. Ele estava conversando com alguém que chamou de "Espírito" e que estava lhe passando instruções.

D: Que tipo de instruções?
E: Sobre a luz. Estou recebendo instruções sobre como usá-la.
D: Usar a luz física ou de outro tipo?
E: Precisa ser do espectro que você não vê. Como os raios. Eu posso vê-los. Cores diferentes.

D: *Como você deve usá-los?*
E: Incorporando-os. Cada raio tem uma essência.
D: *Cada cor... um raio de cor diferente?*
E: E se você os incorpora, eles mudam o que houver à sua volta.
D: *O que você quer dizer com "incorporá-los"? Eles precisam estar num corpo físico?*
E: Não, não num corpo físico.
D: *Estou tentando entender. Você disse "incorporá-los".*
E: Seja o que eu for, eu me torno o raio.
D: *Você quer dizer, aquela cor individual?*
E: Ou uma combinação.
D: *Durante certo tempo?*
E: Para diversos usos. É como caminhar por situações terrenas incorporando um raio e então as coisas mudam conscientemente. Uma incorporação consciente.
D: *Você está dizendo que você é como uma luz quando entra num corpo físico? (Não) Você disse "caminhar". (Sim) Achei que estivesse se referindo a quando tornou-se físico.*
E: Não. É como caminhar entre as pessoas. Elas não sabem necessariamente que estou ali.
D: *Elas não precisam ver você?*
E: Não. Algumas conseguem me sentir.
D: *Se elas o vissem, veriam você como uma luz? (Sim) Então, você assume o raio da essência, a cor, e então está na Terra caminhando entre as pessoas. Como isso afeta as pessoas quando você está perto delas?*
E: Elas mudam ou resistem. Ou as exacerba ou elas mudam subitamente.
D: *Para melhor?*
E: Sempre.
D: *Então, quando você está fazendo isso, assume outra cor?*
E: São muitas cores diferentes dentro de curtos períodos de tempo. Você pode comutar para lá e para cá, segundo a situação em que se encontra. O lugar e o ambiente das pessoas. Você assume cores diferentes para o que for necessário.
D: *Isso seria muito importante. Sua simples presença, caminhando entre as pessoas, afeta-as bastante, não é? (Sim) E elas nem sabem o que você está fazendo, sabem?*
E: Isso não importa.

D: *Alguém lhe disse que você deveria fazer isso?*
E: Foi a minha instrução. Foi aquilo que aprendi na montanha.
D: *Que você era apenas um ser de luz?*
E: Não, sempre soube disso.
D: *E você recebeu instruções para sair e espalhar isso e ajudar as pessoas?*
E: Eu fazia isso o tempo todo, mas essa foi uma lição específica.
D: *Você já esteve num corpo físico antes? (Não) Você sempre foi esse ser de luz? (Não) O que quer dizer? Fale-me sobre isso.*
E: Fui uma forma de luz noutros lugares, mas não na Terra.
D: *Outros planetas?*
E: Outros lugares. Outras camadas.
D: *Outras dimensões?*
E: Creio que você poderia dizer isso.
D: *E o que você estava fazendo nas outras camadas?*
E: Aprendendo. Aprendendo sobre a luz.
D: *Como era esse lugar onde você estava aprendendo?*
E: Era todo luminoso. Eram variações de luz.
D: *Havia outros como você?*
E: Sim. Todos estavam aprendendo sobre a luz.
D: *A luz é muito importante, não é? (Sim) Você acha que aprendeu tudo que precisava sobre a luz?*
E: Não, e foi por isso que tive de vir aqui e caminhar entre as pessoas. É espantoso ver o que a luz pode fazer.
D: *O que a luz pode fazer?*
E: Se a pessoa tem o coração aberto, ela abre ainda mais o coração. E se ela tem o coração fechado, é como ser atingido por alguma coisa terrível, pois a pessoa fica mais agitada.
D: *Ela não entende o que está acontecendo.*
E: Não, e ela continua a agir mais como estava agindo. Ela tenta atacar.
D: *Ela acha que está sendo atacada, quando não está. É a isso que você se refere?*
E: Ela não está sendo atacada. Está vindo de dentro dela. Minha tarefa é deixá-la vivenciar a luz. Cabe a ela abrir o coração ou não. Há raios de cores diferentes, com usos diferentes. Ainda estou aprendendo.
D: *Parece ser uma coisa maravilhosa para se ensinar às pessoas. Você pode ajudar muita gente apenas com sua presença.*
E: Sim. Na verdade, isso é tudo com que podemos ajudar alguém.

D: *Elas nem percebem que você está ali. Elas têm livre arbítrio, não têm?*
E: Elas têm livre arbítrio, claro!
D: *Então, você não pode forçar ninguém a fazer alguma coisa.*
E: Não, não, não, mas o livre arbítrio é isso, se o coração está aberto ou não. Ele estava gostando mesmo de fazer isso, ajudando as pessoas dessa maneira. Ele não tinha vontade de entrar num corpo físico. Achava que podia se sair melhor como ser de luz.

D: *Você precisa voltar para aquela camada para aprender mais?*
E: Posso voltar a qualquer momento. Posso ir para lá e para cá. Mas eu também posso obter mais informações sobre a Terra. Subo a minha montanha. Mas posso estar em qualquer lugar. Belos lugares. Posso me abrir e pedir.
D: *Belos lugares, com boa energia. Mas as instruções estão sempre relacionadas com a luz?*
E: Há outra parte delas. Esta parte é mais nova e não conheço muito sobre ela: Som.
D: *Já ouvi dizer que cores e sons são muito, muito importantes. (Sim) Por que estão lhe ensinando sobre sons?*
E: Luz e som são a mesma coisa.
D: *Como assim? Eu os vejo como coisas distintas.*
E: São a mesma coisa. Todo som tem uma vibração. Todo som tem uma cor. Toda cor tem uma vibração. Toda cor tem um som.
D: *As pessoas não pensam em cores como possuidoras de sons.*
E: Eu sei que não, mas elas têm.
D: *Nós os mantemos separados. (Riso)*
E: É porque na Terra gostamos de dividir, de mear.
D: *Sim, gostamos de fazer divisões. O que você vai fazer com o som?*
E: É isso que não sei. Ainda não entendo tudo isso. Faz parte do meu treinamento. Creio que há outra camada na qual aprendemos isso. Para saber usar luz e som como uma coisa só.
D: *Consigo entender como você pode usar a energia da luz quando está entre as pessoas. Como você pode usar o som?*
E: Você não consegue ouvi-lo e não consegue ver a luz. Mas as pessoas recebem o som da mesma maneira como recebem a cor.
D: *Elas não percebem o que está acontecendo com elas?*

E: Não, exceto se seu coração estiver aberto. Algumas pessoas precisam mais – não sei bem como dizer isto, mas elas precisam mais de som do que outras. Depende da pessoa.

D: *Também depende do grau de desenvolvimento delas?*

E: Sim. As pessoas sabem e conseguem sentir de qualquer modo, recebendo-o como um todo. Mas as pessoas cujos corações estão mais fechados precisam de mais som.

D: *Para ajudá-las a se abrir mais. Mais som em vez de mais luz? Você acha que assim fica mais poderoso?*

E: Não, é simplesmente o que precisam. Creio que vão se sentir melhor.

D: *Então, você não tem intenção de entrar num corpo humano?*

E: Não, limita muito entrar num corpo. Por que eu iria querer fazer isso? (Riso)

D: *Você tem consciência de que está conversando comigo através de um corpo humano?*

E: Ah, sim, eu sei disso. Só não gosto. Eu poderia lhe dar informações sem precisar me sentir físico.

Expliquei que desta maneira Erika poderia ouvir a informação e compreender depois. "Você tem algum tipo de conexão com este corpo físico?"

E: Ela é uma velha amiga. Ela é complicada, muito resistente, não é má, mas é resistente e teimosa. (Riso)

D: *Vamos falar dela. Ela quer informações, não quer?*

E: Bem, talvez ela precise de informações, mas não as quer. Ela quer deduzir tudo sozinha.

D: *Mas isso é difícil, não é? E você se sente tão sozinha?*

E: É o jeito dela. É por isso que gosto dela.

D: *Naquela vida que lhe foi mostrada, ela estava sozinha lá, não estava?*

E: Sim, ela gostava disso. Ela pensa que precisa deduzir as coisas sozinha. Ela gosta disso. Ela acha que pode lidar com isso e descobrir tudo sozinha. Ela está enganada, e é por isso que estou por perto.

D: *Quando você entra no corpo, esquece-se de todas essas coisas, não é?*

E: Ah, certamente. É por isso que não quero entrar. Nem pensar! Então, tento passar-lhe um pouco de luz, um pouco de som.

D: *Existe alguma coisa específica que você queira que ela saiba? Esta é sua chance de lhe dizer.*

E: Só para ela se lembrar que é luz e som. Energia muito positiva. É o que ela é. Ela também trabalha com energia.

D: *Por que você quis que ela soubesse daquele homem com as ovelhas? Por que era importante ela conhecer aquela vida?*

E: Por causa da casa. (Aquela que queimou.)

Em sua vida atual, Erika tinha se mudado mais de trinta vezes. Ela nunca havia conseguido se assentar num ambiente estável.

E: Ela precisa entender que o lugar onde ela estiver é sua casa.

D: *Ela a leva consigo, é isso que você quer dizer?*

E: Não, não existe esse "levar consigo". É só aquilo.

D: *Você quer dizer o corpo humano?*

E: Não. Noutras palavras, onde quer que estejamos, é a nossa casa. Não é um lugar. Não há confins. Não são paredes. Não é um corpo. É que onde quer que estejamos... é o nosso lar. Como Dorothy.

D: *De "O mágico de Oz"? (Sim) Ela sempre esteve lá, mesmo quando estava procurando noutro lugar. Erika disse que gostaria de ter uma casa. Você acha que isso é possível?*

E: Ela poderia ter uma casa. Poderia, mas precisa compreender que a casa não é a casa dela. A casa não é aquilo que ela está procurando. Noutras palavras, ela pode ter uma casa e pode ser feliz numa casa, mas sua verdadeira casa é a Terra e o universo, esta grande bolha do cosmos. Ela a estava limitando, razão pela qual não a encontrava.

D: *Ela criou um monte de problemas para si mesma. Não é verdade?*

E: É apenas resistência. Ela está resistindo à luz e ao som. Bloqueando-os, pois ela quer fazer isso sozinha. Está com medo. Ela meio que me esqueceu e esqueceu a outra camada, está assustada e por isso não quer abrir seu coração. Ela não reage da maneira como fazia na outra camada. Ela não conseguia brincar com a energia, tal como fazia. Ela não sabia usar o som. Ela não sabia usar a energia para gerá-lo. Ela não sabia fazê-lo, esqueceu-se e ficou confusa. E detestava mover-se num corpo. Ela sabe que criou problemas para si mesma. Ela conhece essa parte, mas não consegue se lembrar de como sair disso. Estou com ela há um bom tempo. Na verdade, várias vidas. Estamos juntos há um longo tempo.

D: *Você é um guia ou anjo da guarda? São expressões que damos às coisas.*

E: Sou amigo dela. Ela é muito teimosa, e ela veio aqui aprender uma coisa teimosa. Por isso, fica inventando a roda, pois não vai relaxar e aceitar o fato de que assim que ela perguntar como se faz a roda, poderemos fazer mais rodas. Para que ela possa realmente fazer mais, ser mais e viver mais, experimentar mais e aprender mais. Então, ela é muito lenta. É como se cada respiração recuasse até o começo do homem da caverna e fosse se desenvolvendo lentamente.

D: *Ela está tornando isso muito difícil. (Sim) Ela tem muitos talentos. Ela tem a capacidade de fazer o que quiser. (Sim)*

Fiz algumas das perguntas dela: "O que são esses terrores noturnos, quando ela acorda gritando de noite? Qual a causa disso?"

E: Não sei como dizer isto. Ela tem levado... como se fossem células opositoras. Podemos dizer que são códigos em seu DNA que têm energia "dura" em seus campos. São como espelhos, e quando a vida entra e a energia da Fonte entra, elas são refletidas, mas não se tornam parte do seu ser. Ela as está refletindo. É como se esses prótons de DNA fossem espelhos refletores pequenos, minúsculos, que refletem de volta a energia da Fonte e não permitem que ela se torne parte de seu sistema.

D: *Isso vem de suas outras vidas?*

E: Sim. Ela as acrescentou ao seu DNA.

D: *Mas isso não se aplica à sua vida atual, aplica?*

E: Não. Elas estão ativas neste momento. E não precisam estar. Tudo que ela teria a fazer seria ativar o código. Noutras palavras, ela teria todos os códigos acionados para poder viver plenamente, com toda a imunidade física no que concerne sua saúde. Assim, germes, bactérias e vírus e todas essas coisas não precisam fazer parte da cena. Não creio que ela sabia o que estava fazendo. Acho que ela ficou tensa de maneira cósmica, resistindo. Dizendo que queria fazer tudo por conta própria, e isso fez com que essa "comutação" acontecesse. Ela pode acionar os "códigos ligados".

Ela pode conversar com o DNA dela e pedir-lhe que ative os códigos.
D: *Você pode fazer isso?*
E: Eu não posso, mas a Luz pode e o Som pode.

Durante toda a sessão, houve uma terrível trovoada. Ela não interferiu na comunicação. Na verdade, o SC disse que gostou da tempestade. "Ela pode usar a tempestade".

D: *Muito bem, faça isso. A tempestade tem muita energia.*
E: Ela pode deixar que o Som da chuva entre em seu sistema, juntamente com os relâmpagos. E permitir que ambos a purifiquem e, quando tudo sair, quando a Luz sair, será azul... azul. Branco azulado.
D: *E isso vai acionar a chave? (Sim) É isso que você está fazendo agora?*
E: Eu não estou fazendo isso. Ela tem de fazê-lo.
D: *Dê-lhe instruções enquanto ela aciona a chave.*
E: Assim, você está permitindo que o relâmpago, a Luz branca azulada, penetre em seu sistema como um líquido. Ela se espalha por todas as células do corpo, desde sua cabeça até seus pés, vivificando cada fita de DNA com a Luz branca azulada e este Som líquido. Não há necessidade alguma de resistência no corpo. (Tudo se moveu por todas as partes de seu corpo.) Estou apenas ancorando a energia para ela. Ela precisa fazer isso por si mesma. A resistência está desaparecendo. Está se esvaindo. Ela não precisa dela.

Ela recebeu um exercício para fazer antes de dormir sem ficar com medo: "Ela precisa dormir com uma luz dourada. Quando ela se deitar para dormir, deve visualizar um útero dourado, um ovo dourado. E ver-se dentro dele, cercada pelo útero ou pelo ovo. Então, ela vai se sentir protegida e a cada noite pode decidir de quanto sono vai precisar. Algumas noites, vai precisar de mais, e algumas, nem tanto. Isso será divertido para ela. Com isso, ela fica no comando... e ela gosta disso. E precisa dizer para si mesma que vai acordar renovada, relaxada, revigorada e entusiasmada. E com energia abundante para se conectar e progredir nesta nova fase de sua vida".

Mensagem de despedida: Todos os dias, passe algum tempo com seu coração. Ponha as mãos no coração e, ao fazer isso, estará conectada comigo.

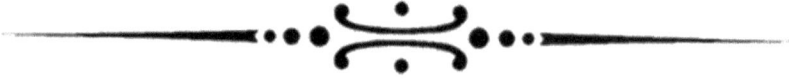

Num outro caso, o SC me deu outra técnica de cura que podia ser visualizada pela paciente na privacidade de sua própria casa.

O SC enviou um calor suave e fluido por toda a espinha, até os ombros. Ele se espalhou pelos braços e dedos. Desceu pelas pernas e joelhos. "É um calor amável, suave. É um calor que cura. Ela precisa visualizar esse calor vindo o tempo todo, fazendo essa visualização duas vezes por dia. Entra pelo chakra da coroa e flutua, descendo pelo corpo. É mais do que um calor. Ele precisa ser uma cura, fluida, quase como o calor da lava percorrendo o seu corpo. Ela precisa visualizar isso duas vezes por dia, pela manhã e pela noite. Ao acordar de manhã e ao ir dormir à noite. Visualize o calor como se fosse lava descendo pelo corpo. Ela tem cor coral e verde, com pequenos grãos brancos".

Capítulo 11
PROTEGENDO O CONHECIMENTO

Andrew me procurou para obter orientação e saber se estava no caminho certo. Durante toda a vida, teve uma sensação de dor e de inquietude, como se não pertencesse a este lugar, o que fazia com que não conseguisse desfrutar a vida. Andrew trabalhava como curador de pessoas e de animais, bem como com a grade. Ele também ensinava ciência mesclada com metafísica, além de ser um artista.

Quando Andrew entrou na cena, ficou confuso, pois sentiu que havia correntes em seus pés e pernas. Então, percebeu que estava usando cota de malhas ou armadura. Ficou dizendo que estava sentindo muita dor. Ele era um homem de seus trinta e poucos anos em pé, ao ar livre e de noite. Perguntei-lhe porque ele sentia dor. "Porque estou sendo traído. Fiz o melhor que podia e fui traído. Estávamos fazendo o que deveríamos fazer e não queriam que fizéssemos isso, e por isso seremos torturados e mortos".

D: *O que você deveria estar fazendo?*
A: Protegendo... protegendo o conhecimento. Sei que virão atrás de mim. Estou esperando por isso. Eles virão nos pegar.
D: *Como o traíram?*
A: Sabiam onde estaríamos e disseram onde estávamos.
D: *Foi alguém que você conhecia?*
A: Sim. Estavam com medo. Se não falassem, também seriam torturados e mortos, e por isso não tiveram escolha.
D: *Onde você está esperando?*
A: Em algum lugar... há um lugar... como um castelo ou coisa assim.
D: *Você conseguiria escapar, se quisesse?*
A: Acabariam me encontrando. Sou um de seus capitães, com um escalão muito alto. Sou uma das principais pessoas que estão procurando.
D: *Você disse que estavam protegendo conhecimentos?*

A: Sim, mas ficaram com inveja. Não queriam que tivéssemos o poder.
D: Que tipo de conhecimento estavam protegendo? Pode me dizer o que era, não vou contar a ninguém.
A: Conhecimento antigo. Um conhecimento dos tempos antigos. Ele também estava protegendo as pessoas e eles sabiam disso. Na verdade, elas vão ficar em segurança para que o conhecimento possa ser transmitido quando chegar a hora certa.
D: Então, ele não vai desaparecer?
A: Não, ele não vai desaparecer. Estamos sendo punidos para que ele fique protegido.
D: A que se referia esse conhecimento?
A: Bênçãos para todos... poderosas, mas eu era apenas o guardião daqueles que precisam ser protegidos.
D: Você praticava o conhecimento?
A: Não. Eu só sabia que ele era importante, e meu dever era defendê-lo e protegê-lo. Ocultá-lo e também ser o amigo. Sou aquele que deve ser levado e estou com medo. Eles também vão ser mortos e tenho medo. Vou ser torturado e estou com medo, e sei o que vão fazer comigo.
D: E o que eles ganham ferindo-o? Você não tem o conhecimento.
A: Eles não sabem, mas vamos lhes dizer que sabemos para proteger os outros. Vamos confundi-los para protegermos os demais.
D: Aqueles que sabem usá-lo? (Sim) Esse conhecimento está na forma de livros?
A: Sim... registros e lugares. Livros e pessoas que sabem como usá-los. Nem tudo está registrado.
D: Ele deveria ser passado para certo tipo de pessoas?
A: Sim. E eu sou o escudo delas.
D: Você sabe onde ele está sendo guardado?
A: Sim, mas tudo é feito de tal maneira que não conheço a história toda. Mas sei que preciso fazer certas coisas para protegê-lo. Mesmo que me torturem, não há nada que eu possa dizer, e aquilo que direi vai confundi-los. Vou lhes dizer, mas não será a verdade.
D: Alguém veio buscá-lo?
A: Sim. Vieram me pegar e vão me torturar.
D: Esse lugar onde você está, o castelo, é aí que você vive?
A: É um lugar onde nos reunimos.
D: E é aí que está o conhecimento?

A: Não. O conhecimento não está aí. Eles pensam que está aí. Não está.
D: *Você é o único que vão levar?*
A: Não. Muitos, muitos. Alguns nem sabem que serão levados ou o que vai acontecer conosco. Alguns estão aqui, outros estão noutros lugares. Neste momento, estou sozinho.
D: *Isso é uma coisa que você tem feito há tempos?*
A: Sim. Acredito no conhecimento e é preciso que alguém o proteja, e estou aqui para proteger. Sou a primeira linha de proteção.
D: *Mas você disse que mesmo que firam você e os outros, ainda haverá outras pessoas que o levarão adiante?*
A: Sim, sim.
D: *Ele nunca pode ser destruído totalmente, não é?*
A: Não. Estou com medo... com medo.
D: *Você sabe se esse conhecimento é antigo e trata de assuntos específicos?*
A: Sim, é antigo... muito antigo... muito poderoso. Trata de muitas coisas. De cura. Muitas coisas pelas quais a humanidade vai passar. Estamos protegendo isso. Pensam que é feitiçaria. Mas não é. Conhecemos um pouco... o suficiente para fazê-los pensar que é feitiçaria, para que sejamos considerados gente que lida com feitiçaria. Por isso, eles vão nos torturar.
D: *Por que vão querê-lo se pensam que é feitiçaria?*
A: Porque desejam-no para eles mesmos. Querem poder. São muito ignorantes, mas querem o poder.
D: *Essas pessoas fazem parte de uma organização ou algo do gênero?*
A: São o governo. A igreja é o governo. Eles têm medo que o conhecimento possa reduzir seu próprio poder. Não querem que ninguém tenha poder individual. Eles querem ser os todo-poderosos. Sabem quem somos. Sabem onde nos encontrar. Estou aqui apenas para manter, defender, proteger.
D: *Você escondeu o conhecimento em algum lugar do castelo?*
A: Não. Não. Fingimos isso para que eles se distraíssem enquanto tudo estava sendo posto em segurança. Vão procurar lá, mas não está lá. Vão nos torturar e não vão conseguir muita coisa, porque não sabemos. Sabemos só um pouco... o suficiente para nós. Sabíamos que isso ia acontecer, mas agora estou com muito medo. Estou envergonhado. Estou muito envergonhado por estar com medo.

D: *Se ninguém tem todo o conhecimento e essas pessoas possuem apenas fragmentos e trechos, ele vai sobreviver.*
A: Sim, ele vai sobreviver... como tudo vai sobreviver. – Estou com medo. Sei que preciso ir em frente de um modo ou de outro, mas não quero. Estou com medo da tortura... muito medo da tortura... medo de que façam coisas com o meu corpo. (Sua voz parecia muito amedrontada.) Eles vão me matar porque sou um capitão. Vão mesmo acabar comigo.
D: *Existe algum modo de você escapar antes deles chegarem?*
A: Não. Não vou escapar. Tenho de suportar isso. É esse o meu serviço. Meu dever não é escapar. Meu dever é ficar. Eles precisam me pegar.

Achei que já era hora de avançar a história e ver o que aconteceu. Condensei o tempo até a chegada deles. "Você tem controle sobre aquilo que vê". Sugeri que ele visse a cena como um observador, caso desejasse.

A: (Sua voz estava trêmula, era difícil entendê-lo.) Não quero ir lá. – Eles chegam e levam todos para o castelo deles... centenas e centenas de soldados por toda parte. Eles nos levam e nos torturam. – Não vejo mais nada. Estou com dificuldade para enxergar.
D: *Você lhes disse alguma coisa?*
A: Não tenho nada a dizer. Eles me forçaram a dizer coisas... a lhes dizer aquilo que queriam ouvir. Eles lhes disseram tudo que eles queriam ouvir. Eles se comprazem ao nos torturar, pois sentem-se poderosos. Eles veem nossa alma diminuída.
D: *Qual foi o resultado final?*
A: Mataram-nos depois de nos torturarem. Estou muito envergonhado. Fizeram coisas conosco. Envergonharam-nos muito. (Sentindo-se péssimo) Estou com vergonha... muita vergonha.
D: *Você não tem do que se envergonhar. Você fez o que era honrado fazer. Eles é que fizeram coisas desonrosas.*
A: Não me arrependo... Tudo que eu amava, eles mataram e torturaram tudo. Tanto ódio... tanto ódio... mas eles não vão encontrar o conhecimento. – Eles nos queimaram.

Então, levei-o adiante até ele sair do corpo e poder ver a cena de uma perspectiva diferente. "Consegue ver os corpos?"

A: Sim... carbonizados... corpos carbonizados no fogo e depois jogados em buracos... nada.

D: *Toda vida tem seu propósito. Qual você acha que teria sido o propósito dessa vida?*

A: Era meu dever testar a minha coragem. Fiz o que precisava fazer, mas senti vergonha do que fizeram comigo e com o meu corpo. Não sei porque me senti tão envergonhado.

D: *Toda vida tem uma lição. Você acha que há uma lição a ser aprendida com uma vida e uma morte como essas?*

A: Eu estava orgulhoso de quem eu era... orgulhoso demais do meu dever. Sentia-me superior. Meu dever. Para mim, minha vida toda era importante. Talvez eu fosse orgulhoso demais de minha própria masculinidade e... (Interrompe) Talvez fosse um teste para mim, ser leal a aquele conhecimento.

D: *Talvez tenha sido mesmo um teste.*

A: Talvez tenha sido apenas isso... apenas isso. Talvez eu estivesse ligado demais ao meu corpo, pois fiquei muito mal quando me torturaram, quando fizeram aquelas coisas. Estava apegado demais ao meu corpo.

D: *Mas os humanos são assim mesmo, não são? Vivemos no corpo e nos apegamos a ele.*

A: Sim, é verdade.

Neste ponto, em vez de chamar o SC, resolvi levá-lo pelo tempo e pelo espaço para encontrar outra vida. Desse modo, poderíamos afastá-lo dos horrores que ele havia testemunhado. Desta vez, ele se viu como uma mulher contemplando-se num espelho. Ela era muito bonita, com cabelos pretos e olhos verdes, na casa dos vinte anos. Ela estava num belo edifício. Mas o que era diferente nele é que havia lindos cristais por toda parte. Eram de todos os tamanhos e cores, desde aqueles que podiam ser segurados na mão até alguns com 25 cm de comprimento e 8-10 cm de espessura. "Ponho as mãos sobre eles (os maiores) e posso controlar suas energias. Posso gerenciar a energia deles. Posso usá-los para curar. Ativo câmaras nas quais as pessoas entram para se curar. E os cristais dão energia e cores, criando um campo energético no qual a pessoa pode descansar e se curar. Tenho esse poder".

D: Sei que você pode usar o poder de muitas maneiras diferentes. Você usa o poder de cura de maneira positiva?
A: Sim. Eu o uso de maneira positiva. Conheço meu poder e tenho muito orgulho dele.
D: Outras pessoas sabem aplicar essa mesma cura?
A: Sim, outras pessoas sabem, mas sou eu que a conhece melhor. Meu próprio corpo ressoa com aquela energia, e por isso faço parte dela. Tenho sinergia com ela.
D: E as pessoas entram nas câmaras e você trabalha com elas? (Sim) Quantas entram de cada vez?
A: Uma de cada vez. É como uma consulta médica. Posso usar isso. É parte do meu dever... parte do meu trabalho. Temos essa tecnologia. Fui treinada desde cedo por aqueles que têm poder para isso. Eles sabem quem pode fazer isso, quem eles devem treinar.
D: Então, nem todos podem fazê-lo.
A: Não. O povo é muito avançado e sabe que pessoas podem fazer isso. Nós as guiamos para que se tornem quem são. Elas já sabem o que podem fazer. As pessoas podem se desenvolver plenamente e fazer aquilo de que gostam. Elas têm livre arbítrio para fazer o que querem, mas todos nascem com habilidades específicas e podem fazer algo.
D: Ensinaram você ou a treinaram no uso dos cristais?
A: Eu só estava me lembrando.
D: E você disse que tinha muito orgulho daquilo que pode fazer? (Sim) Você também se orgulha de ser capaz de ajudar as pessoas?
A: Sim, mas como você sabe, sou muito bonita. E às vezes as pessoas querem estar comigo porque preciso de atenção... e isso não é bom.
D: Você é casada, tem uma família?
A: Não. Posso estar com quem eu quiser.

Pedi-lhe para olhar pela janela e descrever o que via. "Todos os edifícios são bonitos. Há cúpulas, colunas, uma bela cidade. A paisagem é formada principalmente por cristais, pedras e jardins".

Então, levei-a até uma data importante e perguntei o que estava acontecendo.

A: Estou sendo julgada. Dizem que fiz algo errado. Usei parte do meu poder para atrair homens para ficarem comigo. E eu não deveria ter feito isso.

D: Por que você queria que estivessem com você?

A: Só por prazer. E eu não deveria ter feito isso.

D: Por que é errado usar o poder dessa maneira?

A: Porque assim você pode influenciar a vontade deles. Você age contra seu livre arbítrio. Isso não foi completo. Nunca fiz nada para prejudicar alguém, mas eu sabia que tinha o poder de atrair e não devia tê-lo usado. De algum modo, manipulei a vontade deles para ficarem comigo. – Eles descobriram e estão me pedindo para não fazer mais o meu trabalho.

D: Porque você o estava usando de forma errada. (Sim) Mas você também o usou positivamente.

A: Eu sei. Mas eles consideraram aquilo um uso negativo do poder. Não querem que eu o use mais. Tenho de sair deste lugar. Quero ficar, mas não posso mais fazer isso. Serei uma pessoa comum. Tenho de sair do prédio e ficar na cidade. Eles podem bloquear minha energia.

D: Pergunto-me se você poderia usá-la sem os cristais.

A: Posso, mas estão me bloqueando. Eles podem simplesmente impedir minha energia de fluir.

D: Eles têm formas de fazer isso? (Sim) Eles têm máquinas?

A: Não, eles simplesmente se reúnem. Esses seres são poderosos. Eles têm poder sobre a energia. Eles o fazem para proteger os inocentes.

D: Então, eles a bloqueiam e você precisa viver sua vida como pessoa comum? (Sim) O que você acha disso?

A: Sinto que eles têm razão. Percebo até que eu não deveria fazer isso. Talvez eles me perdoem um dia e me chamem de volta.

D: Mas não é difícil simplesmente se fechar depois de ter feito isso por tanto tempo?

A: Sim. É muito difícil. Muito difícil.

D: E agora, o que você vai fazer?

A: Só viver. Uma vida comum. Agora, não tenho mais nada do poder. Dizem que posso ensinar. Não posso usar meu poder, mas posso ensinar. Vou começar a ensinar. – Eles poderiam ter sido muito mais duros comigo, então isso é bom.

D: *Pelo menos, o conhecimento não será perdido.*

A: Não será perdido. Há outros que sabem fazer isso, mas posso apenas ensinar.

Tirei-a daquela cena, avancei até outra data importante e perguntei o que estava acontecendo. "Estou num encontro com alguém. É um homem que conheci. Estou me encontrando com alguém que está entrando na minha vida. Estou mais velha. Fiquei sozinha aquele tempo todo, pois ninguém confiava em mim; não sabiam se eu ainda podia usar aquele poder, embora o tivessem tirado de mim. As outras pessoas não confiavam mais em mim. Então, esta foi a primeira vez que alguém me procurou, mas sei que há confiança. Sabem que não vou tornar a fazer aquilo. Sinto-me feliz. Talvez eu não soubesse que alguém poderia estar comigo sem que eu tentasse manipulá-lo".

D: *Ele também está interessado na energia de cura?*
A: Não... apenas em mim. Ele confiou em mim e em quem sou, e isso é bom. Ele também é um dos professores. Ele ensina história. A história deste lugar... o mundo.

Condensei o tempo e levei-a adiante para ver se ela ficava com esse homem, ou o que teria acontecido. Ela tinha ficado com ele e agora tinha uma filha. Ela percebeu que a menina herdara o mesmo poder que ela possuía. Ela usava o poder dos cristais e estava sendo levada para o treinamento. "Estou feliz porque eu a ensinei e tenho certeza de que ela nunca vai cometer o erro que cometi. Eu lhe disse que ela não precisa fazer nada disso, pois precisa ser aceita tal como ela é. Ela será uma boa curadora e vai ser treinada. Ela fará um belo trabalho". Achei que tínhamos aprendido o máximo que podíamos sobre essa vida, e assim levei-a até seu último dia de vida. Perguntei o que estava acontecendo.

A: Estou morrendo e sou muito velha. Estou aqui há muitos, muitos anos... centenas de anos. Minha filha está aqui na câmara. Puseram-me aqui para que eu não sofra. É como se eu estivesse indo dormir.
D: *Eles colocaram-na na câmara quando você estava morrendo?*

A: Sim. Essa é uma câmara especial para as pessoas poderem morrer pacificamente, onde não há sofrimento. É diferente da câmara de cura. Esta é uma câmara para aqueles que estão morrendo. Não há nada a se reconstituir agora. É hora da alma ir embora, e por isso o que podemos fazer é ajudar a alma ir a um lugar no qual não há dor... um lugar onde se vai dormir.
D: Então, na verdade, não há nada realmente errado com o corpo?
A: O corpo só está velho. Desgastado após viver centenas de anos. Era muito saudável e forte, mas foi minha escolha ajudar quando era necessário. E minha filha está fazendo isso para mim. É muito bonito aqui, sinto-me em paz.
D: Ela recebeu seu conhecimento e usou-o da maneira correta?
A: Ah, sim. Ela já está fazendo isso há muitos, muitos anos. Está no mesmo lugar onde eu estava. Colocaram-na no mesmo prédio. Ela ocupou o meu lugar, agora está fazendo a mesma coisa.
D: Então, não a incomodou parar de fazer aquele trabalho?
A: Não. Era necessário. Eu precisava pagar.

Então, eu a levei até um momento em que tudo tivesse acabado e ela estivesse do outro lado. Perguntei-lhe o que ela achava que havia aprendido com esta vida.

A: Que quando você tem poder, precisa sempre tomar cuidado com seus desejos. Às vezes, você pensa que precisa desigualar as coisas para obter aquilo de que precisa, e às vezes isso não é necessário. Às vezes, penso que a única maneira pela qual eu podia me manter segura era controlar quem estaria comigo. Eu controlei isso usando meu poder. Tive de aprender essa lição para não precisar controlar as coisas.
D: Essa é uma lição valiosa. Se você receber esse poder no futuro, noutra vida, acha que vai saber usá-lo?
A: Sim. Tenho de me assegurar de que não usarei meu poder para controlar ninguém.
D: Mas o ego entra no caminho, não?
A: Sim, e é disso que tenho medo.
D: Essa é a parte humana.

Então, eu a tirei dessa observação e chamei o SC. Queria saber porque Andrew viu duas vidas como homem e como mulher, uma vez que há tantas que o SC poderia escolher.

A: Porque ele precisa saber que tem a coragem de fazer o que for preciso fazer. Que ele tem poder para fazer isso.
D: *Porque aquele homem deu sua vida para proteger algo, não foi? (Sim) Qual a conexão entre aquela vida e sua vida atual?*
A: Ele precisa usar o poder que tem. Ele precisa saber que não tem de passar pela mesma coisa. Ele não precisa sofrer mais. Ele acha que precisa sofrer. Ele acha que precisa ser torturado e torturado. Ele nunca se soltou daquela tortura. Ele precisa se livrar da tortura.
D: *Mas isso só aconteceu numa vida.*
A: Sim, mas ele está sempre se torturando.
D: *Porque ele acha que se tem o conhecimento, precisa sofrer para continuar com ele? (Sim) É por isso que ele diz que sente dor dentro do corpo o tempo todo, além de inquietação?*
A: Sim, sim. A dor e a vergonha, pois ele foi muito maltratado. Abusaram dele de várias maneiras.

Isto também explicou os problemas sexuais que o estavam afetando nesta vida, pois foi nessa parte do corpo (a área sexual) que a tortura se concentrou. Eles (a Igreja) precisavam humilhar completamente a pessoa.

D: *Mas nada que tenha acontecido foi culpa dele.*
A: Sim, mas ele se sentiu muito envergonhado.
D: *Ele foi muito corajoso ao resistir. Ele poderia ter tentado escapar.*
A: Sim, mas ele não consegue deixar isso de lado. Ele não consegue parar com os sonhos de tortura que o afligem constantemente.
D: *Podemos deixá-los com o homem com quem isso aconteceu?*
A: Precisamos fazê-lo, pois ele mesmo não pode fazer nada. Ele não pode lidar com isso. Ele vai morrer se não fizer isso. Ele acha que precisa sofrer.
D: *Não tem nenhum sentido permitir que passe tantas vezes por isso nesta vida.*
A: Sim, ele se tortura. Ele traz muito sofrimento para si mesmo. Está tentando. Ele não sabe como sair disso.

Foi preciso muito esforço até ele concordar finalmente em abrir mão. O SC disse em voz alta, "Vamos deixar isso com o outro homem. Ele deixou isso lá. Isso fica lá. Nós a deixamos. Ele não vai mais ver isso. Ele não vai mais ver isso porque ele fica sangrando. Ele acha que todas as vezes que faz alguma coisa boa, vai ser torturado novamente". Andrew começou a chorar quando o SC trabalhou para liberá-lo. Foi preciso muito esforço. "Ele queria tanto saber como era aquele conhecimento e nós estamos trazendo esse conhecimento para ele. Ele merece ter esse conhecimento nesta vida. O sofrimento pertence ao outro homem".

D: *Então, você está separando os dois e permitindo que ele tenha o conhecimento?*
A: Sim. Ele precisa ter o conhecimento que protegeu antes. Ele merecia ter o conhecimento.
D: *Foi por isso que você lhe mostrou a segunda vida?*
A: Sim. Ela tinha o conhecimento. Ela conhecia todos os cristais. Ela conhecia seu poder.
D: *O primeiro homem protegeu o conhecimento, mas não sabia usá-lo. A mulher sabia usá-lo.*
A: Ele conhece muita coisa. Ele conhece muito mais. Ele tem poder. Ele tem mais poder do que imagina. Ele teve muitas outras encarnações, nas quais aprendeu muitas coisas.
D: *Então, foi por isso que você lhe mostrou a segunda vida, para que ele percebesse que tem esse poder? (Sim) Mas ele abusou dele nessa vida.*
A: Sim, mas ele precisa saber que não é necessário ter medo. Ele não vai usá-lo de modo errado. Não vai manipular ninguém. Ele fica se punindo. Agora, está livre. Nós o libertamos. Nós o libertamos agora! Ele vai ser feliz. Ele vai ser orgulhoso mas feliz, e seu orgulho não vai ferir ninguém. Seu orgulho será bonito. Ele vai sentir alegria em ajudar e servir. Não vai abusar de nada. Ele não precisa ter medo de usar o conhecimento. Vai sentir mais coisas do que jamais imaginou que sentiria. Ele vai aproveitar a vida. Ele vai se ver de maneira diferente. As pessoas verão uma centelha que não estava lá antes. – Há muitos aqui. Há outros ajudando outros. São como um único corpo. Poderoso. Ele tem mais poder do que imagina, pois a época é esta. Não há muito mais tempo. Há muito a se fazer num período tão curto. Não há mais medo. Ele

vai a outros lugares, pois precisamos dele em muitos lugares. Ele está totalmente protegido e seu corpo é muito forte, e está ficando ainda mais forte. Seu corpo, seu sistema imunológico, todas as partes de seu corpo estão protegidas num nível que não é humano.

D: *Essa era uma coisa sobre a qual ele estava curioso... seu corpo.*

A: Seu corpo não é completamente humano. Seu corpo está aqui; sua outra parte não está aqui. Está sendo reconstituída noutro plano. Ele tem muito a fazer. Quando sua missão terminar, seu corpo vai parar. Ele terá um corpo perfeito, e quando sua missão tiver acabado, ele poderá ir. Ele tem outras missões depois de sair do planeta, mas isso virá mais tarde.

Fizemos muitos trabalhos com seu corpo, curando tudo de que ele havia se queixado. "Agora, seu corpo está forte e saudável. Ele será mantido desta maneira para ele durante toda sua vida neste planeta".

D: *Isso é maravilhoso. Deixe-me fazer uma pergunta. Ele disse que quando nasceu, tinha bolhas por todo o corpo. Por que isso aconteceu no começo de sua vida?*

A: Por diversos motivos. As bolhas vieram da encarnação quando foi queimado. (Outra vida.) Além disso, ele precisava acelerar seu karma para fazer o que tinha de fazer, e por isso precisava viver muitas e muitas vidas nesta existência... condensá-las para que tivesse de sofrer perdas. Ele precisava sofrer a dor, pois a única maneira de poder curar os outros será a ressonância com a realidade em sua vida. Por isso, precisava viver muitas, muitas experiências numa vida curta para estar pronto para ajudar os outros. Ele precisava compreender os outros. Ele não conseguia compreender a dor dos outros. Demos-lhe a oportunidade de sofrer essa dor. Fizemos com que aprendesse através de experiências difíceis, pois as experiências que os humanos vão ter agora serão muito difíceis. Ele pode comparar e compreender. Se você não tem a experiência, não consegue compreender a dor de tudo isso. Tudo acontece por um bom motivo. É bonito quando você vê a imagem completa. Tudo faz sentido no universo.

Eu quis fazer mais algumas das perguntas que ele havia relacionado. "Ele disse que deveria ter um irmão gêmeo, alguém que deveria ter nascido com ele. Pode lhe falar sobre isso?"

A: O gêmeo era outro ser que precisava estar com ele para ajudá-lo a vir para cá.

D: Mas por que o ser nasceu morto?

A: Porque sua missão se resumiu à sua evolução no útero de sua mãe.

D: Estava pensando que talvez o outro ser tivesse mudado de ideia e não tenha querido vir. (Isso aconteceu noutros casos que explorei.)

A: Na verdade, já havia sido decidido que ele seria apenas um companheiro antes do nascimento.

D: Mais uma pergunta. Ele me mostrou escritas e estranhas figuras que vem desenhando há muito tempo. Pode explicar o que é isso?

A: Isso é uma escrita antiga. Data de tempos antigos, quando estava vivendo numa encarnação. Ele costumava escrever sobre ciência e as coisas que conhecia nessa época. Ele acredita que veio de outro planeta, mas ele é de outra dimensão. A escrita não é de outro planeta. A escrita é de uma época antiga, que será descoberta e conhecida em breve.

D: É uma civilização que não conhecemos?

A: Sim, é uma civilização. Você pode conhecer um pouco sobre ela, mas é uma civilização que recua a muitos e muitos milhares de anos.

D: É por isso que é uma língua da qual nunca encontraremos evidências?

A: Talvez. Talvez chegue uma época em que isso seja descoberto. Tudo será descoberto. Chegará uma época em que os humanos vão descobrir mais sobre seu passado, mesmo que não queiram acreditar nisso. Descobrirão coisas que irão espantá-los.

D: Acredito nisso. Então, é isso e ele teve apenas a compulsão de escrever a respeito?

A: Sim. Ele escreveu muito sobre isso. Antes ele escrevia sobre muitas coisas, mas agora quer escrever sobre ciência. Mas a verdade é que é apenas algo que ele fazia antes. Nessa outra vida, ele escrevia, e na verdade, escreveu registros sobre conhecimentos antigos.

D: Parece que ele tem estado envolvido com o conhecimento há muitas, muitas vidas.

A: Ah sim, ele esteve envolvido muitas vezes.

D: *Existe determinado símbolo que ele desenha muito. Qual o seu significado?*

A: É o fluxo de sua energia. É a maneira como sua energia é recebida e emitida. Na verdade, é o padrão da energia de seu corpo.

D: *Outras pessoas já me mostraram escritas estranhas feitas por elas e estamos tentando encontrar semelhanças entre essas escritas.*

A: Pode comparar. Você vai encontrar semelhanças porque ela está conectada a outras escritas. A vitrine evolutiva desta história da humanidade.

D: *Você já me disse antes que tivemos muitas civilizações que se desenvolveram muito. (Sim) Elas foram destruídas.*

A: Mas o conhecimento ainda está lá.

D: *Está em nossas mentes.*

A: Sim, está em muitos lugares.

Mensagem de despedida: Ele precisa se ver sempre na luz. Apenas ver sua luz... sua luz pura. Se ele se vir na luz, ficará feliz. Luz é o que ele é. Ele é apenas luz. – Ele vai saber sempre aquilo que precisa saber de agora em diante. Ele ficará espantado com as sincronicidades que ele irá superar. Ele precisa se acostumar agora que tudo é fácil. Este será seu desafio, acostumar-se com as coisas fáceis. E isso será espantoso para ele. Vai levar algum tempo para que ele se adapte realmente, realmente, a esta nova realidade.

Capítulo 12
ORBES DE INFORMAÇÃO

Betty trabalhava com energia e dava aulas. Ela me procurou para uma sessão querendo compreender melhor seus relacionamentos pessoais e, o mais importante, conhecer seu propósito nesta vida.

Betty saiu da nuvem num ambiente complexo, que pareceu deslocado num deserto. Havia um tapete verde desenrolado sobre a areia, tal como a maneira como colocamos o tapete vermelho para que alguém importante caminhe sobre ele. O tapete levava a uma pequena pirâmide que tinha um toldo sustentado por duas colunas de mármore. Betty viu que ela era um homem de pele escura trajando roupas brancas leves, típicas para uso em climas quentes. Ela também estava usando complexas sandálias douradas. Havia muitos outros lá, e ele estava ocupado coordenando e organizando a chegada esperada de algum tipo de dignitário. "Este é um lugar especial. Nem todos poderiam chegar aqui. Sinto que esta pequena pirâmide é uma casa de cerimônia, talvez de conhecimento. Só pessoas especiais podem entrar aqui. Não sou um servo, isso me soa muito baixo. Estou organizando este evento. E quem quer que esteja vindo, normalmente não vem aqui. Eles estão vindo de longe. Quero que tudo esteja direito". Subitamente, ela entrou no modo do observador: "Este homem que sou eu é uma pessoa muito pouco interessante. Ele é um pouco agitado demais, mas eficiente. Não sei nem se gostaria dessa pessoa. Não que seja desagradável, só... eu sei o que é. Ele é uma pequena galinha agitada". Depois, ela voltou a participar da cena. "Há pessoas ao fundo que poderiam ser considerados servos mesmo, que providenciam comida e bebidas frescas. Vejo pratos de comida que seriam iguarias especiais. Mas preciso coordenar tudo, o ritmo, quem faz o quê, quem senta onde. Tudo precisa ser feito corretamente. Esta pirâmide é pequena, mas é considerada uma Casa de Conhecimento".

Então, as pessoas para quem o evento fora montado começaram a chegar. "Estão chegando. São muito especiais, muito dignos. Creio que também podem ser veneradas. São extremamente importantes.

São duas pessoas, ambas muito altas e estreitas! Uma tem anéis em torno do pescoço. Suas cabeças são pequenas, sua aparência é exótica, como o povo do deserto. Não sei porque diria isto, mas ela é da Núbia. É como se tivessem de fazer uma peregrinação oficial até aqui, talvez seja um templo. Estão sob o toldo e usam uma roupa longa e estreita, muito estilizada. O que é interessante é que quase não dá para vê-los caminhar. É quase como se flutuassem. E há um senhor atendendo, mesmo perfil estreito, cabeça pequena. Suas cabeças não estão calvas, mas com cabelos muito curtos. Sua pele tem a cor da azeitona, com uma nota dourada, e seus olhos são cinzentos e dourados. A mulher é a mais importante. Ela é muito silenciosa".

D: Como chegaram aqui?
B: Não sei. Não vejo nada parecido com uma carruagem ou cavalos. Não sei em que tipo de veículos eles vieram. É quase como se tivessem aparecido. Modernamente, creio que diríamos que vieram por "teletransporte". Simplesmente apareceram. Mas, na minha observação, não há nada que me espante ou seja incomum para mim. – Vou lhe dizer, um de seus animais de estimação é um leão, e a pele dela tem aparência bege, com olhos quase cinza-esverdeados. São olhos muito incomuns. Parecem-se com olhos humanos normais, mas é apenas a cor. Isso é muito espantoso. Ela se comporta como se fosse da realeza, ou um ser de uma hierarquia venerável. – Creio que já me viram antes, e que sabem que sou eficiente e vou cuidar dos preparativos. Sou como um coordenador, o primeiro a saudá-los. Creio que ela pode se comunicar muito bem a nível mental. Ela é bem especial. Acho que esse homem que está com ela é seu irmão, mas ela é a mais importante. E já vi isso, eles fazem vasos parecidos com ela, isso é estranho. São muito estreitos, com faixas em seu pescoço e em sua pequena cabeça. Mas há um vaso comprido que é quase no mesmo estilo. – Eu sei que ela tem alguma coisa a ver com Ísis. Seu papel oficial é visitar os altares, que, creio, são dedicados de algum modo. São bem altos, sejam quem forem. O engraçado é que não consigo ver seus braços. Eles têm uma roupa bege e uma faixa sobre os ombros, mas ela também envolve seus braços. É por isso que posso ver o vaso, a aparência do vaso neles.
D: Eles vão fazer alguma coisa dentro da pirâmide?

B: Sim, vieram abençoá-la. É um ritual no qual precisam ter comidas e bebidas. Há ovos de aves e frutas nas bandejas. Tudo é muito específico. Protocolo, essa é a palavra. Protocolo. Mestre do Protocolo. E os ovos são colocados sobre penas de pavão. Eles precisam compartilhá-los de certa maneira. Ela usa sua mão esquerda, ele usa a direita. Eles têm de beber. – (Sussurra) Isso é bem estranho. Há conhecimentos escritos contidos nesta pirâmide. A pirâmide é literalmente como um livro. E todo ano isto é feito. Não direi que é feito na elíptica, mas é feito numa certa época segundo a astronomia. E quando chega a hora específica, eles vêm. Eles sabem onde devem ler. Não sei como isto funciona, mas é como se houvesse faixas na parede com palavras ou obras de arte.

D: *Quer dizer que está tudo entalhado na parede?*

B: Sim. E num local específico, apropriado. Ela sabe onde fica, são faixas. É como se ela saísse da parede, como uma prateleira. E é codificada. Ela a lê como uma profecia ou anúncio. Isto é muito, muito antigo e ritualisticamente estilizado. Como no Ano Novo, as pessoas profetizam como serão as colheitas e quaisquer coisas astronômicas incomuns. É grande.

D: *Ela lê apenas uma parte então?*

B: Certo. Mas está codificado. Ela é a única que sabe ler isso. É isso que é interessante. Não sei porque estou vendo isto, mas a faixa tem cerca de (movimentos com as mãos) 10 ou 12 cm de largura. E ela sai como uma prateleira, e há um livro enorme na prateleira. O livro tem cerca de 90 cm de altura, com páginas de cor creme. Uns 90 cm de largura quando as duas páginas estão abertas. Ela é alta e estreita, e por isso não precisa tirar o livro da prateleira. Ela pode ficar em pé e virar as páginas. Mas as duas páginas são muito grandes. Quando alguma coisa está em determinada ordem, eles sabem o que vai acontecer nesse ano. Eu vejo isso, mas não sei como ou o que está ali. Como funciona, como acontece, mas ela sim. Acho que ela é muito, muito educada. Foi criada para isso, estudou isso; ela sabe fazer isso. Ela entende isso e é um verdadeiro símbolo disso, seja uma religião, uma cultura ou um modo de conhecimento.

D: *O que ela vai fazer depois de olhar o livro?*

B: Pronunciamentos para o ano. Como será o ano, ou a profecia.

D: *Mas ela é a única que pode fazer a gaveta sair?*

B: Ela é a única que vi. Deve ser aqui, pois é muito específico. Creio que o livro será lido diante de muitos oficiais, e depois ele sai para o povo. Isso também tem alguma coisa que ver com a adoração ao Sol, pois Ísis está ali. E ela tem uma caneta comprida, que parece de madeira. Isso é muito, muito formal. Pare da página é como cobre ou bronze macio. Ela precisa deixar sua marca e uma anotação formal.

D: *Para mostrar que ela o leu.*

B: Certamente. É muito formal. Creio que isso é feito com cálculos que são da astronomia. Ela não volta antes de certo tempo. Creio que eles veem o que vai acontecer.

D: *Quando ela termina, o que acontece com o livro?*

B: Ele volta para dentro. Ela é a única que consegue abri-lo. Não sei o que ela faz.

D: *Então, ele volta para a parede?*

B: Sim, da pirâmide. Quando a prateleira sai da parede, ela é de cobre macio. Há outra coisa que ela faz e que é muito interessante, enquanto ela está para fora. De algum lugar do seu corpo, ou de uma bolsa ou algo parecido, ela pega uma joia específica. Ela é ovalada, com o que chamamos de corte de esmeralda. E quando o livro está fora, ela coloca a joia num lugar codificado. Ela ativa alguma coisa. Há uma pequena cavidade que indica o lugar certo.

D: *Talvez seja parte do modo como ela consegue abrir a gaveta.*

B: Acho que pode ser isso.

D: *E depois que ela guarda o livro, o que acontece?*

B: Temos o que chamamos de colocar o conhecimento para fora, fazer os pronunciamentos, a parte formal da cerimônia. Eles precisam ir para outros lugares. Não creio que ela vá embora; acho que ela conversa com os oficiais. Acho que ela não fala muito, acho que ela ouve. Ela tem grandes poderes mentais, é espantoso.

D: *Ela precisava passar a mensagem para eles.*

B: Correto. É um gesto bem formal.

D: *Então, seu papel nisso tudo terminou?*

B: Sim, sou o encarregado do protocolo. Preciso me assegurar de que tudo sai corretamente.

D: *Eles vão embora logo depois que terminam?*

B: Eles vão, e isso é engraçado. Eles são tão estilizados que nunca os vejo caminhar. É quase como se flutuassem. Pessoas muito

interessantes. E muito misteriosas, e tem sido assim há muito tempo.
D: *Então, como eles vão embora?*
B: Eu os vi. Eles (espantada) viajam à noite! Até me pergunto se teriam uma nave na qual viajam, não um navio. Eu me pergunto se viajam com – bem, hoje diríamos um veículo extraterrestre, mas é uma nave.
D: *Então, eles não viajam com camelos ou em caravanas.*
B: Não, eles são avançados demais para isso. Isso é o que as pessoas comuns usariam.
D: *Então, depois que vão embora, seu trabalho termina?*
B: Certo. E eu nem, como diria, tranco a pirâmide. Alguém superior a mim faz isso. Na verdade, não sei como a porta é aberta ou fechada. Ela desliza. É absolutamente sem emendas. – Mas eu tiro o toldo e guardo-o junto com o tapete.

Quando sua tarefa terminou, ele voltou para a cidade. "Acho que não moro com ninguém. Uma pessoa muito silenciosa. Agora que penso nisso, não tenho certeza, mas acho que não consigo falar. Deve haver uma razão para o meu silêncio. Acho que não falo. Não sei se arrancaram a minha língua. Sou muito silencioso. Isso é bom para eles, podem me confiar segredos". Então, era por isso que eles não se importavam com o fato de ele observar tudo. Não havia como ele contar a alguém como tudo era feito.

Num de meus livros da série Convoluted, havia a história de alguns sobreviventes da Atlântida que foram para o Egito. Eles esconderam seus artefatos sagrados na parede de uma pirâmide, tornando-os invisíveis para todos, exceto aqueles que tinham a vibração correta. Estes eram os únicos capazes de abrir a parte da parede onde eles os haviam colocado.

O homem trabalhava numa biblioteca na cidade. "Creio que, simbolicamente, é como nossa arquitetura. Não é realmente uma pirâmide, mas tem algumas formas e arcos, e é um lugar de luz. É um depósito de registros e conhecimentos. Tenho de conferir tudo para ver se as coisas estão codificadas corretamente. É uma tarefa que eu amo, mas outra pessoa talvez não gostasse. É quase um trabalho que alguém pode pensar que é muito importante por fazê-lo, mas este sujeito é muito eficaz. É isso. Parece que ele é mais como um bibliotecário. É um trabalho muito atarefado e constante. Na verdade, vejo-me numa sala à noite. Acendo velas, há uma bela bandeja de uvas e frutas. Uma vida solitária".

D: Você sabe ler o que há na biblioteca?
B: Não me dedico a isso, pois já tenho trabalho suficiente organizando as coisas e assegurando-me de que estejam no devido lugar. É um trabalho intenso e que leva tempo, e gosto de minha quietude. Sento-me à mesa. Tenho uma bela vela e fico desfrutando da noite com frutas e pão e um pouco de solidão, para não ficar atarefado. É um lugar simples, mas não sem adornos. É bonito. É quase como se eu, como bibliotecário, fosse uma pessoa parecida com um monge. É importante tomar conta das informações. Muito atarefado, importante, faço tudo, trabalho o dia todo e tenho uma quantidade suficiente de eventos especiais como coordenador para que seja um trabalho importante.

Resolvi levá-lo adiante até um dia importante, pois me pareceu que seu trabalho não tinha muitas variações. Quando fiz isso, ele deu um salto de rã. É o nome que dou ao pulo repentino que o paciente dá de uma vida para outra. Ela estava num corpo diferente, num local diferente. Ela viu que era uma jovem em pé com outros na frente de um templo, localizado na plataforma no alto de uma pirâmide truncada. Ela estava olhando para a multidão de pessoas reunidas lá embaixo. Um homem que estava com ela parecia ser um sacerdote de peito nu, com tinta vermelha espalhada por todo o corpo. Ela disse que ele parecia ser maia, com o nariz dos maias e cabelos lisos e pretos grudados na cabeça. Era muito dramático, passional, fazendo gestos irados, tentando parecer ameaçador para o povo. Ela estava em pé ao lado de um homem que era um dignitário, mas que também era seu pai. Havia muita gritaria, mas ela disse que isso fazia parte do ritual. "O sacerdote precisa ser impetuoso e emotivo, mas se você não sabe disso, o ritual pode assustá-la. Estou sendo treinada para fazer parte do sacerdócio".

D: Você sabe do que trata essa cerimônia? O que ela significa?
B: Creio que o ritmo é tudo. Tem a ver com coisas astronômicas, e por isso é importante marcar bem o tempo. Mas neste caso, estão trazendo um objeto sagrado. Ele é mantido num pequeno baú de madeira levado na mão. É a mão de uma pessoa reverenciada, e

sua pele parece ressequida e escura. Agora, estão segurando algo que se parece com um orbe de turquesa. É estranho, mas é reverenciado. Nesta cultura, a vida é regida por rituais. Esta cultura, se é do tipo maia, é extremamente regida por ela. Além disso, os orbes mandam aqui.

D: *O que quer dizer isso?*
B: Na outra vida, tínhamos pirâmides, mas nesta temos orbes. Posso vê-los descendo do céu. Orbes de vidro. Os orbes são muito importantes e podem fazer muitas coisas. Eles podem transportar mensagens. Esses que estou vendo são pequenos, como as esferas de vidro que vemos nas redes dos pescadores. Mas podem transportar mensagens. Vejo-os flutuando pelo céu. Vejo as mãos segurando um orbe. Mas estou vendo esse cenário todo quando não há ninguém por perto. É o comecinho da luz da aurora. Os orbes vêm pelo céu, e há certo frio no ar, embora tudo esteja verdejante por ali. Ao raiar do dia, faz um pouco de frio. E há um mensageiro ali para receber e levar os orbes.

A pesquisa mostra que bolas de vidro eram usadas em redes de pesca em muitas partes do mundo para mantê-las flutuando, bem como suas cordas. Grandes grupos de redes, às vezes com até 80 km de comprimento, eram postos no oceano e mantidos perto da superfície por bolas ou cilindros ocos de vidro contendo ar, para poderem flutuar.

D: *Quando vistos de perto, qual a sua aparência?*
B: Parecem-se com vidro transparente ou vidro de uma garrafa de refrigerante. A aparência é transparente, ou com um tom esverdeado, branco esverdeado. Não há nada para abri-los. A mensagem está escrita no vidro. É preciso segurá-lo e virá-lo para poder lê-lo. Eles chegam e têm mensagens. O mensageiro os leva. Ele não os lê. Ele os leva ao lugar onde são lidos oficialmente, onde há uma pessoa com cargo mais elevado. É interessante, pois este homem usa uma luz vermelha para ler. E dá para ler facilmente na luz vermelha. Ele gira o orbe e o lê. Dá a impressão de que está escrito de trás para a frente. Creio que são palavras, e acho que há fórmulas. Não vejo nada que possa identificar.
D: *Então, essa pessoa, o superior, lê e compreende a mensagem?*

B: Absolutamente. Ele é como um ancião, um sábio, cientista ou coisa assim. Mas a sala onde ele trabalha tem um brilho vermelho, que facilita a leitura.

D: *Creio que a torna visível.*

B: Sim, é isso, obrigada. Porque se parecem com bolas de vidro, transparentes, esbranquiçadas ou esverdeadas, como garrafas de refrigerante. Com a luz vermelha, é possível ler o que está nos orbes.

D: *O que acontece depois que ele lê a mensagem?*

B: Ele é como um cientista. Ele calcula e o orbe lhe fornece as informações de que precisa. Creio que tem relação com mineração ou negócios do governo. Diria que são minérios ou minerais. É um negócio regional. Dá para ver que esta é uma sociedade bem sucedida e organizada. Além disso, acho que na região há mineração comercial. Mas creio que ele usa isso de maneira alquímica. Seria uma palavra muito boa para isso. Creio que as bolas vêm de um lugar das montanhas onde seus agentes estão, onde ficam as minas. Creio que eles escrevem nelas e depois as soltam. Não sei como são movidas. Não consigo nem imaginar isso. As bolas são registros, e ele tem prateleiras de madeira onde elas são guardadas.

D: *Então, ele não as manda de volta. Ele as guarda.*

B: Certo.

Decidi que era hora de chamar o SC para tentar compreender essas duas vidas e sua conexão com Betty. Perguntei-lhe sobre a primeira vida, com a pirâmide e a mulher que ia decifrar as informações. "Por que você escolheu aquela vida para que Betty a visse?"

B: Sabemos que ela precisa fazer pesquisa e nós lhe mandamos pesquisas. E ela precisa codificar aquilo que recebe, apresentando-o por escrito. Por isso, quisemos que ela soubesse que já tem um histórico nisso. Ela coordena isso. Ela é eficiente nisso. Ela pode fazer isso. Ela já cuidou de conhecimentos elevados. Ela organizou tudo. Ela tem experiência noutra coisa, ver que são joias como aquelas que a mulher usava, postas diante de você. São joias, e devem ser usadas. São coloridas, lembrando que também estão nos códigos do DNA da pessoa. Por isso, elas já estão ricamente codificadas. E o corpo é capaz de receber isso. O corpo recebe e também restaura como um recipiente.

Creio que ela estava se referindo ao trabalho de Betty com cristais e diversas gemas na cura. "Isso é feito facilmente, e por isso seu recipiente já está adequadamente preparado para recebê-lo".

D: *A mulher que sabia decifrar - de onde ela era?*
B: Seu histórico estelar era semelhante ao de Betty. Creio que é uma família estelar.
D: *O homem não a viu chegar ou ir embora. Ela simplesmente teria aparecido.*
B: Sim, ela apenas apareceu, como se flutuasse. Creio que provavelmente teria ancestrais extraterrestres.
D: *Então, você está dizendo que Betty vem de uma família estelar?*
B: Ela vem de uma família estelar codificada.
D: *Pode explicar o que você quer dizer com isso?*
B: É o seu histórico pessoal. Está codificado num quadrante específico do sistema estelar. Você deveria dizer sistema estelar. Sistema estelar é mais preciso. Temos famílias planetárias, e por isso seu histórico foi, de certo modo, idealizado especificamente para lidar com os conhecimentos que ela tem recebido. É muito fácil. E ela também pode fazer o mesmo trabalho que o decodificador – essa é a palavra – mesmo trabalho.
D: *Então, cada uma dessas famílias estelares realiza certos trabalhos?*
B: Há certos trabalhos que realizam. São, em essência, programados para responder a um Mestre Estelar, a pessoa que fica numa área ou quadrante de sistemas estelares. Tem a ver com a codificação do conhecimento. Não é um método incomum. É o método do bibliotecário. É um bom modo de descrevê-lo. E há mensageiros de pessoas, almas, entidades nascidas, que transportam algo similar a recipientes. Eles fazem certos trabalhos. Em essência, Betty precisa sair do armário. Ela não sabe disto conscientemente, mas ela se reporta ao Mestre Estelar.
D: *O que quer dizer isso?*
B: Um ramo de ascensão e atenção. Também está quase em seu nível celular. Uma linha sanguínea. Uma ancestralidade. Uma mensageira treinada que sabe como receber, escrever e relatar,

mas que tem algumas das linhas sanguíneas especializadas do Mestre Estelar.

D: *Quando ela se reporta a ele? À noite, enquanto dorme?*

B: Sim, nada consciente. A pessoa não tem consciência alguma de nada. É da liberdade de contato com a mente irrestrita que vem as informações reportadas à noite.

D: *Por que você lhe mostrou a segunda vida? Parecia ser a América do Sul, com aqueles orbes. O que você estava tentando lhe dizer com isso?*

B: A segunda também foi por causa da pesquisa. Eles tinham conhecimentos astronômicos elevados e um bom sistema de mensagens. Estavam dizendo que o conhecimento mental pode ser enviado facilmente em pequenos lotes codificados de mensagens cíclicas, enviadas facilmente através da atmosfera. Assim, nessa cultura, elas eram mandadas fisicamente por meio de esferas de vidro, mas também nos códigos da mente, com surtos de conhecimento enviados com facilidade.

D: *Como os orbes eram transportados?*

B: Eles iam em correntes de energia. É como arremessar uma bola de beisebol, mas percorrendo longas distâncias. Basicamente, é pela vontade. Você deseja que façam isso.

D: *Então, eles inseriam a mensagem nas esferas com suas mentes?*

B: Sim, na verdade está escrito nelas, mas o que as envia é a intenção e a vontade. E eles aprenderam que eram muito bons nisso. Não era uma coisa que as pessoas comuns faziam. Intenção e vontade. Alguns dos orbes saíam da corrente. Mas essa era a beleza disso: se um caísse no chão e não se quebrasse, não podia ser lido. Muita gente as encontrava, mas se você os segurasse contra o fogo, não poderia lê-lo. Tinha de ser na luz vermelha. Hoje, como você chama isso? O espectro vermelho. Podiam achar que era uma bola muito especial, até mesmo mágica, mas simplesmente ficavam com elas.

D: *Você estava tentando mostrar novamente à Betty que ela precisa lidar com conhecimentos e informações?*

B: Sim. Queremos lhe mostrar que ela recebe informação contida. Ela está equiparada para ler informações contidas. Ela pode simplesmente acordar com ideias brilhantes, sem saber de onde elas vieram. E nós lhe enviamos transmissões especializadas.

D: *Então, na verdade essas ideias brilhantes vêm de você. É isso mesmo?*

B: Certamente. E ela é descendente da família de nosso sistema estelar, e por isso, quando dizemos que há linhagens sanguíneas, há linhagens sanguíneas. Ela é parte da família, e este é um de seus papéis multitarefas para nós. Ela nos envia transmissões, mas não tem consciência deles. E nós verificamos onde ela está e como ela está, isso através de distâncias muito, muito longas. As linhas de energia estão conectadas. Por isso, ela está ensinando o que ela precisa ensinar. Queremos acelerá-la um pouco. (Betty já estava ensinando como usar energia.) Há outras coisas que queremos que ela faça. Ela está fazendo uma coisa que queremos que ela intensifique e esta é a causa das dores e incômodos no corpo. Tudo fluiria melhor se ela não se contivesse. Ela está resistindo.

Disseram-lhe que ela deveria escrever e viajar muito, especialmente para países escandinavos, nos quais ela usaria a energia para trabalhar no equilíbrio e limpeza da água. Estavam lhe pedindo para começar.

B: Vocês duas têm um ponto em comum. É a mensagem que vocês levam, mas também é a energia que vocês levam. Isso se chama "ligar os pontos". Chama-se "ficar em pé diante das pessoas". Chama-se "onde vocês estiverem, vocês serão um templo". Mas vocês também estão em pé diante de pessoas, dando-lhes conhecimentos codificados e ligando-as energeticamente ao mesmo tempo. É por isso que vocês duas poderiam ficar em pé diante de duas mil pessoas, conectando-as energeticamente. Quando você melhorar, pode ficar diante de dez mil pessoas. E projetar uma onda de energia pelo público, conectando todo mundo. Ouvirão suas palavras e aprenderão. Mas a verdadeira maneira de aprenderem honestamente é a energia. É um fio comum em pessoas como vocês. E vocês abrem com facilidade amplificadores nos pontos codificados de seus corpos, amplificando-os. Todos ouvem uma frequência levemente diferente e acham que estão recebendo alguma coisa um pouco diferente, mas ela se acrescenta ao índice seguinte de suas informações. Mesmo quando você acha que está viajando aleatoriamente, está espalhando energia ao longo de uma região geográfica nos padrões de voo dos aviões. Ela pode extrair suas próprias informações nas informações que já estão codificadas. É possível minerar informações dentro dela, não há barreiras hierárquicas. Seu jovial medo de fracasso não é mais um bloqueio. Essa lenha não está mais queimando na fogueira. São apenas cinzas. São fitas velhas e inúteis que não devem mais ser tocadas.

A pesquisa revelou que foram localizadas muitas esferas estranhas na Costa Rica. Eram de todos os tamanhos, mas feitas de pedra e não de vidro. Há muitos mitos relativos à sua origem, inclusive que teriam vindo da Atlântida. Sua esfericidade é tão perfeita que não existe como explicar como teriam sido produzidas.

Capítulo 13
CRÂNIOS DE CRISTAL

Eu estava na Virgínia para dar uma aula de hipnotismo, e seria a minha demonstração no último dia de aula. Naquela época, eu sempre escolhia alguém da plateia para fazer a demonstração. Nunca sabia de antemão quem eu iria chamar, e por isso não tinha ideia do que poderia acontecer. Geralmente, é difícil para a pessoa, pois é um ambiente do tipo "aquário". Ela pode se sentir nervosa diante de tanta gente, sem ter sido preparada de antemão. Eu também fico nervosa, mas aprendi a confiar "neles", e eles sempre me levam a escolher a pessoa mais apropriada para o aprendizado daquela classe.

Quando Deb entrou em cena, estava no pôr do sol e ela teve dificuldade para identificar qualquer coisa, mas teve a sensação de que era na América do Sul. No começo, achou que estava numa caverna, e depois decidiu que era um túnel, um túnel com panos leves envolvendo a entrada. "Ele leva a uma porta de metal. Tenho uma chave. Levo-a pendurada no pescoço com uma corda".

D: *Você é a única que tem a chave?*
Db: Uma das únicas. Ninguém mais pode tê-las. Não é permitido. Há um cadeado grande e pesado na porta. É muito especial, muito ornamentado. A chave é grande. Ela se encaixa no cadeado, uma porta muito pesada. É feita para que as pessoas não entrem. É um lugar secreto. A maioria não o conhece.
D: *Provavelmente, você já esteve aí muitas vezes. (Sim) Mas posso entrar desta vez, não posso? (Sim) Então, vamos destrancar a porta e abri-la. O que há do outro lado da porta?*
Db: É uma sala de tesouros. Tem coisas diferentes, especiais e sagradas. Textos em escrita antiga. Pergaminhos e papiros. E isso não é tudo. Há um crânio de cristal de tamanho humano. Ele fica no meio da sala, numa mesa parecida com um pedestal.
D: *Você fez esse crânio?*

Db: Não. Sou um de seus guardiões. Tenho de proteger aquilo que há dentro desta sala.

D: *Você sabe quem fez esse crânio? (Sim) Pode me falar sobre isso?*

Db: Ele nos foi dado. Foi trazido de tempos antigos. Foi trazido de uma cidade que foi destruída. Mas foi mantido em segurança.

D: *Sabe como a cidade foi destruída?*

Db: Sim. Houve várias mudanças na Terra e erupções vulcânicas.

D: *Foi no país em que você vive agora?*

Db: De certo modo. Parte da terra que afundou. Só partes dela continuam acima da água. A maior parte afundou. Não era esta terra, era uma terra diferente.

D: *É de lá que vieram esses escritos?*

Db: Alguns deles são de lá, outros são mais recentes.

D: *Você é a única pessoa protegendo essas coisas, ou é o seu povo?*

Db: Não, algumas pessoas foram treinadas. Se fosse apenas uma pessoa, isso teria se perdido. Há algumas, mas é transmitido. Não é um conhecimento dado para muita gente. É muito poderoso.

D: *Qual o propósito do crânio de cristal?*

Db: Comunicação. Armazenamento. Informação e história.

D: *Como isso é armazenado, se é apenas cristal?*

Db: Ele transporta energia. Tem capacidade para armazenar muita coisa.

D: *E ela é levada dentro do crânio? (Sim) Você sabe ler as informações?*

Db: Sim. É preciso colocar as mãos sobre ele, conectando sua mente com ele. Ele armazena aquilo que você puser nele.

D: *Foi assim que a informação entrou nele no começo?*

Db: Por meio daqueles que sabiam.

D: *E você consegue recuperá-la colocando as mãos sobre ele?*

Db: Sim. Ele é como um telepata. A informação está disponível para aqueles que são treinados, bem como o modo de acessá-la ao se colocar as mãos sobre ele.

Deb viu que ela era uma mulher na faixa dos trinta anos. Ela havia sido treinada para isso desde que era criança. Presumi que deveria haver algo mais nesse lugar além de um túnel e de uma sala secreta. Em certo momento, ela disse que havia mais pessoas do que agora. Eu a fiz sair do túnel para observar os arredores. Ela disse que o túnel ficava numa montanha, e que do lado de fora dele havia muita mata, muito luxuriante, numa área montanhosa. O lugar onde ela morava era perto dali. "Há estruturas, há templos. Há as pirâmides achatadas. São usadas para cerimônias e também como teletransporte".

D: *O que você quer dizer com teletransportes?*
Db: É uma plataforma de pouso para as naves.
D: *Quer dizer que as naves pousam no alto das pirâmides? (Sim) Que tipo de naves?*
Db: Algumas de outros lugares, algumas da Terra. De outras galáxias. Dizem que o crânio foi passado para nós, vários deles, não apenas um. Que originalmente vieram de outras culturas, não da Terra. Que foram um presente.
D: *As naves costumavam vir antes de as cidades serem destruídas? (Sim) Qual seu propósito quando vêm agora?*
Db: Comércio. Um dos lugares onde as informações podem ser armazenadas em função do crânio. Nós lhes damos bens, frutas.
D: *E eles trocam por conhecimentos e informações?*
Db: Sim, e outras coisas. Seus próprios bens, coisas diferentes, itens diferentes.
D: *Então, são boas pessoas. (Sim) Qual a aparência dessas pessoas?*
Db: Muito parecidas conosco. Algumas têm características ou cores diferentes; tons de pele diferente. São como tons, assim como nós temos nossos tons. O nosso é um pouco mais avermelhado, mais escuro. Eles têm sua cor, seus tons. Alguns são azuis.

No meu livro Guardiões do Jardim, foi dito que no começo da vida na Terra havia muitas cores diferentes de pele, até azul, verde e púrpura. A maioria dessas cores acabou desaparecendo ou foram absorvidas pela estrutura genética da raça humana. Ocasionalmente, encontramos alguns desses tons nos humanos de hoje, especialmente as marcas de nascença da cor do vinho do Porto, uma recordação genética da raça púrpura. Assim, quando Deb me disse que sua cidade era visitada por pessoas azuis, isso não me surpreendeu. Só acrescentou mais confirmação às informações que eu vinha acumulando fazia muitos anos.

D: *Dá a impressão de que essas pessoas têm visitado vocês há muito tempo. (Sim) Algumas pessoas do seu povo chegam a ir e voltar com eles?*

Db: Algumas, sim.
D: *Você já fez isso? (Sim) Conte-me. Você está sorrindo, por isso deve ter sido uma experiência agradável.*
Db: Foi muito interessante. É como se soubessem quem éramos.
D: *Quem você era?*
Db: Sabiam quem éramos. Eles sabem, eles leem sua alma. Eles sabiam quem era quem. É como se cada pessoa tivesse um destino. Eles sabem quem você é, e por isso sabem quando você volta. Sabem quando você torna a nascer. E isso é confiado cada vez a aqueles que voltam e que sabiam desde o princípio.
D: *Então, de certo modo, eles acompanham a alma. É isso que você está dizendo? (Sim) Ou eles conseguem ler sua alma para saber onde você se originou?*
Db: As duas coisas.
D: *Então, eles entregaram a você a tarefa de proteger a informação e de viajar com eles até seus lugares. Como era lá?*
Db: Os prédios, as cidades inteiras, são de cristal. É muito interativo, muita coisa opera pelo pensamento e projeção.
D: *É tudo mental e telepático?*
Db: Nem tudo, mas muita coisa. É como se todo o ambiente fosse interativo com os cristais. É muito bonito. Vamos visitar o lugar para descansar ou passar férias. É uma sociedade muito desenvolvida. Também é muito divertida. Só é muito avançada.
D: *Dá a impressão de que sua comunidade é isolada.*
Db: Sim, pois eles não aparecem mais para as pessoas comuns. Eles se mantém muito reservados.
D: *Quer dizer que eles só vão a lugares isolados?*
Db: Na maior parte do tempo, sim. A maioria das pessoas não acredita mais neles. Não se lembram o suficiente e nem sempre são gentis com eles. Por isso, são muito seletivos com relação a quem vão ver. Há líderes em nosso mundo que abusariam de seus conhecimentos.
D: *Os líderes poderiam feri-los? (Sim) É por isso que eles só aparecem para uns poucos, em lugares selecionados? (Sim)*

Resolvi avançá-la até um dia importante.

Db: Chegou alguém importante. Eles nunca tinham estado aqui antes. São como a realeza de seu planeta, e vêm com um pequeno

séquito. E trouxeram um dos outros crânios de cristal. Querem colocá-los juntos na pequena sala no final do túnel. É como se um dos cristais fosse masculino e o outro feminino, digamos.
D: *Eles têm essas energias. (Sim) Por que estão lhes dando outro?*
Db: Não está sendo dado em caráter permanente, apenas temporário, para que compartilhem informações um com o outro. Eles vão colocá-los juntos e ambos se comunicarão. É muito especial.
D: *Se é apenas temporário, então eles vão levar o novo crânio de volta? (Sim) Depois que ele transmitir suas informações ao outro.*
Db: Sim, e vice-versa. E a realeza veio para assistir, para observar.

Avancei-a novamente até outro dia importante e ela se viu ensinando. "A instrução também é passada para outras gerações. Alguns dos Guardiões são homens, outros são mulheres. Estou passando o conhecimento, o treinamento".

D: *É como a chamam, a Guardiã?*
Db: É parecido, mas é quase como se fosse uma língua diferente. Uma palavra diferente que significa a Guardiã. Estou transmitindo o conhecimento para outros, para que não se perca. Um deles é minha própria filha. E é a primeira vez em que ela vai conseguir se comunicar com o crânio. Isso acontece depois que aquele outro veio, com a comunicação.
D: *É muito importante manter o conhecimento vivo.*

Como esta era uma demonstração que eu estava dando para a classe, não podia passar tanto tempo explorando tudo isso quanto eu gostaria. Eu também precisava responder às perguntas de Deb, para que a classe visse como era feita essa parte da sessão. Por isso, levei-a até seu último dia de vida nessa existência.

Db: É como passar para o estado de sono, o estado onírico. É muito fácil.
D: *Então, você simplesmente saiu do seu corpo? (Sim) Mas você possuía tantos conhecimentos e treinamento que isso foi fácil para você, não foi?*
Db: Foi como eu sabia. Eu era mais velha. Preparei as pessoas. Disse-lhes que iria partir em breve.

Então, levei-a para o ponto no qual ela saiu do corpo e estava do outro lado, para que pudesse observar sua vida toda e entender seu propósito, sua lição.

Db: A missão era manter o conhecimento seguro.
D: Você acha que aprendeu essa lição?
Db: Eu a vivenciei.
D: A preservação do conhecimento era muito importante.

Então, dei instruções para que o SC viesse à tona e lhe perguntei porque ele havia escolhido aquela vida para que Deb a visse. Ela tinha me dito, antes da sessão, que conhecia muitas de suas vidas anteriores e não achava que fôssemos encontrar alguma coisa importante, algo que ela já não soubesse. Mas após essa sessão, ela disse que esta vida foi uma novidade.

Db: Está relacionada com as tarefas atuais de difusão do conhecimento, manutenção do conhecimento. A preservação do conhecimento.
D: E você estava tentando lhe mostrar outra ocasião em que ela fez isso? (Sim) Porque agora ela também está envolvida com a mesma coisa, não é?
Db: Muito similar, muito similar.
D: Então, você queria que ela visse que já tinha feito isso antes. (Sim) Foi depois da época da Atlântida?
Db: Sim. Foi na América do Sul. As pessoas se pareciam com os antecessores dos maias.
D: Então, vieram antes dos maias. Sempre nos disseram que foram os maias que construíram as pirâmides dali.
Db: Algumas foram construídas antes que as outras cidades fossem destruídas. Foram construídas por alguns dos atlantes. E por lemurianos, mais antigos ainda. Algumas eram antigas. Algumas sobreviveram às mudanças na Terra. Outras foram reconstruídas.
D: Ela disse que a parte plana era usada como local de pouso.
Db: Sim, e de cerimônias.
D: Estou curiosa. Sempre nos disseram que faziam sacrifícios humanos ali.
Db: Não nesta terra. Isso foi depois. Isso foi após a queda. Foi uma cultura posterior. Isso não aconteceu nessa época.

D: *Na nossa história, sempre nos disseram que foram construídas para isso, para cerimônias e sacrifícios humanos aos deuses.*
Db: Não essas.
D: *Então, qual foi o propósito original da construção das pirâmides com plataformas no alto?*
Db: Foi esse para o qual foram construídas. Para pouso das naves de outros planetas. E para cerimônias públicas, pois muitas multidões vinham até elas para ouvir importantes avisos e observar de todos os lados.
D: *Então, isso foi distorcido com o tempo e eles recorreram aos sacrifícios? As naves ainda vinham nos últimos tempos?*
Db: Na maioria não, pararam.
D: *Creio que não teriam aprovado os sacrifícios, teriam?*
Db: Não, essa foi parte das razões para não virem. Eles também teriam ficado em perigo.
D: *Por que o povo recorreu a sacrifícios humanos, você sabe?*
Db: Nas culturas posteriores, foi mais um jogo de poder. Era mais uma forma de guerrear. Na maior parte, não era o seu próprio povo que era sacrificado. Era uma das facções em guerra, os guerreiros é que eram mortos. Mas foi ficando pior. Veja, não era apenas o passado que era posto nos cristais. O futuro também era posto lá.
D: *Então, sabiam o que ia acontecer?*
Db: Sim. Havia profecias neles.
D: *O túnel onde ela viu o esconderijo de todo esse conhecimento ainda está lá?*
Db: Está.
D: *Ele ainda não foi descoberto?*
Db: Ainda há Guardiões.
D: *Até agora, morando nas selvas, há pessoas que ainda protegem o conhecimento? (Sim) Isso é maravilhoso. Então, talvez ele permaneça assim.*
Db: Ele não será revelado enquanto não chegar a hora certa.
D: *Estão nos dizendo que agora é a hora de parte desse conhecimento voltar.*
Db: Ainda não.
D: *Mas ele ainda está escondido naquele túnel. (Sim) Os dois crânios de cristal estão lá?*
Db: Não. Só um. Está escondido naquele túnel, e ainda está protegido.
D: *Assim, as pessoas erradas não porão as mãos nele, não é?*

Db: É por isso que temos de esperar.

D: *Temos de esperar até o momento certo. Você sabe que na nossa época já foram descobertos muitos outros crânios de cristal. (Sim) Esses que temos hoje têm a mesma finalidade?*

Db: Alguns deles. Outros não. Alguns são réplicas, só para dar alguma coisa às pessoas. Alguns deles funcionam, mas as réplicas não. Alguns são genuínos e outros não são.

D: *Então, muitos vieram de outros planetas?*

Db: Sim, e da Atlântida. Eram de um planeta diferente, cada um de um lugar diferente. E isso faz parte do modo de comunicação dos registros de cada lugar, que são transportados dentro do crânio.

Então, passamos às perguntas que Deb havia anotado antes da sessão. Uma das perguntas tinha a ver com a conexão e o fascínio de Deb pelos golfinhos.

Db: Parte da conexão recua até outros planetas, mais aquáticos. Os golfinhos não são totalmente daqui, foram trazidos. Não eram originalmente deste planeta.

D: *Ouvi falar em planetas aquáticos, onde tudo é muito livre e fácil. É a esses planetas que você se refere? (Sim) Então, é por isso que ela tem a conexão com os golfinhos, pois ela recua até uma época em que estava num desses planetas. (Sim) E uma dessas criaturas? (Sim) Os golfinhos são muito especiais, não são?*

Db: Sim, são. Eles não são apenas animais inteligentes. São como nós, mas nunca se esquecem; eles nunca involuíram. Eles nunca se esqueceram da conexão com o Criador, e nunca se esqueceram da conexão com os demais.

D: *E é por isso que ela é capaz de se comunicar com ele, sentindo-se à vontade perto deles.*

Db: Sim. E o fragmento, é por isso que foi para lá. Eles também são guardiões. Há um desses crânios, pelo menos um, sob o oceano, e há aqueles entre os golfinhos, que são os guardiões.

Há muito mais sobre essas criaturas únicas e notáveis em meus outros livros da série Convoluted Universe.

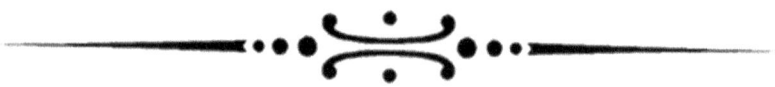

A informação a seguir sobre os crânios de cristal veio de outra cliente, omitida de livros anteriores. Esperei durante anos até conseguir obter mais informações para explicar este fenômeno mais plenamente.

D: *Collette estava curiosa sobre o fenômeno que chamamos de "os três crânios". (Fiquei confusa.) Desculpe. Não sei de onde veio essa palavra, "três". Quero dizer, esse fenômeno que chamamos de "crânios de cristal". Você está familiarizada com o que estou falando?*

C: Sim. E o número três não foi um engano. Há três fontes para os crânios de cristal. Três planetas dos quais começaram a descer ao planeta Terra. Esses planetas são feitos a partir de uma fonte de cristal, como a Terra.

D: *Quer dizer que o planeta em si é cristalino?*

C: Assim como a parte interna da Terra é feita de uma substância cristalina, o corpo humano também é feito de uma substância cristalina. Os planetas dos quais os três crânios originais vieram também eram de substância cristalina.

D: *Noutras palavras, são construídos de modo muito similar ao planeta Terra?*

C: Não da mesma forma. Só têm alguns dos mesmos componentes de cristalização. Assim como o cristal de quartzo é reluzente e brilhante, e às vezes você pode enxergar através dele, e às vezes ele tem uma aparência leitosa. Esta é a fonte, a substância da energia desses planetas. Não é uma coisa que fica visível o tempo todo. É como o planeta Terra – que você veria como um globo ou uma bola – a parte interna que você não consegue enxergar com olhos humanos é feita de substância cristalina. Se você for a cavernas como as que existem no Novo México e no Arkansas, no Brasil e na Sibéria, e noutros lugares do planeta onde se extraem cristais, veria que a parte interna da Terra é uma substância cristalina. Toda a Terra é uma substância cristalina. É uma energia. Viemos de uma substância cristalina. A tecnologia atual do planeta Terra está apenas começando a ver as fontes e usos para os cristais, tais como esses usados em seus sistemas de computadores. Até os relógios são feitos de cristal de quartzo hoje em dia.

D: Sim. Mas sempre pensei que o magma da Terra fosse como lava. Mas você está falando de parte da crosta?
C: Parte da própria crosta é feita de uma substância cristalina. Ela fica quase disfarçada, pois não chegou a hora dessa informação ser conhecida por todos. Como sua energia é muito poderosa, pode ser usada de maneira negativa.
D: Sempre penso na terra, nos elementos e minerais, e que os cristais estão simplesmente espalhados aqui e ali.
C: Estão espalhados, mas há muito mais cristal do que a maioria das pessoas pensa.
D: Mas você disse que havia três planetas distintos dos quais esses crânios vieram?
C: Não. O número três representava três planetas dos quais os cristais vieram, dos quais os crânios poderiam ter vindo. Não que tenham vindo necessariamente deles. Mas há outros três planetas feitos de substância cristalina como o planeta Terra. Então, você começou a dizer "três crânios". E eu disse que o número três não significava necessariamente três crânios, mas três planetas de base cristalina. O número três também é importante porque vemos esses três planetas como uma trindade. E a trindade é muito poderosa em todos os aspectos de todo conhecimento, de toda tecnologia, de tudo que existe.
D: São a fonte de onde vieram esses crânios?
C: Inicialmente, sim.
D: Estamos curiosas sobre os crânios e como foram feitos. Eles foram feitos nesses outros planetas?
C: Esses que foram encontrados aqui não foram feitos nesses planetas. Foram feitos neste planeta por civilizações antigas. E o conhecimento de "tudo que existe" está contido nos crânios.
D: Eu achava que talvez tivessem sido feitos nesses planetas e trazidos aqui.
C: Não, eles não foram trazidos aqui dos outros planetas.
D: E todos os crânios foram feitos por civilizações antigas?
C: Sim. E o conhecimento que eles possuíam, e que foi canalizado por meio deles desde o poder da Fonte, a Fonte de tudo. Isso está dentro dos cristais.
D: Então, ninguém os ensinou a fazer isso, ninguém lhes demonstrou como fazê-lo?

C: Não. Isso veio diretamente da Fonte, através das mãos dos antigos que tocaram no cristal. E, com as mãos dos antigos, a Fonte moldou o cristal como um crânio humano. Quando as mãos dos antigos tocaram o cristal bruto, suas mãos foram como ferramentas. Começaram a criar a forma do crânio. Não precisaram de ferramentas. Foi a Fonte movendo-se através desse ser humano.

Isso se pareceu muito com o modo como os povos da Atlântida evoluíram a ponto de poderem usar suas mentes para tornar a pedra maleável. Essa foi uma das maneiras pelas quais criaram os antigos monumentos. Quando escaparam da destruição, levaram com eles o conhecimento. Isso é explicado a fundo em meus livros da série Convoluted Universe.

D: *Houve muitas discussões e alegações sobre a maneira pela qual foram criados. Algumas pessoas dizem que foi com ferramentas, mas teria sido necessária uma energia e um tempo imensos para fazê-lo dessa maneira.*

C: É muito importante você ter usado a palavra "energia", pois a Fonte – e alguns chamam a Fonte de "Deus", alguns chamam a Fonte de "universo", alguns chamam a Fonte de outros modos – a Fonte é energia. E a energia que estava conectada através dos antigos que seguravam as pedras, sua conexão com a Fonte era tão poderosa e tão direta que, combinando ambas e a pedra, temos uma trindade. Quando os três estão juntos, qualquer coisa é possível. Tudo tem vida. Tudo é vivo. E com o antigo segurando a pedra, uma coisa viva, ligada diretamente à Fonte, tudo é possível na forma do crânio. A forma passou a existir, tornou-se física, simplesmente pela energia.

D: *Você disse que eram povos antigos. Quanto tempo faz que esses crânios foram criados?*

C: Em tempo linear, em tempo da Terra, milhares e milhares de anos. Entre vinte mil e cem mil anos. E há muitos crânios em continentes diferentes do planeta Terra. Alguns foram encontrados, alguns não. Alguns talvez não sejam encontrados.

D: *Dizem que alguns estavam conectados com os antigos maias.*

C: Isso está correto. Nem todos os crânios de cristal recuam a cem mil anos ou mais. Alguns são mais recentes. A civilização maia, em termos de tempo terrestre linear, é muito antiga. Em sua contagem de tempo, existiram há quinze, vinte, vinte e cinco mil anos atrás.

Segundo especialistas, a civilização maia começou por volta de 3000 a.c., mas ainda se discute muito sobre isso e não se chega a um acordo. Por isso, é possível que tenham estado aqui há muito mais tempo.

C: Entretanto, no infinito do tempo, não existe o tempo. E no universo não existe tempo. Só espaço. Como posso dizer isso? (Grande suspiro) Hoje em dia, há maias que praticam em pequenos grupos. É uma civilização que não foi totalmente destruída ou extinta, como muitos pensam. Ainda há maias por aí. O conhecimento antigo ainda existe nos maias. E, de fato, eles têm um crânio muito famoso. E o crânio é muito reverenciado porque ele transmite grandes conhecimentos para aqueles que sabem como acessar e recuperar esse conhecimento. E este só será dado a aqueles que o usam com amor e luz, para o maior bem de todos.

D: *Então, os crânios que eles criaram seriam mais recentes do que os antigos de que você estava falando?*

C: Alguns dos mais antigos nunca foram localizados. O momento para que apareçam ainda não aconteceu neste ponto do tempo.

D: *Acho que estou pensando na Atlântida. Eles teriam alguma conexão com ela?*

C: Claro, definitivamente, sim. Mas não é um crânio que você conheça, que exista nesta época.

D: *Eles passaram o conhecimento para povos posteriores, como os maias?*

C: Não. Os maias descendem mais da Lemúria que da Atlântida.

Isso colocaria definitivamente sua origem num ponto muito mais antigo do que aquele que os arqueólogos imaginam, pois a Lemúria existiu antes da Atlântida.

D: *Mas havia o conhecimento sobre a criação dos crânios de cristal desde a Atlântida. (Sim) Por que esses objetos foram feitos na forma de crânios? Qual o significado disso?*

C: No corpo humano, a cabeça ou crânio aloja o cérebro, ou – em termos modernos – o computador. O computador biológico. Era um lugar para abrigar o mental, o intelecto, o conhecimento. E a estrutura cristalina é muito poderosa na retenção do conhecimento. Por isso a importância de fazê-lo na forma de um crânio é que o humano pode associar o crânio ao conhecimento, ao mental, às coisas mais importantes. Pessoas que não são espiritualizadas pensam que tudo vem do intelecto, do conhecimento, do cérebro. E assim, essa associação com o cérebro e o cristal; o cristal mostra que ele só armazena conhecimento. O cérebro armazena conhecimento como o computador o faz num disco. Portanto, o cristal na forma de um crânio é muito poderoso para o ser humano. Além disso, permita-nos dizer que o crânio de cristal, especialmente se o cristal de quartzo for bem transparente, pode armazenar o conhecimento de todos os universos. E encontrar o acesso é poder sintonizar-se - não com o crânio – mas com a energia do cristal, da gema, da pedra.

D: *Há muitos que estudaram os crânios de cristal e que acham que eles estão relacionados com a morte e a negatividade.*

C: Sim, há muitas histórias como essa. E há um motivo para isso. Há aqueles que não estão preparados para usar as informações que podem ser armazenadas num crânio de cristal ou em qualquer tipo de pedra esculpida na forma de um crânio, pois muitos poderiam usar essas informações de maneiras negativas, de forma a prejudicar as pessoas. Por isso, é apropriado que sejam conhecidos como "crânio da morte" ou "crânio do destino". Porque as pessoas que o veriam dessa maneira poderiam, caso soubessem usá-lo, aplicar o conhecimento contido nele de forma a prejudicar as pessoas do planeta.

D: *Então, isso cria um medo que as faz evitarem-nos.*

C: Hmm, essa é uma boa maneira de dizê-lo.

D: *Há um crânio famoso que tem a mandíbula removível, o queixo removível. Os outros são feitos numa só peça. Existe algum motivo para isso?*

C: Com toda certeza, há um significado. Quando você observa a estrutura do esqueleto do corpo humano, o maxilar –ou, em termos técnicos, a mandíbula – é uma parte móvel do crânio. É o osso mais forte do corpo humano. Pense no que esse osso faz, sua atividade e a responsabilidade e tarefa de ajudar aquele humano a mastigar a comida. Os dentes ficam implantados naquela parte do crânio, que por isso é muito, muito forte. Um crânio de cristal nessa forma, com maxilar móvel, é mais poderoso do que outro que não se move. Como ele é tão correto anatomicamente, com desenho preciso, ele é quase tão perfeitamente projetado quanto uma réplica exata de um crânio humano.

D: *Há muitos que são numa só peça.*

C: Sim. E isso também tem um propósito.

D: *Então, cada um contém tipos diferentes de informações?*

C: Exatamente. E o propósito para o qual foram entalhados foi diferente. E cabe a aqueles que entram em contato com eles descobrir seu significado.

D: *Então, pessoas diferentes vão reagir de maneiras diferentes aos diversos tipos de crânios.*

C: Sim. Tudo se relaciona com a intenção e o propósito do indivíduo que entra em contato com o crânio. Seja o simples toque nele para a cura, ou sua propriedade. E o fato de ser seu proprietário pode significar que este apenas cuida dele até que ele vá para o próximo lugar em que precise estar.

D: *Foram feitos por indivíduos ou por grupos usando poder mental combinado?*

C: Há muitos crânios diferentes, entalhados, esculpidos ou moldados. Alguns foram dados pelos antigos junto com a Fonte. Alguns, que no seu tempo linear teriam entre 10.000 anos – ou mesmo mais recentes – até centenas de milhares de anos, não foram encontrados ainda. E há aqueles que são feitos hoje em dia por artistas que se sentam diante de suas bancadas e produzem-nos com tecnologia e ferramentas modernas. Podem até ser feitos com lasers. É por isso que não dizemos que todos os crânios possuem o conhecimento de tudo. Cada pedra, cada crânio é feito apropriadamente para um propósito específico, e cabe aos indivíduos que entram em contato com eles para que seu propósito seja revelado a esses indivíduos ou ao grupo.

D: *Estava pensando que talvez os muito antigos usassem o poder combinado da mente de diversas pessoas para criá-los. Um grupo de sacerdotes, ou um grupo de pessoas que tivessem o conhecimento para fazê-los.*

C: Muitos foram projetados dessa forma. Não apenas o crânio, como uma estrutura completa de esqueleto. Ou seja, todos os ossos que aparecem na anatomia humana foram feitos em cristal de quartzo.

Por isso, há mais do que meros crânios por aí. Alguns ainda estão por ser descobertos.

D: *Qual teria sido o propósito de criar todo um esqueleto de cristal?*

C: Mostrar que toda estrutura é um holograma de si mesmo. Assim como um crânio é feito totalmente numa estrutura cristalina, faz-se o corpo humano. Se a base do ser humano, a anatomia humana, é cristalina – o que ela é – então todo o ser o é, não só o crânio. Aquilo que você conhece como osso é uma substância cristalina.

D: *Eu não teria pensado nele como sendo cristalino, pois ele se decompõe.*

C: Você verá que quando digo "estrutura cristalina", ela pode ser como um pó. O cristal de quartzo pode ser moído como um pó muito fino, que você sopra ao vento e nem vê. É disso que estamos falando quando menciono uma estrutura cristalina. Não é como uma pedra dura. Como poeira, que pode se decompor.

D: *Collette estava curiosa para saber se tem uma conexão com esses crânios de cristal.*

C: Ela tem uma conexão muito direta com o crânio de cristal. Ela veio de um dos planetas que é do número três, que você mencionou no começo. Como disse, nada é por acaso. Não há coincidências. Portanto, o número três que você mencionou não é uma coincidência. O número três é uma trindade. Os três planetas são uma trindade. E ela tem uma conexão muito direta. Sua conexão direta é que – como direi? Dizer isto corretamente através de sua linguagem é difícil. (Pausa) Vindo da energia pura para a densidade deste ser, é muito difícil usar palavras. (Encorajei-a a fazer o melhor possível.) Ela é de uma tribo – por falta de palavra melhor – uma tribo humanoide feita de cristal, de estrutura cristalina. E você pode explicar a ela que ela veio de uma raça humanoide que foi feita de cristal.

D: *Quer dizer que esses seres eram feitos de uma estrutura cristalina e não baseados no carbono? (Sim) Mas eram humanoides. (Sim) Seus corpos funcionavam tal como os nossos, baseados no carbono?*

C: De modo similar. Era como se esses humanoides soubessem, e sabiam que sabiam aquilo que sabiam. Não era uma coisa que tiveram de aprender ou pesquisar, pesquisar e pesquisar para encontrar o conhecimento ou a recordação. Tinham a recordação.

Foi um conhecimento do tempo e do espaço, não do tempo linear. Esses humanoides eram o conhecimento.

D: *Mas eles não funcionavam em corpos físicos como os nossos.*

C: Sim, funcionavam. Quando você olha um ser humano hoje, ele é de carne e osso. Eles eram de carne e osso. Quando você olha para a estrutura óssea (humana) como uma estrutura fibrosa de esqueleto, essa era uma estrutura cristalina um pouco fibrosa, mas muito mais forte. E todo o conhecimento ficava guardado nessa estrutura cristalina, assim como hoje o conhecimento está guardado no esqueleto do corpo humano. Não é apenas como se fosse puramente uma estrutura cristalina como era a daquela raça humanoide, como naquela época eram. É uma época, não uma raça. Era uma época.

D: *Uma época. Quando você fala do conhecimento nos ossos dos humanos, refere-se à estrutura genética, ao DNA?*

C: Sim, sim. Todo o conhecimento pode ser encontrado naquilo que você conhece como DNA.

D: *Naturalmente, porém, o conhecimento só está acessível enquanto o espírito reside no corpo e tem contato com o DNA.*

C: Ahh! Lamento discordar de você!

D: *Estava pensando que depois que o espírito deixa o corpo, ele se decompõe.*

C: Mas quando o corpo se decompõe, o DNA ainda está ali. O DNA pode ser encontrado na estrutura óssea. Ainda não se descobriu uma tecnologia que possa chegar às cinzas depois que a pessoa foi cremada. Entretanto, o DNA ainda está ali. Ele pode ser encontrado.

Isto se parece com aquilo que as pessoas estavam fazendo no laboratório com a estranha máquina que reativou os ossos queimados que estavam embrulhados e preservados no Capítulo 7 de Convoluted Universe, Livro Um. Teriam descoberto o segredo para reativar ou clonar o DNA adormecido?

C: Quando Collette ouvir isto vai ficar espantada, pensando, "Nunca ouvi falar nisso, por que deveria sequer acreditar nisso?" Ela precisa olhar para essas coisas com abertura, com honestidade e recordação, vendo essa experiência que ela teve com o corpo na forma de um holograma de cristal.

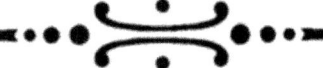

E assim, prossegue a discussão sobre os Crânios de Cristal. Alguns foram fraudes, mas outros que são considerados autênticos ainda intrigam os especialistas. Um dos mais famosos é o crânio Mitchell-Hedges descoberto numa cidade em ruínas em Belize, em 1924. Essa descoberta foi cercada por muita controvérsia, mas os especialistas concordam que o cristal de quartzo só poderia ter sido criado com uma tecnologia muito sofisticada. Conforme atestou o laboratório de pesquisas da Hewlett-Packard, a peça foi cortada contra o eixo, e é um milagre que não tenha se estilhaçado em um milhão de pedacinhos durante o processo de manufatura. Desvios mínimos, de alguns milímetros apenas, teriam levado à ruptura de partes dele. Dr. Frank Dorland, perito americano em restauração, comentou: "Se descartarmos qualquer tipo de força sobrenatural, então os maias devem ter criado o crânio de cristal por meio de polimento manual. É uma tarefa inimaginável, que teria levado séculos e, obviamente, suplantado quaisquer condições políticas e religiosas. Para nós, é realmente difícil imaginar como uma meta deliberada de longo prazo como essa poderia ter sido realizada de uma geração para outra". Presume-se que teriam sido necessárias sete milhões de horas de trabalho para se obter a forma final e perfeita da peça de cristal. Isso equivale a 800 anos, trabalhando noite e dia. Se tivessem sido 12 horas por dia, o trabalho teria levado 1.600 anos! (Fonte: Legendary Times Magazine)

Com esta declaração, creio que fica óbvio que o objeto não foi criado manualmente. Aproximo-me mais da teoria da tecnologia presente na Atlântida. O conhecimento da moldagem de pedras por poderes mentais, na forma desejada. Nos meus outros livros, este conhecimento parece ter vindo dos ETs que viveram em meio a essas sociedades antigas, altamente avançadas. Depois que essas civilizações foram destruídas, os sobreviventes escaparam para o Egito e provavelmente outros países, onde obras em pedra incríveis ainda confundem os especialistas. Eles levaram o conhecimento com eles e foram responsáveis por estruturas extraordinárias. Acho que esta tecnologia é que foi responsável pela criação dos Crânios, e não o trabalho manual.

Os cristais são o mineral mais abundante encontrado na Terra. É interessante lembrar que a maioria dos cristais vendidos mundo afora provém do Arkansas e do Brasil. Descobri que na região onde moro, no norte do Arkansas, há um enorme depósito de cristais bem embaixo desta área. Há uma mina pública de cristal ao sul daqui, perto do Monte Ida, na qual qualquer um pode ir pegar cristais que emergem do chão. Durante uma sessão, disseram-me, "Você acha que escolheu morar aleatoriamente nesta parte do Arkansas. Você foi posta aí por uma razão. Você precisava da energia dos cristais para o seu trabalho".

Modernamente, foi descoberta uma gigantesca caverna de cristais no México, contendo os maiores cristais já encontrados no planeta. A Cueva de los Cristales (Caverna dos Cristais) foi descoberta em 2000 perto de Naica, México, por dois mineiros que estavam criando um novo túnel para uma empresa de mineração. Ela fica a 300 m abaixo da Montanha de Naica, no Deserto de Chihuahua. A caverna contém alguns dos maiores cristais naturais já encontrados: cilindros de gesso translúcido medindo até 11 m de comprimento e pesando até 55 toneladas. Os geólogos ficaram espantados com o tamanho e a beleza dos cristais quando desceram lá para a produção de um filme para uma série da emissora de televisão da BBC. Não puderam filmar muita coisa em virtude do calor e da umidade extremos dentro da caverna. A temperatura ultrapassava 58 °C e a umidade chegava a 100%, que são condições com um potencial letal. O corpo literalmente começa a cozinhar. Com equipamentos especiais, conseguiram suportar as condições extremas pelo tempo suficiente (não mais do que 10 minutos por vez) para a produção do documentário How the Earth Made Us, que foi ao ar pela BBC em 2013. A filmagem também foi feita pelo programa 60 Minutes Australia.

Portanto, a regressão foi precisa, mostrando que nosso planeta todo é feito de cristal, assim como nossos corpos.

Capítulo 14
ENSINANDO O CONHECIMENTO

Esta sessão foi feita em 2008, no meu escritório temporário no Amber Light Motel, depois da enchente que varreu a cidade e arruinou meu outro escritório do outro lado do restaurante Granny's. Estava esperando o meu escritório ficar pronto, do outro lado da rua do motel. Não era o melhor lugar para uma sessão (principalmente por causa do barulho causado pelos outros hóspedes), mas melhor do que nada.

John tinha sua própria empresa, trabalhando com produtos animais seguros e naturais. O principal motivo para a sessão era compreender seu propósito. Em termos específicos, ele queria remover o véu para "conhecer tudo", compreender o cenário maior e seu lugar nele.

John foi a uma vida no Novo México durante o século 19. Ele morava longe da cidade e era médico, tratando as pessoas. Tinha estudado na Inglaterra, mas era mais como um naturopata, e boa parte do que fazia tinha aprendido sozinho. Ele preparava e desenvolvia seus próprios remédios usando ervas e cristais. Cultivava algumas das ervas e obtinha outras com os índios. Eles compartilhavam conhecimentos sobre cura uns com os outros. Além disso, fazia pomadas para tratar topicamente o paciente, além de lhe dar ervas para ajudar o corpo a combater os problemas. Viveu uma vida longa e sem maiores percalços, morrendo idoso, sentado em sua cadeira de balanço na varanda da frente. Depois de ter saído do corpo, perguntei-lhe qual tinha sido o propósito daquela vida. "Era ajudar as pessoas. Aprender. Usar conhecimentos de diversas fontes e combiná-los. E manter a intenção pura, a motivação pura". Mas ele não passou o conhecimento para mais ninguém, não treinou ninguém. "Você pensaria que eu teria feito isso, pois é uma coisa que deve ser passada adiante. Mas não vejo ninguém".

Como essa vida foi breve e sem maiores eventos, levei-o até outra vida, e ele se viu no Egito, em pé na parte plana de um tronco de pirâmide. "Sou um sacerdote. As pessoas me procuram para obter ajuda, orientação, clareza e cura". As pessoas iam até a pirâmide quando precisavam de ajuda. Novamente, era uma vida solitária, sem uma esposa. Ele já fazia isso havia muito tempo, e perguntei-lhe se ele tinha sido treinado por alguém. Sua resposta foi uma surpresa.

J: Sinto que fui treinado, mas não foi um treinamento humano. Tenho irmãos nas estrelas que me acolheram para me ensinar coisas. Habilidades psíquicas. Cura.
D: Fale-me sobre isso. Pode ver como eles são?
J: São seres de luz que usavam cristais. Reuniam conhecimentos. Poderes da mente e do corpo energético. Conselheiros, pessoas de cura.
D: Esses seres de luz vivem entre as pessoas?
J: Não, não vivem. Não são acessíveis prontamente. Não sei nem se ficaram aqui depois do treinamento. Estavam durante o treinamento, e quando este terminou, foram embora. Eles não viviam entre as pessoas. Ficaram aqui apenas para o treinamento numa área isolada.
D: Não queriam que os outros soubessem que estavam aqui?
J: Exatamente isso.
D: Então, eles queriam que apenas certas pessoas fossem treinadas.
J: Sim, queriam. E foi por isso que me escolheram. Eu era diferente.
D: Como você era diferente?
J: Eu era diferente na minha maturidade mental, na minha capacidade. Minha intenção transmitia uma causa superior, não apenas uma ocupação. Parece quase arrogância. Mas não é arrogância. É um senso íntimo de dever, um senso de que fui chamado para um bem maior. E isso exigia certo isolamento.
D: Você era diferente das outras crianças de sua idade?
J: Sim, e das outras pessoas da comunidade.
D: Então, você disse que levaram-no para um lugar isolado?
J: Parte do tempo eu fiquei na floresta, numa área isolada. Parte foi quando fui levado para a nave e me deram aulas lá. E parte foi na pirâmide truncada. Aprendi astronomia e a observar as estrelas.
D: Eles sempre apareceram para você como seres de luz?
J: Eles tinham corpos de luz. Tinham características diferentes, que me permitiriam ver alguma coisa mais humana do que meros orbes ou esferas de luz. Era como uma combinação de luzes e formas. Amor puro. Inteligência pura. Compaixão. Queriam

ajudar. Queriam ensinar. Queriam me beneficiar, para que eu ajudasse essas pessoas.

D: Como lhe ensinavam?

J: Às vezes da velha maneira, como uma aula comum. Mas normalmente baixavam os ensinamentos por meio de cristais, por meio de luzes, por meio de salas especiais.

D: Onde ficavam as salas especiais?

J: Eram salas especiais numa instalação oculta da floresta. E num lugar na pirâmide. Também na nave. É como uma câmara, na qual se pode ver o cenário completo. O plano geral. Os dons que eu precisaria ter para fazer aquilo que desci para fazer. Um curso interessante, de aprendizado acelerado. Não era como ir à escola e fazer o 1º ano, o 2º ano, o 3º ano e assim por diante. Era um processo mais rápido. Creio que, à medida que meu corpo ficou mais velho, recebi novos segmentos de informação. E a experiência do conhecimento, das habilidades.

D: Então, eles ficaram por algum tempo com você, não foi?

J: Ficavam comigo ou iam e voltavam.

(Durante vários dos últimos minutos, ouvi sirenes de ambulância, de polícia, etc. passando pelo motel. Muito alto, mas isso não incomodou John. Ele ficou falando.)

D: Você disse que foi levado a bordo da nave. Como o levaram até lá?

J: Por teletransporte, simplesmente. Não entrei numa pequena nave que me levou lá. Foi quase como se me levassem fisicamente através da luz. E eu apareci instantaneamente na nave. É como se eu conhecesse as pessoas. É como se eu fosse um deles e tivesse concordado em vir aqui embaixo para fazer isso. E recebi meu treinamento deles.

D: É essa a sensação que você tem? (Sim) Que você concordou em fazer isso e eles iriam ajudá-lo. (Sim, sim.) É por isso que você era diferente do resto das pessoas?

J: Sim, creio que sim.

D: No mínimo, em capacidade mental. – Você disse que a cura que lhe ensinaram era feita principalmente com cristais?

J: Sim, os cristais continham conhecimentos. E por isso, foram transferidos para mim, para minha estrutura cristalina, e assim eu tinha o conhecimento no meu corpo. E depois, ao vir aqui, pude compreender as pessoas, sua natureza, a natureza do corpo humano, da energia. Da Terra: plantas, alimentos. Como deviam ser cultivados. O tipo de sociedade que tinham quando os ajudei na agricultura, para que pudessem cuidar uns dos outros. Como uma sociedade ideal. E fui capaz de sentir energeticamente com as mãos.

D: Mas você não sabia de tudo isso quando desceu aqui pela primeira vez. Você nasceu aqui.

J: Correto.

D: O conhecimento veio depois?

J: Creio que sim. Eu tinha de estar fisicamente pronto para recebê-lo. Eu tinha uma missão e um propósito ao vir para cá. Mas as peças que me foram dadas não o foram de uma só vez. Foi como se eu tivesse de estar pronto e suficientemente maduro. E depois isso foi aprendido.

D: Então, aconteceram coisas com os cristais antes de você entrar num corpo humano. É isso que você está dizendo? (Sim) Como o conhecimento é armazenado nos cristais? Você sabe?

J: Deixe-me perguntar. (Pausa) Parece que era uma combinação de coisas. Telepaticamente, eles transmitiam informações que eram armazenadas nos cristais. Mas eles também tinham a capacidade dos computadores da nave para enviá-las aos cristais. Então, as duas coisas. Minha questão é a intenção. Como o cristal serve como energia? Como o cristal sabe quando se abrir para ser absorvido?

D: Quando liberar a informação.

J: Sim. Ao que parece, é por meio de um mecanismo de chave através da intenção, através da telepatia.

D: Para que qualquer um não consiga fazer o download dessa informação.

J: Correto. Só alguém que estivesse preparado, que soubesse fazer. Que tivesse intenções puras, motivos puros. E como usar o conhecimento. Não apenas em nome de obter o conhecimento, mas em nome de acolher o conhecimento e usá-lo em benefício das pessoas. Assim, é possível ensiná-las e elas podem seguir em frente. É como um efeito cascata. Quando você os ensina, eles podem sair e ensinar outros. Seja sobre agricultura, seja sobre o que for.

D: *Então, você recebeu o conhecimento e o estava usando com as pessoas? (Sim) Você chegou a ensinar outras pessoas?*
J: Sim, fiz isso.
D: *Transmitir o que sabia. Você só fazia cura com cristais?*
J: Não, na verdade estava analisando a sociedade toda. Que dinâmica move a sociedade? Temos alimentos, e tínhamos de ter agricultura. E temos pessoas que se ferem ou ficam doentes, e por isso tínhamos cura. Tínhamos comércio. Tínhamos justiça. Tínhamos educação. Tínhamos armazenamento de água. Tínhamos meios de resolver conflitos, e por isso tínhamos um conselho. Mas as pessoas do conselho não podiam ter uma agenda. Tinham de ser completamente objetivas.
D: *É difícil isso, não? Ser completamente objetivo. Mas é a única maneira de fazer o conhecimento funcionar, não é?*
J: É a única maneira pela qual uma sociedade civilizada poderia funcionar. Se você pensa na forma mais pura de funcionamento de uma sociedade. Na qual vocês cuidam uns dos outros, amam os outros. Certificam-se de que todos têm alimento e abrigo. Cuidam dos idosos e fazem com que as crianças recebam educação. E são gentis com a Terra.
D: *Parece ser uma maneira perfeita de viver.*
J: Com certeza. E é possível.
D: *É possível porque você já fez isso. (Sim) Você usava ervas também? Ou cristais, na maioria dos casos?*
J: Lá, principalmente cristais. Mas eu estava em sintonia com as plantas. Tudo tem energia. Nós, como humanos, somos formados por todos esses elementos. E todos vibram em frequências diferentes. E se alguma coisa não está em sincronia, então você percebe alguma coisa que vai ajudar o corpo, ou aquela parte do corpo, a voltar à sua vibração perfeita. Podem ser cristais. Pode ser passes com as mãos, usando minha energia. Pode ser uma planta que tem certa frequência energética passada ao corpo daquela pessoa. Pode ser um programa de desintoxicação, livrar o corpo de coisas que causaram isso. Podem ser certas ervas. Pode ser a luz do sol.
D: *Então, não é a mesma coisa para todas as pessoas.*
J: Correto.
D: *Então, isso era parte do que você precisava fazer, determinar qual era o melhor método e a melhor maneira? (Sim) É muito a se*

esperar de uma só pessoa. Mas você foi treinado para isso, e portanto parece que você sabia quando veio. E você disse que o levaram e o treinaram sozinho, depois que você estava no corpo físico. (Sim) *Seria o mesmo que um faraó, ou teria alguma diferença?*
J: Creio que é uma boa analogia. Um faraó. Um líder, sem as cerimônias, a pompa e a perda de tempo.
D: *Parece a descrição de um curador, um tipo de medico, mas havia mais coisas a se levar em consideração para a sociedade toda.*
J: Sim. Um governante compassivo, que amava seu povo. Que conhecia toda a dinâmica da sociedade e tratava de tudo. E com pessoas que se especializam em diversas áreas e que podiam levar a cabo o trabalho. Eu era apenas um homem, e aquilo que eu fazia abrangia tudo. Por isso, compreendi que era importante treinar certas pessoas para se tornarem especialistas em determinadas áreas.
D: *Dá a impressão de ser um trabalho de muita responsabilidade, muito difícil.*
J: Muito. Gostei disso. Eu era bom. Ajudei as pessoas, a sociedade prosperou.
D: *Muito bem, vamos avançar e descobrir o que aconteceu com a sociedade, e o que aconteceu com você. Ela continuou a prosperar? O que aconteceu? (Pausa) Você ficou muito tempo com essas pessoas? (Pausa) Pode avançar e condensar o tempo com facilidade.*
J: Depois que senti que o trabalho tinha sido feito, e sabendo que a sociedade poderia continuar como estava sem precisar mais da minha presença, eu fui embora.
D: *Nessa época, você já havia passado o conhecimento para outras pessoas?*
J: Sim. Eu queria ter certeza de que seriam capazes de prosseguir. Acho que não conseguiriam fazer tudo que eu podia fazer, mas, do ponto de vista prático, foi suficiente.
D: *Você lhes ensinou as coisas práticas que são necessárias para uma civilização.* (Sim) *Então, nessa época, achou que podia ir embora.*
J: Correto. Meu trabalho com eles estava encerrado.
D: *Como você foi embora?*
J: (Pausa) Creio que me teletransportaram.
D: *Você ficou aqui muitos anos?*

J: Não, não sinto que tenham sido muitos anos. Tenho a impressão de que estava com uns quarenta anos quando fui embora. Provavelmente... vinte anos. Foi o quanto fiquei com eles, ajudando-os a se desenvolverem.

D: Achei que você teria ficado lá por muitos e muitos anos, e que havia ido já bem velho.

J: Não. Estava tentando me ver como um idoso e não me vi. A última coisa de que me lembro é que sou bronzeado, tenho um corpo em forma, sou sábio e saudável. Conversei com as pessoas, o líder, e informei-as de que estava indo. E já era hora. Achei que seriam capazes. E assim, eu me fui.

D: Eles o viram ir embora?

J: Fiz isso reservadamente.

D: Bem, agora que você saiu desse corpo, pode olhar para essa vida sob uma perspectiva diferente. Na sua opinião, qual teria sido o propósito dessa vida? O que você estava tentando aprender?

J: Eu tinha uma missão e um propósito. Antes de encarnar, concordei em vir aprender, crescer, amadurecer; assim, durante vinte anos, pude ajudar as pessoas a sobreviver. A se sustentarem sozinhas. A saber como deviam se tratar. Como deviam tratar a Terra. A comer, a curar, a negociar, a resolver conflitos.

D: Todas essas coisas eram valiosas.

J: Sim. Senti-me bem com essa vida.

D: Geralmente, essas coisas são realizadas por muitas pessoas, e você foi capaz de fazer tudo isso. É muito bom.

Pedi a John para sair daquela vida e chamei o SC para obter mais informações. A primeira coisa que sempre quero saber é porque o SC escolhe essas vidas para que o paciente as veja. "Você escolheu essas duas. Elas são similares, mas a primeira que ele viu foi a do médico que usava ervas. Por que você escolheu essa vida para que John a visse?"

J: Para que soubesse que ele já teve experiência com ervas e cura. E na produção de coisas, combinando coisas.

D: Estava pensando nisso, pois ele fazia muitas dessas coisas sem ter aprendido. Ele pensava nisso por conta própria.

J: Sim, ele fazia isso.

D: Então, você queria que ele soubesse que já havia feito isso antes? *(Sim)* Por isso, é algo natural para ele, não é? *(Sim)* A segunda vida também estava relacionada com o mesmo tema, não? O lugar onde ele veio da nave e ajudou a curar as pessoas. Então, essas duas vidas estão no mesmo tema? *(Sim)* O que você estava tentando lhe dizer ali?
J: Que ele sabe disso. Mas ele precisa saber que a cura envolve dinâmicas diferentes. Com ervas, com energia, com intenção, com a orientação que estamos recebendo de nossos irmãos das estrelas. Que as pessoas lá fora precisam de alguma orientação, alguma liderança, algumas ideias puras que funcionam, sem se apegarem a metas como o lucro. Quero que ele combine tudo isso. Dietas, cristais e ervas. E a cura, e a fé que você pode curar, sem ser preciso roubar as pessoas para fazer isso. E que temos entidades que querem nos ajudar e nos guiar. E querem que sejamos saudáveis, sem nos deixarmos distrair pela doença. Para que todos possam focalizar em sua missão e propósito. Uma dieta vegetariana ajudaria no aquecimento global. Você não precisaria derrubar árvores para o gado pastar. E isso afetaria a água. Ensinar novamente os fazendeiros a produzir e a distribuir localmente seus produtos. Mudar a comunidade médica para que a cura seja feita de forma mais natural, muito mais econômica. Queremos que ele contribua com todas essas coisas.

Isso tudo pareceu ser uma tarefa tremenda para uma só pessoa tentar. Mas eles disseram que isso iria acontecer gradualmente. John tinha muitas ideias de trabalho com cura, e queria principalmente fundar um centro de cura do câncer e ensinar curas naturais. O SC deu-lhe muitos conselhos, especialmente para a compra de terras e para começar a fazer o centro funcionar. No centro, as pessoas também poderiam aprender mais sobre dieta, massagem e yoga. Eles também queriam que ele fosse a um lugar específico no México onde iria encontrar ervas especiais e que ele poderia transformar em remédios naturais. Disseram que ele tinha todas as informações e que sabia o que precisava fazer; tinha apenas de parar de demorar e começar. Também lhe disseram que um dia ele viajaria pelo mundo todo dando palestras. "Ele tem recebido colheradas de informação. Ele acha que entende e, de repente, vem alguma coisa nova. Por isso, sua viagem tem sido bem interessante. Mas acho que agora ele compreendeu. Ele está obtendo o conhecimento através de seus cristais, de suas meditações e durante o sono. E por meio dessas coisas, foi a outros planetas, planos e dimensões. Mas ele está com pressa. Quer receber informações mais depressa. No entanto, está recebendo muita orientação. Ele tem mestres, professores, guias à sua volta, bombardeando-o com informações. Ele tem ido dormir cedo nos últimos dois meses porque querem que ele fique dormindo para trabalharem nele e baixarem essas coisas todas. Então, sim, ele tem sido guiado e vai continuar a ser guiado. Ele também tem uma conexão especial com nossos irmãos das estrelas. Ele veio aqui com uma missão e um propósito muito bem definidos, que vão ajudar muitas, muitas pessoas. E ele só precisa se manter aberto porque eles vão se comunicar. Ele veio das estrelas muitas vezes, mostrando caminhos, curando, ensinando, orientando".

Capítulo 15
LEMÚRIA E O PORTAL

Shirley era psicóloga e diretora de um hospital de saúde mental. A primeira coisa que Shirley viu foi água rasa e vítrea, e ela estava pisando na água. A água produzia um reflexo dourado. Shirley viu-se como um rapaz usando uma túnica branca curta. Ele portava um bastão ao qual se referia como um bastão de orientação e cura, usado em cerimônias. "Ele direciona a energia. Ajuda-me a canalizar energia da Fonte. Tenho comunicação direta e a canalizo através do bastão. Ela vem da Fonte, passa pelo meu corpo e vai ao bastão". Quando lhe perguntei onde ele fazia curas, ele disse que havia uma estrutura próxima à qual se referiu como o templo. Na verdade, ele morava longe dali, mas viajava até o templo quando precisavam que ele trabalhasse com as pessoas. Perguntei-lhe como ele sabia que estava sendo necessário. Ele disse, "Sinto um chamado do templo e viajo desde longe para vir ajudar as pessoas daqui".

D: Essa sensação é como uma voz? Como seria?
S: Dá a impressão de ser uma atração, um puxão e não uma voz. Sei que preciso vir; que é hora.

Pedi-lhe para descrever o templo.

S: É uma estrutura piramidal alta e fina, com pranchas de madeira que se entrecruzam no alto. A estrutura em si é feita de pedra, mas a abertura tem um material de tecido, que é o portal pelo qual se entra... como uma tenda. Você entra e há gente lá. Ela é grande e comprida, iluminada por dentro.
D: De onde vem a luz?
S: Da pedra. Ela é iluminada por dentro, uma luz suave. É alguma coisa no material e na pedra, a própria estrutura tem luz. E há algumas famílias e crianças lá dentro. Eles sabiam que eu viria e estão felizes. Saúdo as pessoas e vou até o centro da estrutura, e o

bastão leva a energia para a estrutura, para o próprio templo. Ele muda a energia e a vibração, e todas as pessoas ali podem sentir isso. É como uma sala de cura.

Ele aprendeu a obter a energia com seu pai. "Ele me deu o bastão e me ensinou a usá-lo".

D: *Existe algum procedimento que você precisa seguir para atrair a energia para lá?*
S: Há um modo de focalizar a mente para colocar a energia no bastão. É uma sensação. Como puxá-la do ar e colocá-la no bastão e mantê-la ali até ela poder ser liberada no templo. A energia vem da Fonte, de Tudo que existe. Tudo que está à nossa volta. É uma forma de captá-la e de concentrar toda a sua energia no bastão, levando-o até o templo para que entre em ressonância com aquela estrutura e ilumine as pessoas que estão ali.
D: *Que sensação essa energia lhe dá?*
S: É um formigamento. De certo modo, podemos senti-la como se fosse uma música quando ela vem. Dá para sentir que ela preenche o espaço. É como encher uma vasilha de água, mas aqui é com energia, que vibra, dá um formigamento e aquece. O ambiente dá essa sensação. Vou até o meio e coloco o bastão no meio, e a energia é liberada na sala e ocupa o espaço, elevando as vibrações na sala. Ela aquece a sala. É uma bela sensação, maravilhosa e feliz. As pessoas ficam felizes por estarem lá.
D: *Essas são pessoas que precisam de cura?*
S: Não parecem doentes. Parece que são famílias, felizes e positivas, como se fosse uma sintonização.
D: *Talvez a sintonização visa mantê-las com saúde?*
S: Não sei se precisam se manter saudáveis. É uma iluminação. Estão reunidos na sala, é um momento feliz. E é luminoso levar a energia para aquela sala, naquele templo. Dá a impressão de que é uma comemoração, uma cerimônia, como um evento especial. Faço isso por algum tempo – não o dia todo – e todos se sentem bem.
D: *Você sabe quando deve interromper a energia?*
S: Sei. A sala está repleta e então eu a interrompo e ela fica mais algum tempo. A sala toda ajuda a mantê-la. A energia fica mantida ali com as pessoas. Tem alguma coisa especial no material e no formato do edifício. Ele foi projetado para manter essa energia por

mais tempo, permitindo-nos vivenciá-la, e dá a aparência de ser leve e dourado. Muito bonito. Quando a intensidade diminui, nós saímos.

D: *E então, o que você faz, volta para casa?*
S: Sim. Eu saio. Volto para a água, a água brilhante. A água brilhante dá a sensação de aterramento. É como eu chego lá, é como eu saio. Volto a esta água rasa que é vítrea, reluzente, e consigo ver ouro na água.
D: *É lá que você mora, perto da água? Ou é mais longe?*
S: Quando falamos sobre o lugar onde moro, vejo a água, areia e árvores.

Ele disse que morava na natureza; ele não precisava de uma estrutura e comia aquilo que encontrasse por perto. Ele já vinha fazendo isso há muito tempo.

Resolvi levá-lo adiante até um dia importante e perguntei-lhe o que estava acontecendo. "Vejo que outras pessoas vieram e que é hora de ir embora. As pessoas estão se preparando e estamos saindo deste lugar. Há outras pessoas lá. É hora de ir porque alguma coisa está vindo. Não sei o que está vindo... não é seguro. É hora de ir e há outras pessoas lá".

D: *Outras pessoas que moram lá?*
S: Não. Elas não moram lá. Vieram de outro lugar. Um lugar diferente. As pessoas do templo vivem noutro lugar.
D: *Elas vão ao templo quando querem se encontrar com você?*
S: Sim, e eu vivo aqui sozinho. Mas outras pessoas vieram aqui de outro lugar, muitas pessoas. E é hora de ir porque alguma coisa está vindo.
D: *As pessoas sabem disso?*
S: As pessoas sabem. É por isso que elas estão aqui. Estão sendo tiradas de suas casas e vieram até a minha, e precisamos partir porque não é seguro.
D: *Por que foram tiradas de suas casas?*
S: Alguma coisa foi até suas casas. Quero dizer, uma pessoa ou uma energia, e elas não puderam ficar em casa e agora estão saindo. Dá a impressão de que veio uma sensação, uma energia. Alguma coisa que não estava lá antes e que está nos levando a sair agora, pois as está seguindo. Não é confortável. É como uma energia

pesada que está nos afastando. E vieram me procurar onde moro, mas não é seguro porque isso está vindo e é hora de sair. Vieram para que pudéssemos ir juntos.

D: *Você sabe alguma coisa sobre o que seria isso?*

S: É uma fonte de energia, uma fonte de energia negativa que vai nos matar caso fiquemos aqui. Precisamos nos afastar. Vamos até a água para nos afastarmos.

D: *Como vocês farão isso?*

S: É assim que eu viajo. Pela água, onde há um portal. É assim que chego ao templo.

D: *Pensei que se vocês todos estavam indo, iriam num barco ou algo assim.*

S: Há alguma coisa na água. É como uma plataforma ou coisa parecida. Quando você pisa na areia dentro da água encontra um portal que pode ser atravessado. Podemos fazer isso juntos. Não sou o único. Os outros também podem fazer isso.

D: *Qual a sensação que se tem ao entrar nesse portal?*

S: É como se você se tornasse o ar, a luz ou a energia. Ficamos em pé na areia da água e nos movemos, atravessando o portal. Podemos ir ao templo. É um dos lugares aos quais ele leva. Vamos todos ao templo. Vamos juntos.

D: *Então, quando vocês chegam lá, estão novamente com seus corpos?*

S: Sim. Eles saíram do lugar. Vamos até a água. Quando vamos ao outro lugar, é muito longe. É um lugar diferente. É um planeta diferente.

D: *E o que acontece quando você chega no templo? A outra energia não pode encontrar vocês lá. Vocês estão seguros lá?*

S: As pessoas estão. A energia negativa me afetou.

Ele estava dizendo que sua perna e sua mão estavam estranhas, com uma estranha sensação de formigamento. Eu não me detive nisso, mas dei-lhe sugestões para que ele não tivesse mais sensações físicas. Agora, ele me explicou que essa sensação incomum foi causada por essa energia negativa.

S: O templo é um lugar seguro. As pessoas saíram da água, mas eu não. Não sou capaz de ir ao templo. Não posso voltar ao meu corpo. Aquilo me afetou.

D: *Então, quando eles saem da água, saem do portal, voltam para seus corpos? (Sim) E você não pode voltar para o seu corpo?*
S: Não. Vou ficar na água. A energia me afetou.
D: *E como você se sente com relação a isso?*
S: Sinto-me bem sabendo que as pessoas estarão seguras naquele lugar.
D: *E o que você vai fazer agora?*
S: Vou morrer.
D: *Porque não consegue voltar ao seu corpo? (Sim) De onde você acha que veio aquela energia negativa?*
S: Ela foi enviada pelas pessoas que estão no controle, que governam.
D: *Este país, esta terra?*
S: Isto é um planeta.

Achei que como ele não estava mais preso a um corpo, teria acesso a informações. "Por que iriam querer enviar energias negativas a esse lugar?"

S: Para matar as pessoas, para controlar as pessoas. Eles não gostam dali porque podemos sair e ir para outro lugar para nos iluminarmos. Eles estão tentando impedir isso.
D: *Havia uma razão para que você fosse mais afetado do que as outras pessoas?*
S: Ela me tocou e eu não saí do caminho. Geralmente, há muitas pessoas comigo lá. Não podíamos sair rapidamente. Havia muita gente e precisávamos que todos estivessem na água para sair, e não houve tempo.
D: *Você disse que vai morrer? Como você faz isso? Você pode observar a cena como espectador, se quiser. O que aconteceu?*
S: Simplesmente saí. Não há razão para ficar lá. Posso abrir mão de tudo agora.

Eu lhe disse que cada vida tem uma lição, um propósito. Quis saber o que ele aprendeu com aquela vida. "Que não estamos sós; estamos juntos nisso".

Então, chamei o SC para obter respostas para esta estranha sessão. Perguntei porque ele havia escolhido aquela vida para que Shirley a visse.

S: Para que ela se lembrasse. Que ela não está sozinha; que ela não precisa se sacrificar.
D: Ela acha que está se sacrificando?
S: Às vezes, sim.
D: De que modo?
S: Para ajudar os outros. Ela não precisa ficar no caminho e permitir que a negatividade a toque. Ela se sacrificou naquela vida, para ajudar aquelas pessoas.

O SC explicou que ela estava se sacrificando através de seu trabalho, e que havia muita negatividade nele, o que a afetava. Esta era uma das principais razões para seus problemas físicos. Em sua vida atual, ela tinha passado por uma época perturbadora e assustadora, quando seus olhos começaram a agir estranhamente. Eles não estavam se movendo corretamente, mas independentemente um do outro. Naturalmente, isso perturbou sua visão, e ela teve de sair de seu trabalho até corrigir o problema. Os médicos não conseguiram explicar o problema e acharam que ela teria uma doença rara ou provavelmente esclerose múltipla, aplicando-lhe injeções. "Ela precisava passar algum tempo longe de seu trabalho... para tornar a enxergar... para ver com clareza. Ela não teria se permitido parar se não fosse isso. Com certeza, chamou sua atenção". Eles explicaram que não havia doença e que as injeções não afetariam seu sistema. Eles tinham a capacidade de purgar do sistema qualquer coisa que não fosse necessária. "Foi para que ela se lembrasse daquilo que ela sabe. Para se lembrar. Ela precisava se livrar de algumas crenças falsas que abrigava, que causavam medo. A principal crença era que ela estaria doente". Pedi ao SC para fazer uma varredura em seu corpo para saber se havia alguma coisa que poderia nos preocupar. Ela andava tendo problemas no pescoço. "Pensamento rígido. Apegando-se à raiva".

D: De onde vem essa raiva?
S: Achar que outras pessoas estão erradas. Agora, ela vai começar a ver as coisas de maneira diferente.

Disseram-lhe que ela deveria sair de seu emprego e seguir outra direção. Ainda não podiam lhe dizer o que seria, só que ela seria conduzida. Fiquei me perguntando se iria lidar com a cura, como fez naquela outra vida. "Ela é uma curadora, em muitos níveis. Ela cura num nível mais elevado do que a equipe e do que o paciente precisa". Não quiseram aprofundar esta questão naquele momento, mas iria usar seus talentos de cura.

Shirley sempre se sentiu atraída pela Lemúria. Perguntei-lhe sobre isso, e eles disseram, "a Lemúria é um lugar muito especial, com o qual ela tem uma conexão profunda. Ela teve muitas vidas lá, muitas experiências. Esta existência que lhe mostramos foi na Lemúria".

D: *Havia uma energia negativa que ajudou a destruir a Lemúria?*
S: Sim. Foi um campo energético negativo enviado sobre aquela região. Foi intencional. As pessoas que estavam no poder o enviaram.
D: *Com que propósito?*
S: Matar as pessoas que poderiam ir para outros lugares e fugir. Aquelas que tinham conhecimentos e acesso.
D: *Eram dessas pessoas que estavam tentando se livrar. (Sim) Ela sempre se sentiu atraída também por cristais e pirâmides. Aquele edifício tinha a forma aproximada de uma pirâmide, não tinha?*
S: Sim. Mas esses interesses são de outras vidas. Ela tem um longo histórico de uso dessas habilidades. Para ela, é muito natural ser capaz de fazer isso. Ela só precisa se lembrar. Ela está prestes a passar por grandes mudanças. Ela fará mudanças nela mesma, mas também em seu trabalho. À medida que ela se lembrar mais e mais, isso vai ajudá-la a fazer essas mudanças. O momento é este.

Mensagem de despedida: "Lembre-se de quem você é. Você pode fazer o trabalho que veio fazer".

Noutros casos, ficamos conhecendo um pouco mais sobre a Lemúria. Esta civilização existiu antes da Atlântida. Naquela época, a forma humana era diferente daquela que adquiriu depois. Ela não era tão sólida, era mais gasosa, e por isso podia mudar de forma com mais facilidade. Mais tarde, no tempo da Atlântida, ela ficou mais sólida e mais parecida com os humanos que vivem hoje em dia. Nas duas civilizações, tinham grandes poderes mentais e eram exímios na arte da cura.

Há outras menções sobre portais nos meus outros livros, especialmente na Seção 6 de The Convoluted Universe – Livro Dois. São usados para viagens no tempo e para movimentação entre dimensões. Esta é uma das principais maneiras pelas quais os extraterrestres viajam de planeta para planeta. Aparentemente, na época da Lemúria, eles eram muito usados por pessoas comuns.

Capítulo 16
SACERDOTISA NA ATLÂNTIDA

Nina trabalhava com crianças que precisavam de educação especial e também tinha seu próprio centro de cura.

Quando Nina saiu da nuvem, viu-se em pé num lugar arenoso, quase como um oásis. Mas a coisa que chamou sua atenção foi uma abertura que surgiu subitamente diante dela, quase como se fosse um portal para outra dimensão. Tinha a aparência de uma porta de elevador. Enquanto observava, muitos homens e mulheres saíram e passaram andando rapidamente por ela. Ignoraram-na como se ela não estivesse ali. Estavam ocupados conversando e cuidando de suas vidas, sem prestar atenção nela. Então, desapareceram de vista e a abertura se fechou.

Agora, sua atenção concentrou-se sobre o lugar onde ela estava em pé. "Parece-se com um oásis. Um lugar para visitar, para descansar. Desfrutar ou, como dizemos, 'tirar férias', mais do que com um lugar para morar. É quente, mas não é desconfortável". Ela se viu trajando roupas curtas, parecidas com saias, amarradas à cintura com alguma coisa sedosa e macia. A aparência era mais egípcia do que grega. Descalça. Ela era uma mulher de meia-idade. Seus cabelos ruivos eram cacheados e presos no alto da cabeça por meio de um adorno decorativo incomum, todo entalhado, que envolvia seus cabelos. Ela também usava joias complexas: Um bracelete pesado de ouro em torno do braço, parecido com seu colar de ouro adornado com uma pedra vermelha dentro de um disco de ouro. A joia era quase masculina, mais pesada do que usaríamos hoje. Ela também usava brincos de ouro maciço. Encontrei outros casos nos quais joias desse tipo eram usadas em rituais mágicos ou de cura, com poderes místicos. "As joias têm um propósito ou são apenas bonitas?"

N: Elas têm um propósito com relação ao meu papel dentro do meu grupo. Faço parte da elite do meu grupo de pessoas. Elas mostram que você é.

D: *Qual é o seu papel?*
N: O que chamam naquela época: sacerdotisa, mistérios.
D: *Você mora aqui?*
N: Creio que posso viajar até aquele lugar, como as outras pessoas. Não fica exatamente aqui.
D: *Como você viaja?*
N: Numa nave.

Pedi uma descrição da nave. Era uma nave que ia pelo mar, ou o quê? "É reluzente, parece-se com uma bolha". Não, não pareceu ser uma embarcação normal.

N: Mas a bolha é maior na frente e depois afina. Dá para entrar na água ou ficar acima da água. Dá para ver através dela. É uma nave menor, para distâncias curtas, não para percorrer meio planeta. Creio que serve para uma área confinada, pois não acredito que tenha combustível suficiente para ir muito longe. Ela leva até cinco pessoas. Trazem-me aqui e a nave fica até eu estar pronta para partir.

Em alguns de meus livros da série Convoluted Universe foram mencionadas naves semelhantes que percorriam os mares, usadas durante a evacuação da Atlântida.

D: *Mas não eram as mesmas pessoas que você viu no começo?*
N: Certo. Elas estavam saindo de outro lugar.
D: *Quando vocês voltam para a nave e para o lugar onde você mora, como é esse lugar?*
N: Lindo. É como uma ilha, você diria isso. Tem belos rochedos e colinas, árvores e o cheiro do mar à nossa volta. Aves, o vento soprando. É uma cidade, e as casas em que moramos são muito simples. A minha é um pouco maior pelo fato de eu ser a Sacerdotisa dos Mistérios. Tenho minhas coisas, tenho minhas pedras. O lugar onde trabalho, eu não o chamaria de templo, mas... não sei como poderia chamá-lo. As pessoas vão lá, tenho meus cristais, tenho águas com flores dentro. Elas bebem-nas segundo aquilo de que precisam. E há um lugar onde podem se deitar e relaxar numa banheira – não é uma banheira como as atuais – feita

de pedra, onde podem se deitar em óleos, ervas e flores, permitindo que seus corpos melhorem. Ervas, cristais e cânticos.

D: Então, eles a procuram quando estão doentes ou com algum problema? (Sim) Você mora sozinha nessa casa ou tem uma família?

N: Não, você não se casa.

D: Você ensina outras pessoas?

N: Faço curas, mas outras pessoas vêm aprender, são como aprendizes sob minha tutela.

D: Suas joias têm alguma relação com a cura?

N: A pedra vermelha é muito poderosa. O que sinto é sua proteção. E ela pode ser usada nas pessoas se a luz brilha na direção correta através dela. Ela fica presa no colar. Posso tirar a pedra e expô-la para que o sol passe por ela até que a parte da pessoa seja curada, caso outros recursos não tenham funcionado.

Ela era procurada por muita gente para fins de cura. Parte disso era feito mediante o emprego de cristais. Havia cristais grandes e pequenos, com muitas cores diferentes: transparente, púrpura, rosa, verde e um alaranjado. Havia ainda preto, azul claro e azul escuro, tanto transparentes quanto opacos. Todos eram usados para finalidades diferentes, e os menores eram posicionados em diversas partes do corpo, preferivelmente nos chakras. Isso era feito depois que a pessoa saía da banheira, vestia-se e se deitava num tapete de grama. Os cristais maiores eram postos ao redor do tapete. Ela também usava ervas e óleos. No meio da sala, havia uma abertura de pedra na qual se queimavam plantas secas. A fumaça também era considerada curativa, e aparentemente envolvia cânticos.

Ela explicou como adquiriu esses conhecimentos. "Eles me foram transmitidos por aqueles que vieram antes de mim. Não creio que tenha sido minha família. Você é escolhida por uma hierarquia superior de homens caso mostre talentos para fazer isso. Você começa quando é jovem e se, enquanto cresce, mostrar tendências para a cura, levam-na e a ensinam. As palavras "Filhos da Luz" vieram à minha mente. Se você se mostra como um deles, um filho da luz, você é mística e mágica, escolhida para prosseguir e aprender".

D: Então, nem todos podem fazer isso. (Não) Como você se sente quanto a isso? Você está fazendo o que queria fazer?

N: Amo o que estou fazendo. Gosto de ajudar as pessoas. É uma grande responsabilidade, mas muito gratificante.

D: *Quando você foi até aquele outro lugar, era na ilha ou noutra parte?*

N: Era um lugar próximo. Outra terra, não muito distante de nossa ilha. Nosso povo vai passar férias lá.

Resolvi avançar até um dia importante em que estivesse acontecendo alguma coisa. "Há uma reunião. É uma cerimônia muito importante na qual procuramos a orientação da lua. Há muitas, muitas pessoas sentadas num círculo, numa estrutura parecida com um teatro aberto. E há algumas numa plataforma realizando a cerimônia. Estou no palco. Estaremos ajudando, conversando, fazendo coisas, falando com a grande Lua, para que nos ajude na vinda do Ano Novo. Trazendo as energias do feminino, do amor e da paz. Paz". Havia tanto homens quanto mulheres nessa cerimônia. "Os homens estão ali para segurar a luz. As mulheres, para transportá-la. Em sua maioria, as mulheres realizam as curas, mas os homens precisam ancorar a luz para que ela venha. Na verdade, os homens não são curadores da mesma maneira. Fazem outras coisas. Esta é uma cerimônia muito importante, mas é mais como uma coisa feminina. A lua está quase cheia. Neste estágio, ela traz a grande energia amorosa e feminina. E também é a época em que podemos pedir a ajuda da lua. Ela pode orientar você em coisas que lhe são importantes. Orientar no plantio, nas colheitas, para manter as pessoas reunidas. Esta cerimônia só acontece duas vezes por ano".

Eu quis saber se havia algum tipo de governante. Ela disse que havia alguém que tomava conta de tudo, mas ele não morava na ilha. "Ele vai e vem. Mora noutro lugar. Ele vem conferir tudo". Ele usava uma nave diferente. "Maior. Diferente. Quase triangular, com luzes coloridas. Ela não faz barulho algum, é muito silenciosa. Pode pairar sobre a cidade. Ele é um pouco diferente de nós. Sua cabeça é mais alongada, ele é mais alto. Cabelos mais claros. Ele não fala. Comunica-se através de nossas mentes".

D: *Todos têm essa capacidade?*

N: A maioria das pessoas consegue se comunicar de mente para mente. Eu consigo fazer as duas coisas.

D: *Parece que é uma época pacífica na qual todos estão felizes, não é?*
N: É. Não temos problemas neste momento.

Levei-a novamente para outro dia importante.

N: Vejo a escuridão. Sinto um peso. Não há sol. Está escuro. Como se houvesse uma nuvem cinzenta ou algo parecido sobre este lugar onde estou. Sinto o peso e estou triste. Estou confusa. Não sei onde estou. É muito triste, é pesado".

Decidi recuar um pouco para saber o que teria causado isso.

N: (Espantada) Ohhh! ... Vejo as pessoas nas naves. Vejo coisas saindo da terra, do planeta. Material fuliginoso, as coisas estão tremendo.
D: *De onde você está vendo tudo isso?*
N: De uma nave. Há muitas naves. Há muitas pessoas no chão. No começo, pensei que havia uma guerra entre as naves. Agora, não vejo isso. Vejo alguma coisa saindo do solo.
D: *Então, nem todos conseguiram entrar nas naves? (Não) Por que você conseguiu?*
N: Eu precisava ir para levar e preservar aquilo que conheço.
D: *Estava acontecendo alguma coisa na Terra quando as naves chegaram?*
N: Ela já estava começando a tremer. As coisas saíam do solo. Entrei numa nave menor, que foi até a maior. Então, fomos para algum lugar, ficamos sobrevoando e pudemos ver a destruição e a escuridão, a sensação pesada. Não pousamos. Observamos. Matéria escura, fuligem. E dava para sentir vibrações, como se houvesse algo tremendo sob ela. A coisa escura era lançada ao ar e forma essa... a única coisa que consigo ver é esta nuvem escura. Ela está sobre tudo.
D: *Há mais pessoas na nave com você?*
N: Há mais duas mulheres e um homem. As mulheres também são do conhecimento. Elas estão com medo, sentindo-se perturbadas. Eu não. Sinto paz diante disso, como se estivesse admirada. (Esta reação pareceu-me estranha.) Eu sei que tudo vai ficar bem.
D: *Você sabia que isso ia acontecer?*
N: Sinto que sabia.

D: *O que você vai fazer agora?*

N: Neste ponto, só estamos observando as coisas, sabendo que teremos de ir para outro lugar. O conhecimento precisa ser mantido. Não podemos deixar que o conhecimento seja destruído. Ele é muito importante para a sobrevivência daqueles que vão sobreviver.

D: *Vamos avançar. Vocês vão precisar pousar, não é mesmo?*

N: Isso é verdade. Leva algum tempo para chegar lá.

D: *É no mesmo planeta?*

N: Sim, outro lugar. Para mim, diria que se parece com o Egito. Como aquela parte do mundo. Mas não sei se é na nossa Terra.

D: *Aconteceu alguma coisa nessa parte do mundo? (Não) Há outras naves ou apenas a sua?*

N: Algumas conseguiram. E sentem alguma esperança, estão parando noutro lugar. Sinto que era a Terra, ou um planeta parecido. Seja como for, foi a mudança natural das coisas sob a superfície, caso seja a Terra. Coisas que acontecem naturalmente com ela.

Encontrei muitas outras histórias de pessoas que escaparam da destruição da Atlântida por mar. Agarrando-se desesperadamente a seus pergaminhos sagrados e cristais, elas também desembarcaram num lugar que parecia ser o Egito. Naquela época, as pessoas eram mais primitivas, e os sobreviventes selecionaram alguns que podiam compreender o suficiente para poderem transmitir parte do conhecimento. Boa parte dele foi escondida dentro das paredes das pirâmides, para ser descoberta mais tarde. Mas ela só poderia ser descoberta com aqueles que tivessem a vibração e a frequência corretas para descobrir. Algumas dessas pessoas também usaram suas capacidades mentais (mantidas desde a Atlântida) para construir os grandes monumentos.

Pedi-lhe para ver qual foi seu local de desembarque.

N: Mais uma vez, estamos num lugar arenoso. Mas também vejo montanhas ao fundo e podemos ir até lá, morar lá. Não precisamos viver num lugar tão desolado assim, podemos nos tornar nossa própria tribo, uma comunhão. E praticar nossas próprias religiões. Temos maravilhosas árvores frutíferas, coisas boas que podem nos sustentar. Mas nosso conhecimento ainda está aqui. Nós o trouxemos. Temos de pousar e compartilhar o conhecimento.

D: *Como você se sente com relação à destruição que aconteceu no outro lugar?*
N: Mesmo sabendo, no meu coração, o que ia acontecer, ainda me sinto triste. Não pudemos impedir aquilo. Fazia parte do que precisava acontecer.

Resolvi levá-la uma última vez até outra data importante. Ela estava subindo uma longa escadaria num templo feito de pedra, com belas colunas. Dava a impressão de ser o Egito. Usando seus conhecimentos, eles ajudaram o povo que vivia lá a construir o templo. Estavam transmitindo o conhecimento a uns poucos escolhidos, um dos quais era um homem. "É que ele precisa saber para poder passar para outros homens".

Aparentemente, tínhamos aprendido o máximo que podíamos sobre aquela vida, por isso avancei-a até o último dia dessa vida e instruí-a a observar tudo como espectadora, caso desejasse.

N: Vejo tristeza. Choro. Tristeza porque sei que chegou a hora de ir, mas não estou bem pronta para desistir. Formei um vínculo muito forte com aqueles que ensinei. É difícil admitir que tenho de deixá-los.
D: *Alguma coisa errada com o corpo?*
N: Creio que não. Não sinto isso. Só sei que chegou a hora de partir. Estou com muitas, muitas, muitas luas de idade. Mas sinto-me como se fosse muitas, muitas luas mais jovem. Foi como se estivesse sendo chamada para ir para casa.
D: *Como você sabe que é hora de abandonar o corpo?*
N: Foi a sensação que tive. Veio-me a sensação de que estou sendo chamada em casa.
D: *Mas se você está triste por ter de ir, não consegue impedir isso?*
N: Sinto que foi o acordo que fiz para ir quando fosse chamada.

Ela tinha feito muita coisa boa em sua vida e transmitiu seus conhecimentos para as pessoas. Levei-a até o ponto em que ela saiu do corpo e pedi-lhe para olhar para ele.

N: Puseram-no num local de repouso feito de pedra. Era decorado com diversas cores. Fiquei deitada no meio desse templo, e todos passaram andando por mim, rezando.

D: *Agora que você está do outro lado, pode ver sua vida toda. Cada vida tem uma lição. Que lição você teria aprendido com essa vida?*

N: Sair para ensinar, ajudar. Saber quando é hora de partir e que estaria tudo bem. Como foi importante o conhecimento que recebi para a sobrevivência, para as pessoas. E ainda preservo esse conhecimento.

Então, chamei o SC e lhe perguntei porque ele havia escolhido essa vida para que Nina a visse.

N: Para lhe mostrar que ela pode fazer isso na vida atual. O conhecimento nunca se perde. Ela precisa levá-lo adiante nesta vida. Ela está trabalhando com parte dele, bem no começo. Muito mais deve vir à tona. A língua antiga precisa ser ensinada. Ela precisa trazer os segredos para todos. Muita coisa veio da Atlântida.

D: *Onde fica esse lugar que ela estava observando?*

N: É um lugar secreto.

D: *Ficava na Terra? (Não) Aquele lugar original, onde ela praticava essas coisas, ficava numa ilha.*

N: Aquela parte era na Terra. Talvez na Atlântida.

D: *Por que eles não puderam voltar ao lugar onde viviam?*

N: A maior parte do lugar onde viviam foi destruída. Quando entraram nas naves, conseguiram ir para outro planeta. E ela levou o conhecimento, passou-o adiante. Agora, ela precisa trazer de volta o conhecimento. Para a sobrevivência deste planeta, muita coisa precisa ser conhecida.

D: *Vai acontecer alguma coisa neste planeta? (Sim) Pode nos falar sobre isso?*

N: Muitas partes serão destruídas. E muitos vão precisar do conhecimento para salvar aqueles que estão aqui.

D: *O que vai causar essa destruição?*

N: As pessoas. Pessoas que perderam o amor, pessoas que não acreditam que estamos todos conectados. Pessoas que não vão amar nossa Terra ou o próximo.

D: *Então, serão as pessoas que causarão isso e não uma causa natural?*

N: Ambas, pois tudo está interligado. Há pessoas que estão estuprando nossa Terra, tirando tudo do solo sem repor. Envenenando tudo, as árvores, aves e peixes, os lagos. E não largam suas bombas, pois acham que elas são o poder. Estão muito enganados.

D: *Nina vai ser capaz de sobreviver a isso tudo e trazer este conhecimento?*

N: O plano será tentar falar com o maior número de pessoas que ela puder para despertar a semente, ajudando a trazer o amor, a compaixão. E lutar – não como numa guerra – lutar num nível tal que as pessoas possam ver que precisamos nos unir. Temos de parar de fazer essas coisas uns com os outros e com nossa mãe, a Terra.

D: *É uma coisa que ela precisa fazer antes que aconteça o desastre?*

N: Sim, e isso já está começando. (Esta sessão deu-se em 2005.)

D: *Haverá tempo para ela espalhar esse conhecimento?*

N: Haverá algum tempo. Está começando numa escala muito pequena. Mas há outros aqui que estão fazendo a mesma coisa e que vieram de diversos mundos para este mundo, para diferentes culturas. Há aqueles que estão nos observando. E eles sempre dizem, "Será que teremos de tirar vocês daí mais uma vez?"

D: *Já conheci muitas pessoas que se tornarão curadoras. Muitas, muitas pessoas estão me procurando e lhes dizem que precisam ajudar nesse processo. E elas não estão conscientes disso.*

N: Não, mas vão despertar agora. Creio que estamos saindo da minoria, mas as trevas estão se esforçando muito para manter seu lugar.

D: *Como ela poderá se lembrar de suas habilidades?*

N: Nós vamos guiá-la. Ela vai tocar muita gente. E ela vai saber que estiveram juntos antes, e que o conhecimento estará lá.

D: *Ela vai saber usar isso instintivamente quando fizer suas curas?*

N: Não, ela terá de aprender novamente, até certo ponto.

D: *Achei que talvez vocês pudessem trazer à tona as memórias para ela poder usá-las.*

N: Eu poderia. Seria um modo mais rápido de fazê-lo. Eu poderia organizar isso. Ela tem medo de tornar a usar óleos, ervas e cristais. Há o medo porque as coisas foram mal utilizadas na época, mas não por ela. – Sua voz. Seria a melhor maneira agora. Ela deverá falar dos muitos.

D: *O que você quer dizer?*

N: Os muitos membros do Conselho deixam-na falar.

Nina me disse durante a entrevista que acontecia um fenômeno estranho quando ela fazia massagem nas pessoas. Ela começava a falar diversas línguas e conseguia compreendê-las. Ela nunca aprendeu a fazer isso. Algumas das línguas usadas durante as sessões de cura eram desconhecidas para ela ou para seu paciente. Geralmente, era assustador quando os sons saíam. Essa era uma de suas perguntas, de onde vinham essas vozes, essas línguas diferentes?

N: Ela viveu muitas vezes como grande curadora e alquimista. Ela possuía o conhecimento secreto dos mistérios.

D: *Então, a vida que vimos não foi a única vez.*

N: Certo. Ela teve muitas, muitas vidas. Ela tem um acúmulo de muitos tipos diferentes de conhecimento de cura. A mensagem deve ser pela voz. Ela também precisa usar suas mãos de cura. E, sim, suas flores. Os cristais também, mas isso precisa começar devagar.

D: *Ela queria saber porque fala nessas outras línguas.*

N: São ela. E falam quando alguém precisa ouvi-las da época e do lugar de seu conhecimento. Para ensinar a pessoa com quem ela está falando.

D: *Então, são línguas que ela conhecia noutros tempos?*

N: Sim. E algumas provêm de um poder coletivo superior. Algumas são línguas muito antigas, que não são compreendidas pelas pessoas hoje. Mas possuem poder, grande poder.

D: *Ela queria saber como isso funciona.*

N: É a própria palavra, o tom da palavra. E para cada pessoa para quem ela a fala, será diferente. Cada um precisa receber esse som, e o modo como a palavra é dita, faz com que reapareça dentro de sua estrutura celular.

D: *Mesmo que elas não conheçam o significado das palavras?*

N: Sim. No interior de suas células, elas conhecem.

Tive alguns casos nos quais o paciente começava subitamente a falar numa língua estranha. Às vezes, era uma língua reconhecível, ligada à vida passada que ele estava revivendo. Mas noutras ocasiões, não se pareceu com nada que fosse familiar. Tenho uma gravação na qual o paciente falou durante meia hora sem parar numa língua desconhecida. Já toquei essa gravação para grupos em muitos lugares do mundo (inclusive na Índia, onde há muitos dialetos) e ninguém conseguiu identificá-la. Mary Rodwell, colega investigadora australiana, também gravou este fenômeno e descobrimos semelhanças.

D: Então, quando está fazendo uma cura, na verdade está canalizando. Ela está se conectando com suas vidas passadas. É isso que está acontecendo?

N: Correto. Ela também pode limpar a água com sua voz. Ela canta uma canção, uma canção para a água. Uma canção para remover as coisas negativas, os íons. Todas essas coisas que as pessoas colocam na água e a estragam. Ela canta uma canção para limpá-la, para remover essa energia negativa, para que seja reciclada.

D: Ela vai saber fazer isso?

N: Vou dizer o seguinte: ela vai até a água, põe os pés nela, pede que todos a ajudem. E tudo flui de sua boca. Não há problema. – Seu propósito nesta vida é o bem. Seu propósito é ajudar a salvar a Terra desta vez. Não é ficar olhando da nave, pois desta vez há muitas coisas que ela poderia fazer para ajudar. Ela deve participar em vez de assistir.

D: No começo da sessão, ela viu uma coisa parecida com um portal, do qual saíram várias pessoas. O que foi aquilo?

N: Eram todas as pessoas que ela já foi, pessoas que eram ela.

D: E elas nem a perceberam.

N: Não. Isso foi mais para mostrá-las para ela.

D: O que era aquele portal?

N: Era o portal para outra dimensão.

Era quase como se essas muitas vidas, representações dela mesma, estivessem passando e o SC estivesse tentando determinar em qual delas deveríamos nos concentrar. A outra dimensão seria onde todas elas existiam e continuam a existir. É provavelmente a uma dessas dimensões com que nos conectamos quando estamos fazendo as regressões.

Capítulo 17
UMA ESTRUTURA ESTRANHA

Judith é uma mulher adorável que trabalha para uma agência ambiental. Ela vinha sentindo a energia passando por seu corpo e causando tremores e movimentos na cabeça fazia seis anos. Ela queria entender porque isso estava acontecendo e receber informações sobre cura e canalização.

Quando Judith saiu da nuvem, viu uma estrutura incomum, estranha. Ela tentou descrevê-la, "São duas escadas que se encontram num ponto no alto – como se fosse uma pirâmide, como se fosse uma estrutura em forma de "A". Tem uma à direita que vai para o alto, e uma à esquerda, e elas se unem no meio. E dá a impressão de ser o exterior de uma espécie de edifício alto. Sua cor é castanha, cor de argila clara. Não se parece com barro. É difícil dizer. Nunca vi nada parecido com isso. Estou bem em sua base, no meio, onde as duas escadarias se encontram. Não tenho ideia de onde esteja. Não tenho ideia do que seja isto". A estrutura incomum ficava no que parecia ser a clareira num ambiente de selva. "A floresta parece ser mais densa ao redor. As árvores funcionam como uma cobertura. Tenho a sensação de que este deve ser um lugar quente, mas graças às copas das árvores, é mais fresco. Este é o único edifício, a única estrutura que vejo deste ponto de vista. Não compreendo o propósito de ter escadas que simplesmente sobem e se encontram no alto dessa maneira. Não faz sentido algum, não há uma plataforma ou coisa assim. É estranho. As escadas vão até certo ponto, e acabou! Só dá para voltar pelo outro lado!" Ela continuou andando em torno do edifício, procurando uma entrada. "Não há aberturas deste lado. Deixe-me ver do outro lado. Não vejo como entrar nessa coisa! É como se não tivesse porta! Isso é muito estranho".

Então, eu quis obter uma descrição dessa pessoa. Ela estava usando uma espécie de sandália primitiva que parecia ser feita de um tipo de fibra. "São pés de homem! Não são meus pés!" exclamou. Ela usava um tipo de manto fino de algodão que começava acima dos joelhos e ficava enrolado em torno do seu corpo. "É como uma peça de material que me envolve e sobe pelas costas, passa sobre um ombro e fica amarrado". Era claramente um corpo de homem jovem, muito saudável e com músculos definidos. Sua pele era levemente bronzeada e seus cabelos bem escuros. Ela não usava barba e tinha muito poucos pelos no corpo. Usava um chapéu brilhante de ouro, com uma parte que descia sobre suas orelhas. "É muito brilhante. – Não é pontudo, é arredondado, mas não acompanha completamente a minha cabeça. O chapéu tem um propósito, algo a ver com energia. Alguma coisa a ver com o ajuste da energia".

Então, ela suspirou de surpresa. "É como se ele coletasse energia e esta fosse ao chapéu brilhante. E então, posso usá-la para alguma coisa. Não sei como. Mas é como um transdutor, um coletor de energias. Há alguma coisa nesse metal, há alguma coisa em sua forma".

D: De onde vem essa energia?
J: Creio que deve vir de outras dimensões. É a sensação que tenho. Vem de outras dimensões. É como uma energia universal – um ponto de concentração ou algo assim. Ela vai ao chapéu, mas entra em contato com minha cabeça, com meu cérebro, de certo modo. O que estou fazendo com ela? Ela afeta meu cérebro de algum modo, minhas ondas cerebrais ou algo assim. É um modo de coletá-las para mim, de certo modo. É um modo de trazê-la. É quase como se a energia estivesse em toda parte, mas isso a focalizasse. Posso sentir claramente a energia percorrendo o meu sistema. É uma sensação realmente boa. É uma modalidade de cura? Tem alguma relação com essa estrutura. (Longa pausa) Fui até a parede e ao interior.
D: Como você atravessou a parede?
J: Simplesmente caminhei através dela! Ela não tem porta pois, creio, não precisa dela! Com certeza, tem alguma relação com a energia. Ela faz alguma coisa com as moléculas do meu corpo.
D: Oh! Então, você conseguiu simplesmente passar pela parede?
J: Sim. Ela é meio escura, mas tem um brilho natural em seu interior. É como se não tivesse nenhuma fonte de luz, mas há um brilho que não sai de nenhum lugar. Aquele espaço tem uma luminosidade dourada, com um pouco de carmim. Do lado de fora, esse edifício é comprido, mas por dentro é quase como se

não tivesse espaço, digamos assim. Não tenho a sensação de que ele tem algum comprimento, como se vê por fora.

D: *Como assim, não tem espaço?*

J: Bem, sabe quando você olha para um prédio do lado de fora e pensa, "Ah, eu teria de caminhar de uma ponta a outra dele e isso levaria tanto tempo, pois é o quanto leva para fazê-lo do lado de fora. Mas quando você está dentro, o espaço muda. É diferente – É como se não tivesse espaço no interior. (Riso) Não sei como explicar isso. Não há espaço no interior, mas há espaço no interior. É como se estivesse num prédio diferente.

Encontrei esse conceito de distorção do espaço em meu trabalho com casos de abdução por ÓVNIS. Houve ocasiões em que a pessoa entrou numa nave que parecia pequena e descobriu que seu interior era cinco vezes maior.

D: *Tem alguma coisa dentro dele?*

J: Há esta luminosidade, mas ela não ilumina as paredes. Só está ali. De onde vem? Fica muito claro que há uma energia aqui dentro. É como se eu estivesse zumbindo com a energia do interior deste lugar.

D: *Então, é diferente da energia que vem do chapéu? São dois tipos diferentes de energia?*

J: Há a energia do chapéu e há isto. Não é o brilho que cria a energia. É como se agora eu estivesse num espaço dessa energia. É como se a energia estivesse aqui no espaço e eu usasse o chapéu para entrar num tipo de – seria uma frequência? Onde posso acessar o espaço dentro do edifício.

D: *Porque o chapéu foi necessário para passar pela parede, não foi?*

J: Sim. Mas ele está me levando a uma frequência na qual sou compatível. Dentro da estrutura, é como se eu estivesse mais na fonte dessa energia. E o chapéu me coloca em contato com a fonte, para que eu possa ter acesso a ela. E ela me põe em contato com a energia para que eu possa chegar à fonte.

D: *Você consegue distinguir mais alguma coisa dentro daí?*

J: Não. É quase como se fosse outra dimensão. Não há móveis, objetos. Não há espaço. Mas existe espaço. É muito espaçoso. Sinto como se caminhasse, como se pudesse caminhar eternamente aqui dentro, sem encontrar limites. Mas, ao mesmo tempo, não há espaço.

D: *Mas essa energia é boa?*

J: Sim. Certamente. É como uma energia vibratória superior.

D: *O que você faz com essa energia?*

J: Eu a estou coletando aqui no interior. Ela está sendo infundida em mim, e vou levar a fonte de energia comigo quando sair. E fazer alguma coisa com ela quando sair. Sei quando não preciso mais ficar lá dentro e simplesmente saio.

D: *Como você sai do edifício?*

J: Simplesmente saio andando. Formo em minha mente a ideia de sair e simplesmente saio. A próxima coisa que vejo é que estou do lado de fora da parede, mas não vi a parede por dentro. É como se, ao formar minha intenção, eu atravessasse a parede. Agora, estou novamente do lado de fora. Estou do lado de fora da estrutura. É como um portal para essa determinada dimensão aonde fica essa energia.

D: *Você não precisou se aprofundar nessa dimensão? Você só foi lá para coletar a energia.*

J: Sim, pois quando você chega lá, não há para onde ir, pois tudo fica naquele lugar, naquele momento daquele lugar. Está tudo lá. E é como se você perdesse seu corpo, de certo modo, pois ele altera sua estrutura molecular. Assim, se você pudesse andar, não teria para onde ir, pois você está apenas naquela energia. E aquela energia está por toda parte nesse lugar. Não conheço outra maneira de explicar isso.

Como o aborígene em Convoluted Universe, Livro Dois, que foi até a encosta da montanha e desapareceu noutra dimensão.

Agora que ele estava novamente fora da estrutura, ele se afastou, seguindo uma trilha pela floresta. "É uma aldeia. Há outras pessoas lá. Sou o único usando este chapéu. Estou tentando entender isto. Será que eu faço esses chapéus? Estou voltando e há essas peças de metal. E faço alguma coisa com esse metal. É como se eu pusesse fogo nesse metal? Moldasse esse metal? Esta energia está infundida nesse metal. E vou lá, coleto a energia, volto e trabalho com este metal. E sou capaz de trazer a energia e, de algum modo, colocá-la no metal. – Estou tentando observar o que estou fazendo aqui. Estou fazendo formas diferentes com o metal. Algumas são varetas, algumas são mais como estruturas esféricas. Mais como bolas, ou varetas metálicas longas. Quando você começa a mexer nesse metal, ele é realmente sujo e escuro. Mas faço alguma coisa com ele e ele se transforma nesse metal realmente brilhante, brilhante. Numa estrutura completamente diferente daquela com que comecei".

D: *Hmm, fico me perguntando se aquela energia tem alguma relação com isso.*
J: Acho que tem!
D: *Você cria essas formas diferentes e o que faz com elas?*
J: Estou me observando fazendo isso e captando os sentimentos dessa pessoa. Para ele, o que ele está fazendo não tem nada de especial. Ele trabalha com a energia; não é uma situação tão incomum assim. É uma coisa que ele faz, simplesmente. Sinto que ele gostaria de poder fazer outra coisa, mas este é o seu trabalho – basicamente, seu cotidiano nesta vida. Não que ele não esteja contente, mas não é grande coisa. Sabe quando você é muito boa em alguma coisa e faz isso com facilidade e acaba ficando um pouco entediada? Essa sensação. Ele coloca esses objetos numa bandeja que tem uma borda mais alta. A bandeja é feita de um metal diferente. E ela fica girando, seus dedos giram em torno dessa coisa. Sabe quando você faz um vaso de barro ou coisa parecida, com aquela coisa que gira? E vai formando o objeto? É parecido. Essas peças de metal são colocadas nessa bandeja e agora ela está girando bem depressa. Não sei o que ele está fazendo. Tenho de ficar num lugar diferente para poder ver o que está acontecendo. E as peças grudam nela. Elas não ficam soltas, prendem-se. Será uma coisa magnética que segura o metal no lugar? Ela vai girando, vai girando.

Pedi-lhe para avançar e ver o que aconteceu quando o processo terminou.

J: A coisa parou e nada parece muito diferente. Mas acontece alguma coisa com as peças, do ponto de vista energético, quando você faz isso. Ele está pegando cada uma delas e testando-as. Com sua mente, ele as testa e vê se estão bem feitas. E depois, coloca-as numa caixa. Sabe quando você compra várias garrafas de vinho e eles as colocam numa caixa, com vários compartimentos, um para

cada garrafa, com um papelão entre elas? É parecido. Ela também é de metal, e ele as está colocando em divisões diferentes para que fiquem separadas umas das outras. E ele as leva e vende-as para as pessoas. Acho que são varetas de cura ou algo assim. Ele mostra às pessoas como devem usá-las. Ele não ganha muito dinheiro porque leva muito tempo para a energia se dissipar delas. (Riso)
D: *Então, elas podem usá-las por um bom tempo.*
J: Sim. E acho que usam-nas noutras pessoas também! Por isso, ele não ganha muito dinheiro.
D: *Mas são usadas para cura? (Sim) Pode ver como são usadas?*
J: Ele gosta das ovais, as compridas e ovais. Ele as segura com as duas mãos. (Ela segurou as mãos em forma de xícara.) E fecha os olhos. E as energias passam por elas. E elas se concentram naquilo que desejam curar. Por exemplo, se têm algum ferimento, alguma doença, um mal-estar – elas se concentram naquele disco, ou vareta, ou o que for. Cada tipo faz coisas diferentes, e elas se curam.

Ela explicou que as pessoas seguram as mãos juntas como uma xícara e colocam dentro o objeto em forma de disco, e que pegam as varetas compridas com as duas mãos.

J: Sinto a energia percorrendo-a. (Pausa) Acho que as varetas longas e finas estão mais relacionadas com o lado físico. Coisas físicas como um ferimento, um tornozelo torcido, coisas assim. Os ovais colocam-nos mais em contato com coisas espirituais. A forma muda definitivamente a função.
D: *Ele é o único que consegue obter a energia e produzir essas coisas?*
J: Sim, ele é o único nessa região.
D: *Então, ele produz essas coisas e vende-as para as pessoas.*
J: Sim. Mas não é dinheiro. Eles não usam dinheiro. Fazem trocas ou coisas assim. Não tenho a sensação de que essas pessoas se preocupem com dinheiro. Nem se preocupam com coisas do tipo, "Será que tenho o bastante" ou algo assim. As pessoas fazem escambos. Não há muitas coisas materiais, mas essas pessoas não se preocupam com isso.

Então, pedi-lhe para sair daquela cena e avançar até um dia importante.

J: Vejo um diamante enorme no céu. Ele tem muitas facetas. Parece-se com duas pirâmides apoiadas nas bases uma da outra. É lindo! Brilha como o sol na água, e está parado no céu. Estou olhando para ele. – Não posso dizer que ele está girando em torno do seu eixo, mas está fazendo alguma coisa. Ele nunca perde a forma, mas muda muito levemente, constantemente. Dá a impressão de que vai um pouco para a frente e para trás.

D: *O que é essa coisa?*

J: (Pausa) É um mensageiro. (Essa foi uma resposta estranha.) É um mensageiro. Está me dizendo alguma coisa. Estou sozinho. Estou novamente numa clareira. É uma clareira diferente. Não sabia que seria lá.

D: *Talvez seja por isso que ele está aparecendo para você, será que ele não queria que os outros o vissem?*

J: Sim. E de qualquer maneira, nem sei se os outros poderiam vê-lo.

D: *Você disse que é um mensageiro e que está lhe dizendo alguma coisa. O que ele está lhe dizendo?*

J: Não sei. Através da energia. Estou recebendo ondas, ondas e ondas de energia. Mas não dá para ver a energia saindo dele e indo para mim. Eu apenas a sinto. Está vindo de longe, mas consigo sentir as ondas me atingindo.

D: *Mas você está acostumado a trabalhar com a energia.*

J: Sim, mas aquela energia estava simplesmente lá. E esta energia está repleta de informação. Está me falando de coisas que vão acontecer, de certo modo, e a maneira como devo lidar com isso. E a maneira como devo instruir as pessoas a lidar com isso. Sabe, essas pessoas não ligam muito para essas coisas. Sou uma delas, mas, de certo modo, não sou uma delas. Elas gostam do fato de essas varetas poderem curar, mas não têm nenhum reconhecimento por isso. Elas não reconhecem mais o valor das mudanças nas estações, as mudanças nas coisas que acontecem na vida.

D: *É como se tudo devesse ser considerado líquido e certo, é isso? (Sim) Por que você disse que não era uma delas?*

J: Compreendo muito bem a energia e seu funcionamento. Mas ninguém mais liga! Ninguém quer aprender sobre isso. Não entendem que, quando eu me for, ninguém mais vai fabricar as varetas. Ninguém vai poder ser curado depois. É como se considerassem tudo líquido e certo, sem compreenderem as consequências. Eu entendo as consequências. As consequências são que elas poderiam avançar até o ponto de não precisarem mais dessas coisas. E as varetas são uma ferramenta para ajudá-las a compreender que poderiam progredir desse modo. Mas como possuem uma ferramenta que as livra de dores e desconfortos e disso e daquilo e de outras coisas, para elas está bem. Elas não querem avançar. Por isso, depois que essas ferramentas sumirem, elas terão de regredir. Não vão mais avançar, vão regredir.

D: *Elas nem tentariam fazê-las porque não saberiam como se faz.*

J: Elas não têm ideia.

D: *Você disse que não era daí?*

J: Sim. Quer dizer, eu sou alguém à parte. E acho que talvez nem seja originário daí. Sou muito diferente. Mas como eles não ligam, eu não ligo mais para o que estou fazendo.

D: *Se você não é daí, de onde você veio?*

J: Vim do lugar de onde esse diamante veio.

D: *O mensageiro? (Sim) É por isso que consegue se relacionar com ele? (Sim) Mas dá a impressão de que você está aí há um bom tempo.*

J: Sim, estou. Estou aqui há tempo demais. Tempo demais. E a sociedade não avançou. Elas vão acabar retrocedendo. Para mim, acabou a empolgação disso tudo, pois produzo essas coisas, elas usam essas coisas e em algum momento eu vou embora. E então, elas não as terão mais. E me entristece saber que elas nem ligam. Ninguém está pensando, "Puxa, precisamos muito aprender mais sobre isso".

D: *Você nasceu lá? Como chegou lá?*

J: Alguém me encontrou na floresta quando eu era um bebê. Fui simplesmente encontrado lá. Fui deixado ali por esses seres.

D: *Os seres da nave em forma de diamante?*

J: Creio que sim.

D: *Qual a aparência desses seres?*

J: São muito altos, magros e brancos. Altos.

D: *Você se parece com eles?*

J: Não, eu sou mais como um humano. Eles não são humanos. Como será que surgi?

D: *Se quiser, você pode descobrir. (Pausa) Dá para ver de onde você veio originalmente?*

J: Nasci numa nave. Nasci naquela coisa que parece com um diamante. Há algumas pessoas neste planeta que vivem lá. É como se tivessem transcendido ou algo assim.

D: *Elas parecem ser humanas?*

J: Ah, sim, são como as pessoas do planeta. Não sei se fui criado pela engenharia genética ou coisa assim. Aconteceu alguma coisa quando fui concebido.

D: *Que o tornou diferente dos outros?*

J: Sim. Para que eu pudesse descer e ajudar.

D: *Essa era a ideia.*

J: Sim. Mas não funcionou.

D: *Bem, vamos até o ponto onde você estava lá fora olhando para aquela forma de diamante e disse que era um mensageiro que estava lhe dando uma informação. Você disse que tinha alguma relação com algo que iria acontecer?*

J: Sim. Não é uma informação direta, como se dissessem, "Olha, vai acontecer isto, vai acontecer aquilo, vai acontecer assim, vai acontecer na data tal". Não é assim. É como um conhecimento orgânico sobre as coisas. Eu posso sentir quando as coisas vão acontecer ou quando vão acontecer coisas ruins. Basicamente, vou sair logo deste lugar.

D: *Você disse que já estava mesmo ficando entediado.*

J: Sim, mas vou morrer ou vou voltar para a nave? Não sei.

D: *Podemos descobrir. Podemos condensar o tempo e avançar até o momento em que isso acontece. Como você saiu do planeta?*

J: (Pausa) Voltei à nave com eles.

D: *Como você chegou à nave?*

J: Foi como na época em que eu ia a aquele prédio. Foi algo parecido. É como se eu tivesse sido teletransportado até lá. Pode ter sido do edifício. Entrei no edifício e depois eles puderam – eu simplesmente estava lá na nave. Estava lá. – Mas na verdade, estou triste.

D: *Por que você está triste?*

J: Porque acho que eu os decepcionei.

D: *Você fez o melhor que pôde. O resto cabia às pessoas, não?*

J: Sim, sim. Mas esses seres altos tinham esperanças para tudo isso. Estavam tentando. Eu era sua esperança de que isso pudesse prosperar.

D: *Mas eles não se aproveitaram. Não é culpa sua.*

J: Não, mas sempre penso, "O que eu poderia ter feito?" Pois agora estou com uma perspectiva diferente. Agora, penso nas coisas: bem, talvez pudesse ter conversado mais com elas, talvez devesse... Eu sentia certo desdém por aquelas pessoas. E por isso, não me esforcei tanto quanto poderia. Há dois seres que estão conversando comigo. (Pausa) Estou lhes dizendo que sinto que falhei. (Pausa) Eles estão apenas me passando a sensação de que não me julgam, que está tudo bem. Não que falem algo. Eles transmitem a informação através da energia. A situação não saiu como esperávamos que saísse. Mas fiz o melhor que pude e entenderam que me envolvi emocionalmente com tudo aquilo.
D: *Você só pode fazer o melhor que pode fazer.*
J: (Suavemente, melancólico.) Sim.

Então, tirei Judith da cena. Não pareceu haver sentido em levá-la até o dia de sua morte, pois este teria acontecido muitos anos depois. Achei que já havíamos coberto os principais pontos da história. Depois, chamei o SC para explicar a sessão. "Por que você escolheu essa vida para que Judith a visse?"

J: Porque queríamos que Judith soubesse que é isso que ela faz. Ela sabe que sente a energia. Ela está conectada a aquela vida e a todas as suas experiências, em todas as suas vidas.
D: *Quer dizer que em todas as vidas que ela já teve, trabalhou com energia? (Sim) No planeta Terra ou noutros lugares?*
J: Em muitos planetas. Esta vida que acabou de observar não foi na Terra. Na maioria de suas vidas, ela lidou com energia. Outras vidas foram vidas de aprendizado, para que pudesse ser capaz de lidar com certas facetas da existência e pudesse utilizar depois a energia de maneira melhor.
D: *Mas nesta vida, ela ainda não a usou, usou?*
J: Ela a está usando; só não a usa conscientemente.
D: *Ela disse que sente essa energia movendo-se através dela, e que às vezes ela pode ser bem forte.*
J: Sim. Ela ainda está aprendendo a trabalhar fisicamente com ela.
D: *De onde vem essa energia que ela sente?*
J: Vem de outras facetas dela mesma. Ela está sendo filtrada para este plano dimensional, onde existe esta parte dela. Ela compreende o que está acontecendo até certo ponto. É quem ela é, ela teve

problemas para aceitar isso. Há certas coisas com as quais ela precisa se entender antes de poder trabalhar eficientemente com a energia neste plano. Antes de mais nada, ela precisa aceitar isso como parte de sua existência. Segundo, precisa lidar com as emoções mais humanas, lidar com o descrédito, o medo de ser diferente, coisas dessa natureza. Primeiro, precisa trabalhar um pouco consigo mesma. Depois, ela vai conseguir fazer as curas que deseja fazer. Ela será capaz de canalizar esta energia de maneiras diferentes. Há muitas, muitas maneiras de canalizar esta energia. Ela só pensa naquilo que conhece. A cura é uma coisa. A transferência de informações é outra. Mas a maneira como pensa nisso é meramente verbal. Há muitas maneiras de canalizar informações, não apenas verbais. Ela sabe disso noutros mundos, mas aqui não compreende isso.

D: *Porque nós, humanos, trabalhamos principalmente com a voz. É assim que operamos.*

J: Sim. Ela pode usar isso da maneira que desejar. A cura é uma coisa pela qual ela se interessa, pois tem interesse em ajudar as pessoas. A energia foi retirada durante um breve período para que ela pudesse se ajustar a certas coisas. Agora, porém, a energia está voltando e ela vai aprender a lidar de modo mais eficiente com mais energia. Ela a controla, mas não compreende a maneira pela qual a controla. Não é a parte consciente de sua mente que ela acha que deveria conseguir controlá-la. Quando buscar outros planos dimensionais, vai ganhar automaticamente mais controle sobre essas capacidades e a energia que ela é. Ela atingirá certo estado de conhecimento, um conhecimento orgânico. O conhecimento, a informação, simplesmente estarão lá. Quando aceitar quem e o que ela é, o conhecimento virá com isso. Esta energia é uma energia de conhecimento e de cura.

D: *Por que a idade de três anos é tão importante para Judith? Ela sempre volta a pensar nessa idade.*

J: Foi nessa idade em que ela entrou plenamente no corpo. Era nessa idade em que ainda tinha conhecimento de quem ela era noutros níveis. E foi nessa idade que resolveu ficar e explorar.

D: *Quer dizer que antes dos três anos ela não estava totalmente no corpo?*

J: Não, sua consciência não estava totalmente no corpo. Na verdade, isso acontece normalmente com crianças nessa idade. Enquanto não atingem certa idade, ficam entrando e saindo o tempo todo. Tinham me dito que fazíamos isso até os dois anos de idade, mas imagino que podemos fazê-lo por mais algum tempo.

D: *Então, isto é importante porque ela decidiu ficar e entrar plenamente no corpo?*

J: Sim, e ela também ainda tinha consciência de si mesma em noutros níveis, e tomou uma decisão muito firme de usar esse conhecimento de formas que pudessem ser úteis aqui. Esta foi uma época muito madura, quando ainda não estava completamente condicionada aos hábitos deste ambiente.

Capítulo 18
ATLÂNTIDA

Mitchell foi um caso difícil, e tive de me esforçar realmente para chegar a conseguirmos informações. Às vezes, isso acontece quando o paciente é "obcecado por controle" ou trabalha numa atividade que o leva a se concentrar mais no hemisfério esquerdo. O lado esquerdo do cérebro é a parte que lida com controle, análise e números. Quando tenho um paciente engenheiro, CEO de uma grande empresa, contador ou professor de matemática (Argh! São os piores!), sei que terei de trabalhar em dobro para tirá-lo daquela parte do cérebro e levá-lo ao lado direito, onde ficam imagens e lembranças.

No caso de Mitchell, ele era capaz de visualizar, mas todas as cenas eram desta vida. Levei-o para trás nesta vida até a idade de bebê. Então, eu tentava passar disso para que fosse até outra vida ou estivesse do lado espiritual, planejando a vida atual. Mas nada pareceu funcionar. Sou muito paciente, e após mais de 45 anos fazendo isso, tenho uma bolsa de truques bem grande. Quando trabalho com esse tipo de personalidade, tenho de me esforçar mais e recorrer a muitos desses truques, mas consigo. Quanto mais tempo a pessoa fica em hipnose, mais profundo será o transe, mesmo que lutem para combater isso. Mais cedo ou mais tarde, venço essa resistência e chego ao ponto do qual sairá a informação. A maioria dos hipnotizadores não tem paciência para continuar tentando e por isso acordam o paciente cedo demais. Sei que, se insistirmos, vamos conseguir. Só precisamos nos esforçar mais.

No caso de Mitchell, tentei diversos métodos diferentes e, embora estivesse visualizando, não estava obtendo cenas de vidas passadas ou informações úteis. Ele já estava sob hipnose fazia uma hora e por isso eu sabia que estava num nível tão profundo que eu podia tentar chamar o SC. No começo, ele tentou controlar isso e impediu-o de aflorar. Às vezes, nossa velha e estúpida mente consciente pode ser bem poderosa, embora não seja a parte com que queira lidar. Essa parte não conhece nada útil, mas não quer abrir mão do controle. Finalmente, vi sinais de que o SC estava vencendo a batalha e que eu iria conseguir comunicar-me com ela. Mesmo assim, tive de me manter alerta para os momentos em que a mente consciente tentava voltar à tona. Quando vi que o SC estava lá, minha primeira pergunta foi, "Por que Mitchell não consegue ver suas vidas passadas?"

M: Seu medo do fracasso acaba interferindo.
D: Por que ele tem medo de fracassar?
M: Porque há muito tempo estão lhe dizendo que ele tem potencial.
D: Ele tem um potencial maravilhoso, não tem?
M: Tem, sim. E realizou parte dele.
D: Mas ele ainda teme o fracasso?
M: Ele tem medo do fracasso. Ele também sofreu. Teve dificuldade para admitir isso, pois às vezes, quando não conseguia controlar tudo, sofria.
D: Quer dizer, noutras vidas?
M: Noutras vidas e nesta vida.
D: É por isso que não quer ver essas outras vidas?
M: Ele quer vê-las, mas está se segurando. Tem medo de perder o controle e sofrer as consequências.

Depois, tive uma conversa com o SC sobre como seria útil ver algumas dessas coisas. Se Mitchell conhecesse as causas, poderia compreender melhor seus efeitos na vida atual. Sugeri que o SC lhe falasse sobre algumas vidas mais significativas. Mitchell não precisaria vê-las se eles achassem que iriam perturbá-lo. O SC podia simplesmente falar-lhe sobre elas. Seria uma maneira segura. "Foi num determinado período do tempo?"

M: Isso aconteceu em muitos períodos diferentes. Aconteceu várias vezes.
D: É por isso que é difícil escolher apenas uma?
M: Sim. Ele tem consciência de ter fracassado na Atlântida.
D: Como aconteceu isso?
M: Ele não foi forte o bastante. Não teve controle emocional para ficar no lugar onde precisava ficar para trabalhar com as energias da maneira como tinham de ser trabalhadas. Trabalhar com as energias através dos cristais exige que a pessoa esteja bem centrada.

D: *Havia outros fazendo a mesma coisa? (Sim) Como eles direcionavam a energia para os cristais?*
M: Com suas mentes. Eles tinham controle sobre suas intenções e suas atenções, coisas que você não consegue fazer se estiver num estado emocional de medo. As emoções interferem nisso quando estão desequilibradas. Quando estão equilibradas, fortalecem as intenções.
D: *Aconteceu alguma coisa para criar esse medo?*
M: Ele duvidou que tivesse a capacidade de igualar o poder desses outros planos. Aqueles que estavam diretamente na sua presença trabalhavam juntos. Na Atlântida, outros tinham outros planos. Os egos interferiram com essas tecnologias, e seus egos ficaram no caminho de planos mais elevados.
D: *Havia dois grupos diferentes?*
M: Sim, embora o outro grupo tivesse facções, eles não estavam propriamente unidos em seus planos, embora todos fossem egoístas. Estavam tentando controlar as energias da Mãe Terra. Suas intenções eram o controle, em termos de hoje, para fins militares. Certamente, não era para o bem maior da humanidade ou da natureza. Estavam tendo sucesso em canalizar as energias, mas não em controlá-las. Eles não sabiam o que estavam fazendo. Suas crenças egoístas em suas próprias capacidades não estavam alinhadas com a realidade. Eles não eram tão poderosos quanto imaginavam que eram.
D: *Mexendo com coisas com as quais não deveriam mexer?*
M: Correto. Seu grupo estava tentando apoiar a Mãe Terra na manutenção do equilíbrio.
D: *Eles estavam fazendo isso projetando energia nos cristais?*
M: Sim. Uma energia mais harmoniosa, mais amável, poderíamos dizer, quando suas próprias emoções estavam desequilibradas. Isso foi difícil.
D: *Era difícil para os humanos fazerem isso, superar suas próprias emoções? (Sim) Mas nesses dias, eles não tinham controle sobre suas emoções?*
M: Tiveram em dada época, não no final. Não o bastante.
D: *Então, no final, quando estavam fazendo isso, ele questionou sua própria capacidade?*
M: Sim. No final, em seu coração, sabia que não teriam sucesso.
D: *Havia duas energias ponderosas em ação, não havia?*

M: Sim, como costuma acontecer nesses reinos da dualidade. Suas intenções foram boas. Ele fez o melhor possível.

D: Então, na verdade ele não fracassou. Era um trabalho difícil demais, grande demais. No final, o que aconteceu? Não conseguiram manter a energia positiva?

M: Correto. Foi como uma onda chegando que se encontrou com uma onda saindo no litoral, e depois se reunindo. Houve uma reação energética movendo-se rapidamente, grande o suficiente para reorganizar a Terra.

D: Seria um poder terrível, não? (Sim) Uma cancelou a outra?

M: Não. Uma era maior do que a outra. A negativa.

D: Você disse que isso acabou reorganizando a Terra? O que quer dizer isso?

M: A Atlântida foi destruída, embora não toda de uma vez, mas esse processo teve início.

D: Então, foi um processo gradual?

M: Houve uma perda imediata de almas. A Atlântida e o restante se seguiram com o tempo. É um dispositivo de proteção.

D: Como assim?

M: Quando poderes reunidos pela mente ultrapassam o crescimento da consciência, em vez de permitir-se a destruição de tudo, essas mentes serão removidas para um recomeço. Esse é o dispositivo de proteção. Interrompa a consciência que está ficando errada. A tecnologia é removida do controle daquela consciência. Limpa-se a lousa até certo ponto, para que a consciência tenha tempo de acompanhar, mesmo que leve tempo para recomeçar.

D: Mas pode levar um longo tempo para começar tudo de novo.

M: Podemos ter essa impressão, mas o tempo, na verdade, não é uma questão importante no esquema geral das coisas.

D: Então, é por isso que a Atlântida precisou ser destruída? (Sim) Também havia muitas pessoas boas lá, não havia?

M: Sim, é verdade. Levando em conta que o que foi destruído, foi um aspecto físico.

D: O que aconteceu com Mitchell naquela vida? Você disse que ele não foi capaz de realizar tudo aquilo que estava fazendo?

M: Verdade. Seu corpo físico morreu.

D: Você disse que parte da Atlântida foi destruída gradualmente. Como foi destruída?

M: O aspecto físico daquilo que era chamado de Atlântida acabou sendo coberto pelas águas, em sua maior parte. Foi um modo eficaz de limpar a lousa e de remover as tecnologias ofensivas.

D: Então, ele morreu na água quando esta subiu? (Sim)

Veja o capítulo em The Three Waves of Volunteers, Capítulo 31 (Keepers of the Grid), onde apresento uma explicação mais detalhada do incrível poder que foi liberado e que quase destruiu a Terra. Tudo teve de ser destruído para impedir que isso acontecesse.

D: Então, ele tem levado adiante essa sensação de fracasso, mas estava enfrentando uma situação intransponível.
M: Sim, estava.
D: E ele não deveria se sentir pessoalmente responsável por alguma coisa que não podia controlar.
M: É verdade. O resíduo estava em seu corpo emocional. O resíduo emocional é levado adiante para outras vidas.
D: Então, teve outras vidas nas quais se sentiu fracassado?
M: Sim, sim. Para Mitchell, a dinâmica emocional daquilo que ele carrega tem se tornado uma profecia autorrealizável. Já é hora disso acabar.
D: Porque não queremos que ele continue levando isso adiante. O karma já deveria ter sido compensado, não deveria?
M: Não há isso de "deveria". Ou foi, ou não foi. Seria um bom momento para deixá-lo para trás.

Então, o SC concordou em remover o resíduo do corpo emocional. Mas primeiro, teve de obter a permissão de Mitchell em virtude do livre arbítrio. Mitchell concordou prontamente. Pedi-lhe para me dizer como iria remover o resíduo. "Ele pode ser apagado. É questão de apaziguar as águas". Até mesmo durante o trabalho, a mente consciente de Mitchell estava tentando interferir. O SC disse que ele estava tentando voltar. Eu sabia que isso iria prejudicar o que estava sendo feito, e assim pedi a Mitchell que ficasse de lado, observando e ouvindo, sem interferir. Ele concordou em fazer isso. Ficou respirando fundo enquanto o SC trabalhava no corpo emocional. Enquanto fazia isso, continuei com as perguntas de Mitchell. Naturalmente, sempre haveria a principal, "Qual o seu propósito?"

M: Ele está aqui há muito tempo. Esteve envolvido no ancoramento da energia em diversas áreas da Terra. Ele tinha as energias de fundação de diferentes culturas indígenas e das sabedorias que elas abrigam. Fez parte do processo criativo.

D: *O que você quer dizer?*

M: A Terra é uma escola. Ela tem diversas salas de aula. Salas de aula diferentes, com frequências diferentes, apoiando expressões diferentes da cultura, do conhecimento e da criatividade. Cada cultura tem sua própria música, sua própria linguagem e suas próprias frequências.

D: *Como você quer que ele faça isso agora?*

M: É o que ele tem feito sem perceber isso na época. Viajar pelo mundo conhecendo xamãs, professores diferentes em culturas diferentes. Sua presença nesses lugares conferiu reconhecimento à presença e à validade deles e de seus dons culturais, servindo para reativar essas sabedorias que estão emergindo. E no caso de Mitchell, ele estava transportando pedaços dessas energias originais... do ancoramento original dessas energias. Sua presença é como uma chave na fechadura para abrir a porta que leva ao aparecimento ou reaparecimento dessas frequências. – Ele estava lá antes das culturas emergirem, mas plantou as energias.

D: *Provavelmente, não tinha um corpo físico nessa época, tinha?*

M: Não. É um lugar como Machu Picchu. A razão para que Machu Picchu esteja lá é que a energia já estava lá.

D: *E as pessoas que construíram esses lugares sentiram essa energia?*

(Sim)

Pergunta sobre algum karma a ser compensado: "O karma é uma coisa pessoal. Ele está fazendo um bom trabalho para equilibrar velhos karmas – e velho é uma expressão capciosa, pois só existe o agora – sem criar novos karmas.

D: *Então, pelo menos realizamos aquilo que nos propusemos a fazer nesta sessão, mesmo tendo tido de dar voltas por cima, por baixo e pelos lados para chegar lá. Mas seu sistema de crenças é que bloqueava tudo, não era?*

M: Sim, seus medos.

D: *Mas você me conhece, não desisto.*

M: Agradecemos. (Ambos rimos.) Sempre vamos apoiá-lo.

Mensagem de despedida: Agradecemos por seu coração, suas intenções sinceras e sua integridade, e agradecemos por tudo que ele está fazendo para levar a humanidade até seu potencial pleno. Deus o abençoe, Mitchell. Obrigado, Dolores, bênçãos.

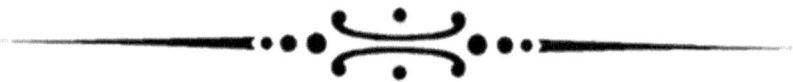

Tenho outros casos similares ao de Mitchell. Um deles envolve Cathy, de Nevada, que foi a uma cidade de cristal onde usavam energias muito similares às da Atlântida. Mas ficava noutro planeta. O SC disse que outros planetas passaram por problemas similares, pois suas civilizações enfrentaram o mesmo destino em virtude do mau uso dos cristais. Ela deve trazer de volta seu conhecimento do uso da energia dos cristais, aplicando-a à cura.

Outro caso é o de Christy, de Memphis. Ela usava uma máquina geradora de frequências para cura, utilizando luzes para regular as frequências e devolver a harmonia ao corpo. Ela dependia do poder mental da pessoa. Podia ser operada por uma pessoa e produzia energia pura. Era real, era eficaz, mas ficava parada, sem uso. Os outros curadores preferiam usar máquinas com cristais. Eram poderosas, mas distorciam a energia. Havia cristais em caixas com algum tipo de fluido. A luz que brilhava através das caixas gerava poder pelas pessoas na sala. Eram usadas para finalidades erradas (especialmente sexuais) e distorciam os efeitos.

E outro caso é o de Denise, de Memphis. Quando os atlantes aprenderam mais sobre o uso das energias e seus conhecimentos se expandiram, ficaram fascinados com a manipulação da energia. Descobriram novas maneiras de fazer experiências com ela e de direcioná-la. Perderam de vista seu uso para finalidades positivas da vida diária, como cura e equilíbrio. Quando a energia (multiplicada pelo número de pessoas que a concentravam e aumentavam seu poder) foi usada por motivos negativos, ficou desorientada e distorcida, tornando-se destrutiva. Ficou tão poderosa que voltou-se para si mesma. Esta foi uma das razões para a destruição da Atlântida.

Capítulo 19
OS REGISTROS OCULTOS DA ATLÂNTIDA

Julie era uma jovem estudante que parecia não ter quaisquer problemas graves. Ela quis realizar a sessão principalmente por estar preocupada com a carreira que deveria seguir.

Ela saiu num deserto de areia amarelada que se estendia até onde a vista alcançava. Estava em pé ao lado de algo que pareceu ser um muro, no início, e que, após uma observação mais atenta, mostrou ser uma pirâmide bem grande. Era uma estrutura sólida, lisa e bem reluzente. "É reluzente e quente... bem poderosa. Dá para sentir o calor saindo dela. Creio que o calor é apenas o poder de muitos. É uma sensação reconfortante. Caminho ao seu redor e vejo algo no topo dela, como se fosse uma antena ou algo parecido".

Pedi-lhe para observar seu corpo. "Sandálias de corda. Posso sentir o calor da areia. Roupas brancas em torno da cintura que vão até os joelhos. Uma blusa de algum tipo, mas nada como eu já tenha visto antes. Sem mangas, como um colete. – Pele avermelhada. Cabelos castanhos, muito escuros, amarrados atrás com alguma coisa". Era um jovem, talvez com vinte e tantos anos. Usava pulseiras de ouro decoradas com ondas. Também usava um pingente grande (do tamanho de um punho) em torno do pescoço, com um entalhe gravado que ele não descreveu.

J: Estou procurando a porta.
D: Você quer entrar por algum motivo?
J: Sim. Estou tentando encontrar uma coisa.
D: Você sabe o que está procurando?
J: Acho que é a biblioteca. Livros. Há um tijolo que tenho de apertar na parede lateral. Então, parte da parede se abre. Há uma escada descendente. Desço a escada. Tenho uma tocha. A escada leva a uma passagem. Viro à direita. Paredes espessas de cada lado e no alto. A passagem é pouco maior do que eu.

Ele ficou andando e virando pelos corredores e desceu mais escadas até chegar a uma porta de madeira. "Para abri-la, preciso de uma chave".

D: Você tem a chave?
J: Sim, é o meu colar. O pingente. Aperto-o contra a porta e viro. Há uma mossa na porta que se encaixa no pingente. Há um mostrador com o pingente nela, e eu o giro. Ouço a porta rangendo e abrindo.
D: Então, não é qualquer um que pode ir aí. Você precisa dessa chave especial.

Isso se pareceu muito com Deb no capítulo Crânios de Cristal, só que dá a impressão de que estão em partes diferentes do mundo.

J: É uma sala grande, muito grande, com teto alto e muitos livros. E tudo parece reluzir. Como tesouros escondidos... muito conhecimento. Estou olhando ao redor da sala para ter certeza de que nada sumiu. Sou o guardião desta sala. Acho que as pessoas não sabem que sou o guardião. Creio que isso é segredo. Faço outra coisa, mas também faço isso.
D: Qual é seu outro trabalho?
J: Eu escrevo.
D: Você faz isso neste lugar ou noutro lugar?
J: Ambos. Estou escrevendo sobre pedra.
D: É difícil escrever sobre pedra?
J: Não uso as mãos. Penso nas palavras e elas aparecem.
D: Isso é como mágica. (Sim) Sobre o que você está escrevendo?
J: A história de uma civilização que não existe mais.
D: Pode me falar sobre algumas coisas que está escrevendo?
J: Os símbolos não fazem sentido. Não os compreendo agora. Não são palavras. São um alfabeto que não conheço.
D: O que você faz com a pedra depois que acaba de escrever?
J: Empilho-as contra a parede. Elas se tornam parte desta biblioteca.
D: Mas ninguém mais pode vê-la, a não ser você?
J: Eles não estão prontos para vê-la.
D: São coisas que só você conhece e mais ninguém?
J: Agora, sim.
D: O que quis dizer com "agora"?

J: Essas pessoas não estão mais lá. Aquela civilização sumiu.
D: *As que construíram esta pirâmide?*
J: Não, esta não.
D: *Uma civilização noutro lugar?*
J: Sim... muita água.
D: *Como você conhece aquela civilização?*
J: Creio que fui mandado para longe para que outros a conhecessem quando fosse preciso.
D: *E você deveria preservar os registros de sua história? (Sim) E você veio até este lugar. E aqui, você está tentando escrever essa história para que as pessoas a conheçam?*
J: Sim. É muito importante.

O outro lugar onde ele escrevia era uma aldeia próxima da pirâmide. As pessoas não sabiam de seu trabalho na pirâmide. Na aldeia, ele escrevia cartas para pessoas muito importantes. Não havia muitas pessoas que soubessem escrever. Essencialmente, ele estava vivendo duas vidas. Na aldeia, ele tinha uma vida normal com sua família. "Moro numa bela casa, mais bonita que as outras". Ele também escrevia livros. "Eles os chamariam de ficção, mas são histórias de um tempo que passou".

D: *Esses também são escritos com a mente?*
J: Não, esses são escritos à mão. Eu os vendo. São muito populares. Baseiam-se em tempos passados.

Avancei-o até um dia importante, e ele disse que tinha ficado muito idoso. "Agora, é hora de sair da cidade e passar meu pingente para outro homem".

D: *Você está passando o conhecimento?*
J: Sim, mas não o conhecimento. – A guarda.
D: *Então, ele não se perderá?*
J: Ainda não será encontrado. Será, mas mais tarde.
D: *Você mostrou ao outro homem como escrever com a mente?*
J: Não, isso acabou.
D: *Você já escreveu toda a história do lugar de onde veio? (Sim) Então, esse homem não precisa conhecê-la? (Não) Ele só deve vigiá-la. Ele não precisa conhecer a mágica que você conhecia.*

Talvez algumas dessas coisas não possam ser transferidas. É isso que você quer dizer? (Sim) Pode me falar um pouco da história que você escreveu sobre o lugar de onde veio? Isso vai ficar em segredo. Não vou contar para ninguém. (Oops!! Só para alguns milhares de leitores!)
J: Perderam o respeito. Um não respeitava mais o outro. Havia muita competição, não havia fraternidade suficiente. Eles não se amavam mais. Queriam mostrar que eram melhores do que os outros. Também desrespeitavam a natureza, e a natureza não gostou disso. Houve terremotos e muita água, água demais.
D: Você estava lá quando isso aconteceu?
J: Não, mas pude sentir. Creio que eu estava conectado com aqueles que estavam lá.
D: Acha que um dia alguém vai localizar esses registros?
J: Sim, quando estiverem preparados.

Ele disse que já estava bem idoso, e por isso levei-o até o último dia dessa vida para descobrir o que aconteceu com ele. "Já fui embora. Puseram-me num barco com muitas velas e estão me empurrando na água".

D: Havia alguma coisa errada com seu corpo? Você estava doente?
J: Não, acho que só estava velho. Nunca fiquei doente.
D: Eles costumam fazer isso quando alguém morre?
J: Foi o que eu quis. Eu quis voltar para ficar com meus irmãos e irmãs.
D: O que você quer dizer com "voltar"?
J: Para a água... para o lugar de onde eu vim. Creio que estava cansado. Fiz o que tinha de fazer e era hora de voltar.
D: Como assim, "Você veio da água"?
J: Creio que era o lugar de onde viajei para chegar até aqui.
D: Onde a outra civilização afundou? (Sim) Então, você quis voltar para lá e eles respeitaram isso, colocando-o num barco e mandando-o para o mar.
J: Sim. Fui embora. Vi o barco sendo empurrado e me fui. Agora, estou flutuando e subindo.
D: Já sabe para onde está indo?
J: Não. Só flutuando.
D: Está contente por ter saído do corpo? (Sim).

Pedi-lhe para olhar para sua vida toda e procurar entender qual foi o propósito dela. "Trazer o conhecimento, mantendo-o seguro, para que nesta era não repitamos os erros".

D: *Nesse lugar onde você está agora, consegue ver se aquele conhecimento ainda está sendo mantido naquele lugar? (Sim) Ninguém o encontrou ainda? (Não) Isso é bom. Ele ainda está seguro e protegido de qualquer mudança.*

Então, chamei o SC para obter mais informações. Perguntei-lhe porque ele escolheu aquela vida para mostrar a Julie. "Escrever é conseguir encontrar o conhecimento. É importante divulgar o conhecimento para as pessoas. Escrever é um bom caminho". Naturalmente, esta era uma de suas principais perguntas: Qual o seu propósito? O que ela deveria estar fazendo? Ela possuía muitos talentos e poderia percorrer muitos caminhos. Ela já havia viajado por boa parte do mundo. O SC disse que este era um dos caminhos que ela poderia adotar, e era bem importante. "Ela está obtendo impressões do mundo, vendo-o como um globo. Suas viagens e experiências vão influenciar os seus textos. Ela está aprendendo a não julgar. Muitas viagens. Mostrando às pessoas como viverem umas com as outras e a não julgar um livro pela capa. A fotografia. A imagem também será muito importante". Houve muitas outras informações sobre sua carreira e sua vida pessoal. Mas algumas coisas ainda não puderam ser reveladas. "O suspense é o tempero da vida".

D: *A civilização de que ela estava falando era a Atlântida ou alguma outra? Aquela que foi destruída?*
J: Alguns a chamaram assim.
D: *Ela disse que não estava lá e que não morreu quando a ilha afundou.*
J: Não. Ela foi mandada para longe para salvar o conhecimento, pois ainda estava conectada às pessoas de lá. Ela as sentia quando não existiam mais neste plano.
D: *Desse modo, conseguiu preservar as memórias e escrever sobre elas? (Sim) Como ela viajou?*
J: De barco, antes do ultimo desastre.
D: *O último desastre? As pessoas têm dito que aconteceram diversas coisas? (Sim) Essa pirâmide ainda existe?*

J: Com uma forma diferente. Ela mudou, mas ainda está lá.
D: *Naquela época, ela a descreveu como lisa e brilhante. Isso mudou?*
J: Foi posta outra coisa sobre ela, uma forma diferente.
D: *Outra coisa foi construída sobre ela? (Sim) O que aconteceu com a original?*
J: Foi destruída de algum modo.
D: *Mas o conhecimento estava enterrado, não estava? (Sim) E por isso, não foi destruído, foi?*
J: Não. Aqueles que precisavam saber construíram uma nova forma e um novo túnel.
D: *Qual a nova forma que foi construída depois?*
J: Parece-se muito com um gato. Muito grande, mas não tão grande quanto as formas que a cercam.
D: *E qual a aparência dessas formas?*
J: Muito parecida com aquelas que foram destruídas.
D: *Então, construíram outra entrada. Você disse que é como um gato. Toda a estrutura se parece com um gato?*
J: Não, deveria ser, mas foi alterada no último instante, e o rosto é de alguém que governou aquela terra. Um ego mudou a forma.

Ficou óbvio que ela estava se referindo à Esfinge. Isso também se pareceu muito com a história apresentada em The Convoluted Universe – Livro Dois, Capítulo 3, sobre o Povo Gato. Nessa história, a Esfinge original tinha o rosto de uma mulher e o corpo de um gato. E isso foi mudado quando os homens assumiram o poder.

D: *Acho que sei do que você está falando, e dizem que seu rosto é muito pequeno para o corpo. (Sim) Originalmente, ela teria o rosto de um gato?*
J: Era como deveria ser originalmente. Isso foi mudado antes de ser concluída a estátua.
D: *Você acredita que esse conhecimento será descoberto com o tempo?*
J: Sim. Não vai demorar muito, mas as pessoas não vão saber de imediato. Vai ficar em segredo quando o encontrarem.
D: *Por que vai se manter em segredo?*
J: Poder demais. Há poder no conhecimento e no ato de impedir que outros tenham acesso ao conhecimento.

D: *Então, não vão querer que as pessoas saibam. (Não) Mas um dia ele virá à tona. (Sim)*

Já foi dito por muitos (inclusive Edgar Cayce) que a Esfinge fica sobre um Salão de Registros. Conversei com pessoas que exploraram sob a Esfinge e me disseram que há túneis lá. Uma das razões para ainda não terem explorado tudo é que normalmente ficam cheios de água. Num dos meus livros, é dito que as entradas para as salas onde estão localizados os registros estão protegidas por alguma coisa similar a campos elétricos. Por isso, você teria de ter a vibração e a frequência certas para poder aproximar-se delas. Os antigos puseram ali muitos dispositivos inteligentes de proteção.

Capítulo 20
EXPERIMENTOS NA ATLÂNTIDA

Amber havia trabalhado muitos anos como enfermeira, mas desistiu depois de sofrer "esgotamento". Ela quis tentar uma carreira diferente e agora trabalhava num escritório.

Esta sessão começou como uma regressão normal e típica a vidas passadas, mas assumiu um estranho desvio antes do final. Sempre espero o inesperado.

Amber viu-se como um homem de quarenta anos sentado no posto de vigia de um grande navio, com grandes velas brancas. Ele viu que haviam ancorado perto de uma ilha. Só enxergava a mata e uma praia rochosa. Não havia ancoradouro, e por isso os marinheiros baixaram escaleres e estavam remando na direção da ilha. O homem não os acompanhou; ficou no navio e observou desde a gávea. Viu que os marinheiros empurraram os barcos na terra, saíram e entraram na mata. Ele sabia que tinham desembarcado ali à procura de comida ou de coisas de valor. Estavam no mar fazia trinta dias e seus suprimentos estavam ficando escassos. Só ficou no navio uma tripulação básica. "É tedioso, é paciência, mas é chato. Teria sido mais empolgante ir com eles".

Isso poderia levar algum tempo, e por isso acelerei o tempo para saber se acontecia alguma coisa. "Estou no parapeito do navio, observando-os. Eles foram atacados. Havia selvagens. Estão lutando. Estão tentando fugir deles e estão voltando para o navio".

D: *Eles conseguiram alguma comida? Você consegue ver?*
A: Não. Foi uma emboscada. Poucos conseguiram voltar. Muitos morreram. Foi um massacre. Foram pegos desprevenidos, de surpresa. Alguns entraram nos botes. Estão feridos. Estão sangrando. Voltam para o navio, mas não conseguem sobreviver. Foram atingidos por alguma coisa como dardos envenenados, lanças ou algo assim. Estão resfolegando e ficando coloridos: azul, preto. Estamos com medo de pegar isso. Estamos jogando-

os pelo parapeito. Estou tentando levantar âncora e sair daqui. Não restaram muitos de nós. Somos uma tripulação básica e estamos tentando sair dali.

D: *E o capitão?*

A: Tenho vontade de dizer que ele é um frouxo, não ajuda muito. É fraco, não é um bom comandante.

D: *Então, ele não foi à terra com os outros?*

A: Foi, mas voltou. Deixou nossos homens entregues à morte. Foi um banana. Um covarde.

D: *Portanto, não restaram muitos para cuidar do navio? (Não) Vocês conseguem fazer isso?*

A: Nós o fazemos e estamos rumando para o mar. Temos conhecimento suficiente para isso, mas não sei se conseguiremos sobreviver. Acho que não temos comida suficiente.

D: *Eles não tiveram tempo para conseguir nada, não foi?*

A: Não, e já estamos no mínimo. Temos de tentar alguma coisa. Temos de tentar. Ou isso, ou morremos nas mãos dos selvagens. Temos de nos afastar dali. Estamos levantando velas agora. Só queremos ir ao mar.

D: *Como você se sente nessa situação?*

A: Estamos nessa situação de ser "preso por ter cão e preso por não o ter". Se ficarmos, morreremos, caso corramos o risco. A única opção é zarpar e tentar sobreviver no mar.

D: *Você navega faz tempo?*

A: A vida toda... comecei como grumete.

D: *Então, você fica longe de casa por longos períodos, não é?*

A: Não tenho casa. Não tenho família. Só pulo de navio em navio. – Estou pensando que eu nunca deveria ter tomado este navio, com este capitão.

D: *Você estava com a sensação de que ele não sabia o que estava fazendo?*

A: Na época, não soube. Não percebi que ele era tão covarde.

Eu ia avançá-lo para saber o que teria acontecido, mas antes que pudesse fazê-lo, ele anunciou, "Não sobrevivemos no mar. Não tínhamos água suficiente. Não tivemos vento. Estamos parados no mar. Estamos enfraquecendo, enfraquecendo, enfraquecendo. Já faz tempo que acabou a comida. Agora, acabou a água. Perdemos homens. Não há vento. Estamos morrendo lentamente. Sou um dos poucos sobreviventes". Avancei um pouco para ver o que aconteceu. "Tudo está silencioso. O navio está balançando. Todos morreram".

D: Você é um dos últimos?

A: Sim... mas eu também estou indo embora. Sei que não vai demorar. Não há vento.

Levei-o até o ponto em que tudo tivesse acabado e ele estivesse do outro lado, e perguntei se ele conseguia ver seu corpo. "Sim. Estamos só boiando ali. Não há vida". Então, perguntei o que ele teria aprendido com uma vida como aquela. "Paciência. Quero dizer 'paciência', paciência até para morrer. Não fui um dos primeiros. Fui um dos últimos a ir embora. Paciência na morte, até na morte precisamos de paciência. Aprendi a ter paciência, e tenho de contar comigo mesmo. Posso cuidar de mim mesmo".

D: Sim, toda a sua vida foi sempre o cuidado consigo mesmo. (Sim)

Como aquela vida tinha sido curta, eu sabia que tínhamos tempo suficiente para explorar outra vida passada. Tirei-a daquela cena e levei-a a outro momento apropriado no qual ela tivesse alguma coisa que precisasse saber. Quando ela chegou, viu-se no pátio de um grande edifício de pedra parecido com uma igreja com campanário. Ela o chamou de "abadia". Ela se viu como uma jovem freira num hábito branco, e sabia que não estava nesse lugar há muito tempo. Estava sozinha no pátio porque as outras freiras estavam cuidando dos jardins. Então, ela percebeu algo que a surpreendeu. "Meus joelhos doem muito. Tenho a impressão de que não posso me mexer. Estou numa cadeira... uma velha cadeira de rodas. Posso mexer a parte de cima do corpo, mas minhas pernas estão esticadas. Meus joelhos doem. Não sei se uso aparelhos ou se uso meus braços e rodo com ela. Não posso ir a parte alguma. Creio que só fico sentada ali". Durante toda essa conversa, ela ficou bocejando repetidamente e tentando falar apesar disso. Eu queria saber o que tinha acontecido com ela, e ela respondeu que tinha caído de um cavalo. " Não faz muito tempo, minha família me trouxe aqui porque sou uma mercadoria estragada. Ninguém iria querer se casar comigo. Não posso ser esposa e mãe. Eu não queria vir aqui, mas não sabiam o que fazer comigo. Talvez tivessem achado que eu precisava do silêncio. Não sabiam cuidar de mim, o que poderiam fazer comigo?"

D: *As freiras cuidam de você?*
A: Cuidam.
D: *Você gosta da igreja, desse tipo de coisa?*
A: Não, não era isso que eu queria fazer. Estou entediada, mas não posso sair.

Ela ficava bocejando. "Estou cansada. Acho que bebi alguma coisa que me deixou cansada. Acho que me deram alguma coisa. Um chá".

D: *Para que lhe deram o chá?*
A: Creio que foi por causa da dor. Agora, não dói muito.

Levo-a adiante até um dia importante. Ela anunciou, "Alguém vem visitar a abadia. Estão todas alvoroçadas... alvoroço, alvoroço e preparativos. Não posso ajudar".

D: *Você consegue fazer alguma coisa na cadeira de rodas nesse lugar?*
A: Leio, mas seus livros não são interessantes... Todas estão agitadas em seus preparativos. Está chegando alguém. Uma carruagem está vindo. Não posso sair. Estou escondida. Puseram-me novamente na cama. Alguma coisa que eu estava bebendo. Acho que é este chá, ele me deixa cansada". (Ela ainda estava bocejando sem parar.)
D: *Dá a impressão de que estão lhe dando alguma coisa para mantê-la com sono. Por que a estão escondendo?*
A: Querem que eu durma. Elas me dão um chá. Estou muito cansada. Não consigo entender o que está acontecendo.
D: *Isso parece ser um remédio. Elas a ajudam a ir para a cama?*
A: Sim, preciso de ajuda para entrar e sair.
D: *Você conseguiu ver quem estava chegando?*
A: Deu a impressão de que era alguém importante, que traz dinheiro ou donativos ou algo assim. Dormi esse tempo todo.
D: *Elas a tratam bem?*

A: Sim, bem. Sou um fardo para elas. Uma boca a mais para comer... sem poder ajudar. E eu também não quero estar aqui.
D: *Onde você come?*
A: Vamos a uma grande sala marrom e fazemos nossas refeições ali. Fica no andar de baixo, e por isso posso ir lá com a minha cadeira de rodas. Mas eu durmo durante a maioria das refeições. O chá. Durmo o tempo todo.
D: *Isso não é bom, não é? Você pode se recusar a tomar o chá?*
A: Acho que posso, mas não sei o que ele está fazendo comigo. Não consigo associar as coisas.

Tornei a levá-la para outro dia importante. "Elas estão me envenenando com o chá. Envenenando! É assim que as outras freiras vão se livrar de mim. Estão fazendo o chá cada vez mais forte e um dia desses não vou acordar mais. É por isso que estão sempre no jardim, cuidando das infusões. Cuidando para que cresçam e que saibam fazê-las".

D: *(Isso foi uma surpresa.) Como você descobriu que estavam fazendo isso?*
A: (Ainda bocejando repetidamente.) Ouvi-as dizendo, "Ela é jovem. Vai precisar de mais".
D: *Do contrário, levaria mais tempo para você morrer?*
A: Creio que sim.
D: *É que você é um fardo?*
A: É por causa do dinheiro que veio comigo. Meu pai era rico e deu-lhes grandes moedas de ouro para cuidarem de mim. E elas precisam mostrar que estou confortável para ele ver que ainda estou viva, assim ele continua a dar-lhes dinheiro. (Ela estava bocejando tão intensamente que era difícil entender e transcrever.)
D: *Mas se você morrer, o dinheiro cessa, não é?*
A: Elas precisam enganá-lo. Contar uma mentira e enganá-lo.
D: *Então, não vão dizer a ele que você morreu? Então, não vão precisar cuidar de você e ainda receberão o dinheiro? (Sim) Agora que você sabe o que estão fazendo, pode fazer alguma coisa a respeito?*
A: Estou drogada demais. Estou com muito remédio para poder lutar com elas. Elas me forçam a engolir. Nem todas as irmãs sabem

disso, só a Madre Superiora e mais outra. As outras pensam que estão apenas cuidando de mim.

D: *Então, o uso da erva foi ideia da Madre Superiora?*
A: Sim. Elas me forçam a tomá-la. As outras freiras acham que estão ajudando. Pensam que é um remédio. Elas não sabem. Não conhecem a mistura.

D: *Não acham estranho você estar sonolenta o tempo todo?*
A: Pensam que estou apenas triste e deprimida. Ela enganou todas. Ela vai continuar a receber o dinheiro, pois sou jovem e meu pai pensa que posso ficar lá por um bom tempo. E não posso fazer nada para mudar isso.

Levei-a novamente para outro dia importante. Ela anunciou enfaticamente, "Estou morrendo!"

D: *Foi por causa dessa medicação?*
A: Sim. Estou na minha cama. Estou na cela. Algumas freiras estão em volta do leito. Nem todas. Algumas estão rezando. A Madre Superiora está aqui. Ela quis ter certeza de que morri.

Avancei-a até tudo terminar e ela pôde olhar para trás e dizer, "Vejo meu funeral, a procissão".

D: *Elas avisaram a sua família?*
A: Não. Acho que meu pai morreu. Creio que foi por isso que me mataram, pois quando meu pai morreu, elas não receberam mais dinheiro. Não queriam continuar cuidando de mim. Portanto, foi seguro matar-me.

Eu sabia que do ponto de vista fora do corpo, ela poderia ver toda aquela vida de uma perspectiva diferente, e por isso lhe perguntei qual teria sido, em seu entender, seu propósito naquela vida.

A: Não ser dependente. Não posso depender de outras pessoas. Elas estavam interessadas em seus próprios interesses. Aquilo que mais nos interessa não é o que mais interessa aos outros. Eles não vão levar em consideração seu interesse.
D: *Ah, então é melhor depender apenas de você?* (Sim) Bem, essa é uma lição importante.

Então, chamei o SC para obter algumas respostas sobre a razão para ter escolhido essas duas vidas para a regressão de Amber. "A primeira foi o homem que morreu no navio. Por que você escolheu aquela vida para ela ver? O que estava tentando lhe dizer?"

A: Para confiar em si mesma. Ela sabia que não deveria ter aceitado aquele trabalho e acabou aceitando. Ela não confiou naquilo que sabia, em suas intuições.

D: *Como isso se relaciona com sua vida atual?*

A: A mesma coisa. Ela não confia nas pessoas. Duvida de si mesma. Ela sabe, mas não tem confiança. Naquela vida, se tivesse acreditado em sua intuição, não teria morrido naquele navio.

D: *O fato de ela ter morrido de fome naquela vida tem alguma relação com a vida atual?*

A: Sim. Ela está sempre preocupada com a ideia de que não terá comida suficiente, não vai conseguir obtê-la ou encontrá-la. Ou não conseguirá localizá-la facilmente.

D: *Naquela situação, seria impossível obter comida.*

A: Certo. Mas nos dias de hoje, nesta era, há muita comida, praticamente em toda esquina.

D: *Ela não precisa ter medo com relação à comida. (Certo.) Isto faz parte do problema que ela tem com a comida? (Sim) Ela diz que está sempre com fome.*

A: Sim, pois ela estava sempre com fome e não havia comida alguma. No navio, depois que a comida acaba, acaba. (Ela ainda estava bocejando.)

D: *Por que ela está bocejando tanto? Por que seu corpo está fazendo isso?*

A: Ela está se libertando disso.

D: *Bom. É isso que queremos; que ela se livre de todo esse lixo acumulado nessas duas vidas.*

Amber tinha problema com o excesso de peso. Comia constantemente porque estava sempre com fome, por mais que comesse. Obviamente, isso veio da vida na qual ela morreu de fome no navio em alto mar. Fiz um trabalho intenso com ela, com a ajuda do SC, para livrá-la de tudo isso, uma coisa que não tinha lugar em sua vida atual. Poderíamos deixar isso com o outro homem. Ela não precisava se preocupar com inanição. Ela se livraria dessa fome. Agora, havia muita comida. Depois que ela percebesse isso, o excesso de peso iria desaparecer.

D: Foi muito inteligente mostrar-lhe aquela vida, mas você também mostrou a vida da jovem freira que morreu de forma tão trágica. Por que você lhe mostrou a vida da freira que foi envenenada?
A: Naquela vida, ela desistiu.
D: Mas ela não teve muita escolha, teve?
A: Ela poderia ter, mas desistiu. Perdeu toda a combatividade.
D: Mas estavam forçando-a a beber.
A: Havia uma parte dela que sabia o que era aquilo, e ela acabou aceitando tudo como sendo seu destino.
D: Então, não tentou lutar contra aquilo?
A: Não, e de certo modo, até agradeceu.

Eu quis saber se havia alguém naquela vida que Amber conhecesse na vida atual. Disseram que não havia. Fiquei surpresa, pois pensava que certamente a Madre Superiora havia acumulado karma. "Sim, mas já cuidaram disso". Portanto, ela não deixou de compensar o karma incorrido. Sua dívida não envolvia mais a Amber.

Amber sofrera um ferimento no joelho esquerdo na época do colegial. Ainda doía, e tinha se espalhado para os dois joelhos. As escadas, em particular, eram um desafio. Ela tinha dificuldade para subir escadas. Os médicos sugeriram que uma cirurgia seria a única solução. Fiquei me perguntando se os problemas físicos de Amber não estariam conectados com as pernas inertes da freira. O SC disse que não, "Ela desistiu. Era mais fácil desistir".

D: Mas ela deve ter idealizado essas circunstâncias antes de iniciar aquela vida, como todos nós.
A: Sim e não. Não foi apenas um acidente. É muito complicado. Tudo que tem ação, tem reação, muda minuto a minuto.
D: Então, as coisas não deveriam ter sido daquele modo? (Não) Qual era o plano original?
A: O plano original teria sido viver uma vida normal e saudável.
D: Então, após o acidente, seus pais não quiseram mais ficar com ela. Não quiseram cuidar dela.

A: Não, não é que não a quiseram. É que eles não sabiam como, não sabiam o que fazer. Acharam que estavam fazendo o melhor por ela.

D: Então, essas coisas não faziam parte do plano, colocá-la no convento para que as freiras cuidassem dela?

A: Certo. Sua família foi convencida... levada a fazê-lo. Ela sabia que não deveria ir, mas não lutou contra isso.

D: O fato de ter morrido envenenada tem alguma importância em sua vida atual como Amber?

A: Tudo tem importância. Tome cuidado com as pessoas em quem você confia.

D: Então, a primeira vida estava lhe dizendo para confiar em seus instintos e a segunda estava lhe dizendo para ser cuidadosa?

A: Veja em quem você confia. Você precisa entender o equilíbrio. Confiar em si mesmo... quando saber... quem conhecer... em quem confiar.

D: Às vezes, pode ser um equilíbrio delicado.

A: Muito delicado.

Nesta altura, o leitor deve estar se perguntando qual a relação entre essas duas histórias e conhecimentos perdidos. Apesar de interessantes, não parecem se encaixar com o tema desta livro. Mas aprendi a nunca subestimar... "eles". Eles estão repletos de surpresas. E foi assim que a sessão deu uma reviravolta fascinante.

Começamos a discutir seus problemas físicos. Eu achava que o problema do joelho estaria relacionado com a vida da freira, mas não estava. Geralmente, esse sintoma significa que a pessoa não está indo na direção certa. Que ela está se segurando. Mas o SC disse que o caso de Amber era diferente. "Às vezes, você precisa desacelerar. Ela é impaciente. É teimosa com quase tudo". Queriam que ela aprendesse a se curar sozinha em vez de se submeter a uma cirurgia. Fiquei tentando levá-los a curar seus joelhos e eles ficaram se recusando. Foi a primeira vez que isso aconteceu e eu queria uma explicação. Disseram que o problema vinha de outra vida, mas não daquelas duas que tínhamos visto.

D: O que aconteceu nessa vida?

A: Elas não foram montadas corretamente. Não foram construídas corretamente.

Isto me deixou confusa. Pedi uma explicação.

A: Tiraram as pernas dela e colocaram outras. Ela fez parte da experiência da Atlântida. Tiraram suas pernas e deram-lhe pernas de animal, algum animal com cascos. Cortaram o joelho.

D: *Sempre achei que na Atlântida estivessem fazendo experiências com os genes. Não sabia que tinham feito experiências com animais e humanos de verdade.*

A: Isso foi antes de aprenderem a trabalhar com os genes. Ela era mulher. Tiraram suas pernas e puseram pernas de animal.

D: *Você disse que isso não foi feito corretamente?*

A: Foi isso que causou a dor.

D: *Ela conseguiu viver dessa maneira?*

A: Conseguiu, mas foi dolorido. Foi uma cirurgia dolorosa.

D: *Faziam isso por curiosidade?*

A: Sim e não. Alguma curiosidade, alguma ideia de que poderiam mesmo ter descoberto algo que fosse útil. Acharam que seria uma maneira. Primeiro, usando transplante de animal para ser humano, depois, usando o animal. Que isso iria salvar outros humanos. Acharam que tinham descoberto a conexão.

D: *Mas não acharam, não é?*

A: Naquele ponto, não.

D: *Eles perceberam que iam causar dor à pessoa que estavam operando?*

A: Bem, foi uma situação interessante: dor do jeito que você está ou dor como poderia estar.

D: *Quer dizer que havia um problema nas pernas da pessoa?*

A: Sim. Acharam que estariam ajudando.

D: *Então, isso proporciona um pouco mais de justificação.*

A: Certo, e alguns deles tinham boas intenções, embora nem todos. E depois, evoluíram nesse processo. Na maioria deles, havia boas intenções. Em qualquer atividade, temos o bom e o mau, e quando eles perceberam que não podiam fazer isso, alguns prosseguiram e outros tentaram parar. E alguns tentaram ir além, e houve novamente uma questão do que é certo e do que é errado na época – uma discórdia, não certo ou errado; desentendimentos.

D: *Então, acharam que ao transferir as pernas do animal, isto lhe daria uma saída? Foi essa a intenção, e depois tentaram fazer experimentos com os genes?*
A: Sim. Eles evoluíram mais tarde. Novamente, tudo começou com boas intenções, mas às vezes aqueles que sabem não conseguem parar. Tentam lutar. Tentam e tudo é perseverança. E tentam superar.
D: *Quando trocavam as partes dos corpos, isso funcionava?*
A: Às vezes, às vezes não. Foi antes do artificial; foi o primeiro membro artificial. No caso dela, foi doloroso. Ela conseguiu andar e se mover, mas ainda havia dor.
D: *Sempre pensei que com a conexão de um animal a um homem, o corpo sempre iria rejeitá-lo.*
A: Sim, até certo ponto, mas conseguiram descobrir como mantê-la.
D: *Então, no caso de Amber, seu corpo está se lembrando agora?*
(Sim)

Certamente, isto explicaria a dor atual nos joelhos. Por isso, dedicamo-nos a libertar essa memória, devolvendo-a ao passado, que era seu lugar. "Então, aconteceu alguma coisa naquela vida que prejudicou suas pernas. Ela sofreu depois com as pernas na vida como freira. Há um padrão aqui, não há?

A: Sim, é hora de remover o padrão. É hora de interromper o ciclo.
D: *Você está interrompendo o padrão?*
A: Sim, é como tecelagem, como desenrolar um fio. Agora, estou removendo o padrão. Vai levar algum tempo para desintegrar, remover e estabilizar. Há camadas no joelho, é por isso que vai levar um tempo. Há camadas e camadas, causadas por diversas coisas. São camadas, como uma grande cebola, camadas, camadas. Camadas, camadas e camadas.

Amber quis saber como poderia conectar-se diretamente com o SC e poder responder a suas próprias perguntas. "Como ela pode se comunicar com você?"

A: Ela já faz isso. Não existe isso de A-HÁ!

D: *É o que muita gente acha que deveria esperar. Então, é apenas uma voz que elas percebem instantaneamente. Não é um momento A-HÁ.*

A: Não, é muito suave. Somos muito sutis. Não gostamos de influenciar, pois vocês têm livre arbítrio.

D: *Mas muita gente não percebe essas coisas pequenas e sutis.*

A: Não, não percebem.

D: *Outra pergunta que ela queria fazer: Ela disse que sempre se sentiu indigna, menosprezada. De onde vem isso?*

A: De muitas vidas. Sim, essas vidas com a Madre Superiora querendo eliminá-la, o capitão que não a escutava, isso também é um padrão. Vamos ter de desvendar isso também.

Mensagem de despedida: Ela é amada. É simples assim.

D: *Seja como for, sua vida atual dá a impressão de ser bem mais fácil do que aquelas outras. (Riso)*

A: Sim. Às vezes, você precisa de uma pausa.

D: *Sim, eu as chamo de "vidas de descanso".*

Capítulo 21
NAS ORIGENS DE STONEHENGE

Templos originais datados da Babilônia foram idealizados com colunas espaçadas igualmente do lado de fora. Alguns tinham o teto aberto para o céu. Destinavam-se a observações. O sacerdote se sentava num ponto designado do centro do edifício e observava e registrava o movimento das estrelas e planetas que passavam entre os espaços abertos das colunas. Esses registros foram mantidos e observados por centenas de anos. Assim, foi possível medir e registrar com precisão os movimentos. Esses registros tornaram-se parte do conhecimento sagrado e só os membros das escolas secretas de mistério tinham acesso aos significados, sendo capazes de interpretá-los. Este teria sido o nascimento ou o início da astrologia e da astronomia. Naturalmente, os ensinamentos originais (e as estrelas que deveriam ser observadas) teriam saído dos ETs. Boa parte do conhecimento dado originalmente teria sido a observação de corpos planetários que eram invisíveis a olho nu. Assim, usavam instrumentos altamente avançados, como telescópios. (Provavelmente, similares aos "instrumentos de ver à distância" que menciono em meu livro Jesus e os Essênios e que eram usados em Qumran.) Boa parte dessas informações seria essencial para os ETs, pois teria relação com seu planeta ou constelação natal. Queriam acompanhar seus movimentos para poder saber os melhores momentos para viajar para lá ou para se comunicarem. Por isso, algumas informações astrológicas teriam importância para a Terra, medindo a passagem do tempo e das estações e algumas teriam importância para os próprios ETs.

Era muito importante poderem calcular o tempo, especialmente a passagem das estações, para que a espécie em desenvolvimento soubesse quando plantar e quando colher. Assim, era importante erguerem as estruturas para acompanhar as estações e para treinarem certas pessoas a interpretar a informação, dando-a às pessoas. Logo, os originais foram construídos pelos ETs, não pelos humanos primitivos que viviam aqui naquela época.

O conhecimento do uso da mente para criar e levitar, etc. foi aperfeiçoado em algumas civilizações altamente avançadas. E levado ao Egito e a outros lugares por sobreviventes após a destruição da Atlântida. Os ETs ainda viviam entre os homens e compartilhavam conhecimentos avançados durante a época da Atlântida. Em virtude do abuso e do mau uso, as habilidades foram removidas. Foi parecido com a queima de um fusível, e não se permitiu que o conhecimento fosse devolvido à humanidade. Entretanto, agora que estamos entrando na Nova Terra, essas habilidades estão retornando. Nossos talentos psíquicos estão tornando a despertar à medida que o Véu vai ficando mais tênue.

Isso começou com o acompanhamento básico das estações, desenvolvendo-se mais tarde no sistema mais sofisticado da astronomia. Talvez isso se devesse ao fato de os ETs poderem acompanhar seu próprio planeta natal e sua posição. As estruturas também podiam ser vistas desde o espaço, servindo de marcadores para espaçonaves orbitando o planeta, a fim de poderem saber onde seus irmãos estavam localizados e trabalhando.

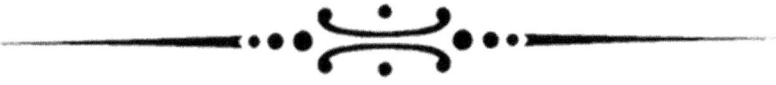

Este padrão também continuou com a construção de círculos e monólitos de pedra como Stonehenge, New Grange e muitos outros ao redor do mundo. Eram marcadores para a passagem das estações e as posições de certas estrelas e planetas importantes. Seus cursos eram traçados com relação aos lintéis e colunas.

Na época da Atlântida, essa ciência era muito avançada. O conhecimento prosseguiu com os sobreviventes que foram ao Egito e a outras partes do mundo. Exploro isto em meus livros da série Convoluted Universe.

Por que a construção de templos e de círculos de pedra, e a marcação da passagem das estações, eram tão importantes? Os monumentos e o conhecimento recuam tanto no tempo que o homem estava apenas começando a dominar a agricultura, o plantio, a colheita e os cuidados com o gado. A explicação tradicional é que esses seres humanos básicos construíram essas obras-primas. Como isto poderia ter sido possível se eles estavam começando a sair da selvageria e iniciando os rudimentos da civilização? Sabemos que durante esses primeiros tempos, ETs viviam entre os povos em desenvolvimento e lhes davam informações e presentes para ajudá-los em suas etapas de evolução. Eles sabiam controlar as capacidades mentais, especialmente a capacidade de levitar pedras e moldá-las. Lembre-se, tudo é energia, e esta pode ser manipulada. Portanto, por que seria tão impossível pensar que os antigos sabiam usar o poder de suas mentes para manipular a estrutura celular de rochas e outros materiais? Esses segredos foram transmitidos pelos ETs a humanos especiais para que pudessem usar estes conhecimentos e ensinar um punhado de humanos selecionados.

Toda cultura do mundo tem suas lendas sobre os portadores da cultura. Eram seres especiais que vieram e moraram com as pessoas, ensinando-lhes as habilidades rudimentares e básicas para começarem a desenvolver uma civilização. Veja, por exemplo, o caso da Mulher do Milho nas lendas dos nativos norte-americanos; ela os ensinou o plantio e a agricultura. Outros ensinaram a caçar e a coletar, a desenvolver o fogo, a usar materiais naturais para construir abrigos, etc. Como esses seres podiam viver o quanto quisessem, eram tratados pelas pessoas como deuses.

Os segredos e mistérios mais complicados só nos foram transmitidos mais tarde, com o desenvolvimento da humanidade.

Em Convoluted Universe, Livro Um, conto a história do início da civilização segundo narrada por Bartholomew. Nessa história, os ETs construíram máquinas e dispositivos complicados que eram usados para aproveitar a energia do Sol, da Lua e das Estrelas. Quando saíram da Terra, o conhecimento do uso dessas máquinas foi dado a certos sacerdotes e deveria ser transmitido pelas Escolas Secretas de Mistérios. Entretanto, os ETs não podiam antever a sede de poder dos humanos (uma imperfeição comum que tem causado muitos problemas através da história). Havia certas pessoas que queriam o controle dos dispositivos para si mesmas. Mataram os sacerdotes, e como não compreendiam como usar os dispositivos, estes não funcionaram. Os próprios dispositivos acabaram sendo destruídos.

Nas minhas sessões, tenho sempre perguntado porque os ETs não poderiam voltar e dizer às pessoas que elas não estavam usando corretamente o conhecimento. Mas precisamos nos lembrar das leis que foram estabelecidas no começo do desenvolvimento da vida neste planeta. "Vamos dar a este belo planeta uma criatura dotada de inteligência e livre arbítrio. E vamos ver o que ela faz com isso". Esta informação foi dada em Guardiões do Jardim. Somos o único planeta do universo ao qual foi dado livre arbítrio. É por isso que somos chamados de "Grande Experimento". Depois, há a diretriz primária da não interferência. "Depois que a civilização se estabelece, você não pode interferir no desenvolvimento dessa civilização". As informações, dispositivos, etc. são dados ao povo como um presente; depois, eles se afastam, observam e veem como eles serão usados. Cabe ao livre arbítrio das pessoas decidir o que fazer com isso, e muitas vezes nós não os usamos para a finalidade que teriam. Mas voltar e tentar explicar isso às pessoas seria interferência.

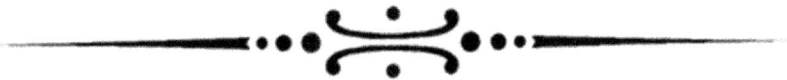

Minha paciente, Sharon, trabalhava em filmes de Hollywood como dublê e também no estúdio, por trás das cenas. Ela assistia às minhas aulas em Burbank, Califórnia, e queria ser alvo da demonstração. Concordei e a sessão começou.

Quando Sharon saiu da nuvem, viu-se em Stonehenge, na Inglaterra. Entretanto, ela não tinha a aparência que tem hoje. Quem já visitou o lugar sabe que a estrutura não está mais completa. A maioria das pedras verticais ainda está no lugar, mas algumas das pedras horizontais (lintéis) que conectam as peças verticais estão faltando ou caídas. Ainda é um lugar magnífico, mas apenas uma sombra daquilo que deve ter sido. Ela o estava vendo tal como aparecia em seu estado original há muitos e muitos anos atrás. "É realmente, realmente verde, e todas as pedras ainda estão lá. Elas formam a volta completa, um círculo completo. Todas estão novas e estão completas".

D: *O que você pensa quando olha para isso?*
S: Orgulho e poder. Como meu povo, meus amigos ali, estamos realmente orgulhosos deste lugar e do trabalho que fazemos com a natureza.
D: *Que tipo de trabalho vocês fazem com a natureza?*

S: Fazemos rituais com a natureza. Fazemos uma coisa para homenagear a natureza, mas isso nos alinha com a própria Terra, e por isso nós nos mantemos um só com a Terra. Somos pacíficos e amáveis, e não como algumas hordas de pessoas de outros lugares. Elas não são tão civilizadas quanto nós. Tendem a ser agressivas e afastam-se deste lugar, onde há um portal que nos conecta com outra terra.

D: *Você sente que há um portal ali?*

S: É um portal. Independentemente de alguma sensação minha, ele existe. Não importa o que eu sinta sobre ele. Ele existe. Acredite eu ou não, ele está lá.

D: *Então, o seu povo acredita que ele está lá?*

S: Não é uma crença. É a verdade, quer acreditemos nisso ou não. Quer você se afaste deste lugar ou não, o lugar existe e tem poder e paz. E você pode encontrar amor no nível mais profundo. É mais profundo do que qualquer coisa produzida por uma vida física.

D: *Você consegue ver esse portal?*

S: Para mim, montado neste cavalo e observando de fora, vejo que o centro verde se abre e está íntegro. Por isso, parece que é grama e terra, mas na verdade, quando as estrelas, o Sol e os planetas estão em lugares específicos, isto é como um... é um mecanismo, e quando essas peças estão em alinhamento com o planeta ou a energia das estrelas, então há uma abertura. E a pessoa ou as pessoas em pé no centro... seu corpo físico parece estar ali em pé na grama, mas na verdade abre-se um buraco negro e seu corpo espiritual vai ao centro da Terra. E se realinha, para nos lembrarmos de onde vieram nossos corpos. Estou olhando para isso porque hoje à noite teremos uma reunião... uma participação. Sou uma espécie de oficiante. Ajudo as pessoas que moram na aldeia. Tenho uma capa púrpura e, de algum modo, a capa define minha posição como uma espécie de ajudante ou intermediário. Posso ouvir as estrelas quando reluzem.

Sharon viu que ela era um homem no "vigor da vida". Perguntei um pouco mais sobre o significado da capa púrpura. "A capa em si foi um presente que recebi de meus anciões quando atingi um estado de – como você diria? – é iluminação, mas há níveis. Iluminação significa 'estar na luz', e por isso todos estamos na luz. Toda a pequena aldeia também, o açougueiro e o padeiro. Minha vida é dedicada exclusivamente a comunicar-me com as pessoas e ajudá-las a se manterem alinhadas com este portal".

D: Com a natureza ou com o portal?
S: O portal é até mais do que a natureza. A natureza também é como um portal, e por isso, se as pessoas precisarem se afastar de nosso lugar, vão se lembrar porque estarão na natureza. E se estiverem entre as árvores e a grama, então estaremos em paz e elas poderão se lembrar como é aqui onde vivemos. Agora, não estou com ninguém. Estou apenas com meu cavalo e estou aqui observando, hoje, pois numa quinzena – não sei o que significa isso – numa quinzena... em pouco tempo, à noite, eu serei oficiante. Isso é importante. Estão me dando esta oportunidade. Meus anciões me deram a oportunidade de – oficiar não é a palavra correta, mas – (estava com dificuldade para encontrar as palavras corretas) – facilitar, creio, e estarei no centro das atenções no ritual noturno, no norte. Estarei no norte – no norte – quero dizer "um pilar", mas não são pilares. Estarei sob aquele e toda a congregação das pessoas vai olhar para o norte. Isso tem relação com a época do ano, mas a natureza tem primavera, outono, inverno e verão. Eu estarei no norte, e por isso toda a congregação das pessoas vai ficar de frente para o norte nessa noite. Nas outras noites, elas ficam de frente para outro de meus irmãos. Não um irmão por nascimento de mãe, mas do grupo de anciões do qual sou o membro mais jovem. As pessoas são normais, o açougueiro, o padeiro e aquelas que vêm da aldeia.
D: Creio que é uma grande honra você poder participar disso.
S: E é. Estou muito honrado e fortalecido diante dessa ideia.
D: Seu povo ergueu essas pedras? Eles tiveram alguma coisa a ver com isso?
S: Não, meu povo não. Os anciões conhecem isso. Não sei se são pessoas, mas não foram pessoas da aldeia. Não são, mas meus anciões são bem velhos. Há um mais antigo entre nós e ele conhece as respostas.
D: Eles sabem de onde veio essa estrutura?
S: Só o mais antigo, nosso ancião mais idoso, poderia lhe dar esse detalhe.
D: Mas ele tem estado aí sua vida toda?

S: Sim. E se eu vivo esta vida... não tenho certeza se aspiro a ser essa pessoa, o antigo, mas todos nós poderíamos evoluir e nos tornarmos como ele. E à medida que avançamos nos escalões do conhecimento superior, essas coisas também poderiam ser reveladas para mim, pois sou dessa... não é casta, pois não estamos acima das pessoas. Mas simplesmente dedicamos nossas vidas a nos mantermos conectados em vez de sermos uma aldeia, um açougueiro, um padeiro. Fui escolhido na minha família porque os anciões vieram e disseram a meus pais. Minha mãe ficou orgulhosa. Meu pai não ficou contente, pois queria que eu trabalhasse com ele nos campos. (Ela começou a chorar intensamente e tive dificuldade para entender as palavras entre soluços.) Embora tenha sido chamado para ficar com os anciões, sinto-me mal por não ter vivido a vida ajudando meu pai nas plantações. (Ainda chorando.)

D: *Você acha que teria sido mais feliz vivendo aquela vida com seu pai?*

S: Sou um ser que parece estar sempre feliz, e por isso não me importa muito onde estou. Fiquei muito feliz por estar aqui e ver a grama verde, experimentar a Terra sob este ponto de vista de ser uma pessoa com pés e um corpo. Posso dizer de onde eu vim. Não me importa se eu era filho de um fazendeiro ou estava com os anciões. Foi com os anciões que estes reconheceram minha luz e foram me pegar, mas, no que diz respeito a este homem, eu não ligo. Só quis experimentar o tesouro deste planeta do ponto de vista de um participante, não de alguém que olha para ele de cima. (Chorando novamente.) Tenho trabalhado para a Fonte em diversas posições, e sempre passaria pela Terra quando pudesse para admirar o paraíso manifestado da obra de Deus. Ela é este gigantesco tesouro de terra, ar, água, e eu quis experimentá-lo no aspecto humano. A coisa mais importante é estar na Terra e admirar a beleza das folhas de grama, a beleza de sua cor verde. A beleza do tronco de uma árvore e como ele é marrom.

D: *Mas você vai participar deste ritual, destas cerimônias, nessa noite.*

S: Estarei em pé no norte.

Avancei-o até um dia importante e Sharon começou a falar imediatamente da cena caótica que estava observando. "A cidade está sendo invadida por hordas. As hordas estão vindo e as pessoas da aldeia estão correndo por lá, assustadas e preocupadas, e o antigo sumiu. Meus anciões o levaram para um lugar seguro, uma caverna ou algo assim. Estou na colina (Stonehenge) e estou tentando me manter calmo". O que seria muito difícil, tendo em vista a confusão à sua volta.

S: Estou calmo, mas estou tentando me conectar com a Sabedoria dos Pilares para poder canalizar calma aos aldeões. Parece que os outros irmãos se foram, mas vou ficar aqui porque estou preocupado com minha família e meus vizinhos, e com os vizinhos de meus vizinhos. Sinto que minha presença vai ajudar. Prefiro tentar levar-lhes paz, da melhor maneira que puder.

D: *Você sabe quem são essas pessoas que estão invadindo?*

S: São um povo loiro do norte. Eles têm bastões com bolas cheias de espetos na ponta e vivem para a violência. Vivem na orla florestal da outra água. E são muito grandes e muito simples. Eles bebem, ou então – como você diria? – acho que você diria que são nórdicos. São os melhores guerreiros que se pode imaginar.

D: *E seu povo não é violento. É por isso que todos estão assustados.*

S: São pacíficos e receberiam os visitantes alegremente com guirlandas e coisas assim, fazendo a festa do mastro. Mas quando os primeiros foram recebê-los, foram mortos. Na verdade, essas pessoas se gabam de poderem matar, orgulham-se de conseguir matar rapidamente. Eles procuram matar rapidamente, como se fosse uma falha ou como se você não fosse um bom guerreiro se precisasse de mais do que um golpe para matar. É quase como se fossem máquinas.

D: *Então, você está assistindo isso?*

S: Na verdade, não consigo ver com meus próprios olhos, pois estou em pé com as mãos apoiadas nos pilares do sul, à esquerda da cena. Mas posso ver isso na minha mente e no meu coração, e posso escutar isso. E tenho a percepção das pessoas que passam por mim (em espírito) e posso até dizer quem são. E por isso, estou tentando lhes dizer, "Procure a luz", para que possam ir aonde precisam ir. (Começou a chorar intensamente.) Sou apenas um, e por isso estou limitado em minha capacidade de fazer alguma coisa, mas ajudo-as a subir desta forma horrível. (Soluça.) Farei o melhor até me encontrarem. O fim virá mais tarde neste dia,

quando vão me matar no centro do círculo. (Estava chorando tanto que ficou difícil compreender.)
D: Você está fazendo o melhor que pode. Você é o único nessa posição.
S: Eu não provoquei isto. Eles provocaram uma camada do caminho do guerreiro que agora vai reverberar desde nossa época durante muitos éons. Tenho confiança no fato de todos os meus amigos, vizinhos, meu pai e minha mãe e até eu vamos nos reabsorver no (ainda chorando muito, tornando difícil a compreensão)... centro, por causa do poder que tenho. Isso emitiria um poder de matar. Reverbera quando você joga um pedregulho no meio da água, as ondas reverbera. Fazer o que estão fazendo por diversão, matar-me no centro de forma ritualística, é diferente, pois sabem que sou importante para o povo da aldeia lá embaixo. Eles não me atingiram apenas. Todos terão seu ritual sombrio, tendo na sombra uma luz fatal. Farão isso no centro, e como o portal é para a amplificação da humanidade, vão emitir uma vibração desta morte através do tempo e até o futuro deles, o futuro de toda a Terra. E isso me perturba, pois vai levar à destruição da Terra. E a vida que poderia se desenvolver neste planeta não será como o antigo tinha dito que deveria ser, quando as pessoas viessem.
D: Então, não importa qual seja o tipo de energia. Este lugar é tão importante que amplifica a energia. Por isso, neste caso, está amplificando a energia negativa.
S: O caminho dos nórdicos vai permear a Terra através de éons. Haverá mais guerras, e meu povo vai assumir o manto do norte, tornando-se grandes guerreiros no mar.
D: Diga-me o que acontece.
S: Matam meu corpo físico e tomam meu cavalo.
D: Isso aconteceu no lugar dos pilares?
S: Mataram-me no centro do centro. Foi ruim para eles e todas as gerações futuras. Agora, serei reabsorvido pela Fonte, e como fui morto daquela maneira, terei de jogar um jogo na Terra por algum tempo.
D: Você terá de descansar?
S: O descanso não será necessário por muito tempo porque eu saí puro da Fonte e vim para o corpo, e por isso agora vou dar início ao jogo da roda. O jogo que você chamaria de "karma". Agora, isso me embrenhou com o jogo da Terra e vai me afastar de meu dever original com a Fonte, quando voei pelo universo como uma

espécie de mensageiro. Levei mensagens para a Fonte através do universo, mas agora vou perder a chance de fazer esse trabalho. E só queria contemplar a Terra, mas ao fazê-lo, fiquei embrenhado na roda.

Então, fiz com que ela deixasse o homem lá e avancei para poder chamar o SC. O restante da sessão girou em torno das perguntas de Sharon, e o SC deu-lhe muitas sugestões.

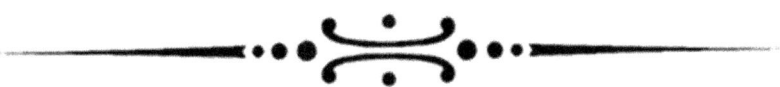

Depois de acordar, Sharon disse que ainda estava recebendo informações sobre o incidente em Stonehenge. A energia negativa foi tão forte que se concentrou em torno da execução e contaminou o lugar, prejudicando a poderosa energia positiva que havia ali. Esta, em parte, foi uma das razões pelas quais as pedras foram abaladas e algumas ruíram. Foi para destruir o foco da energia, o que, por sua vez, fechou o portal que havia ali. Os antigos perceberam o poder do círculo de pedras. Se resta alguma energia (que pode ser sentida por algumas pessoas sensíveis), ela não é nem mesmo uma parte daquilo que era na época em que estava sendo usada. Embora Stonehenge ainda se localize sobre um vórtice e uma junção de linhas ley, acho que o portal não funciona mais. Do mesmo modo, a energia da Grande Pirâmide se enfraqueceu. A história diz que isso também aconteceu no círculo de pedras de Avebury. Os romanos sabiam que havia um grande poder ali e destruíram propositalmente partes do círculo de terra que envolve a cidade para romper o poder. Lá, originalmente, havia um quilômetro e meio de pedras (chamado de Avenida) levando a Avebury. Muitas delas foram quebradas e usadas pelos moradores da região, destruindo o foco da energia.

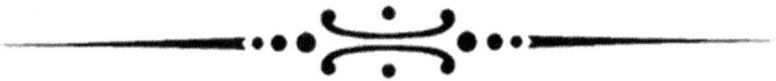

Depois que este capítulo foi escrito, viajei até a Irlanda e a Inglaterra em agosto de 2011, onde me apresentei num giro pelos Lugares Sagrados. As pessoas me acompanharam até Newgrange, perto de Dublin, Irlanda; Glastonbury, Stonehenge e Avebury na

Inglaterra. Em cada parada, eu devia falar sobre aquilo que descobri no meu trabalho em relação a esses lugares antigos. Em cada parada, éramos acompanhados por um historiador local, e, naturalmente, minha versão não concordava com sua versão da história. Eles repetiam aquilo que lhes fora transmitido e eu falava daquilo que tinha descoberto durante meu trabalho com regressão.

Estive muitas vezes em Stonehenge, mas sempre do lado de fora do círculo de pedra. As pessoas só podem entrar no centro do círculo de pedras mediante uma permissão especial. Nesta viagem, pudemos entrar no círculo, mas bem no começo da manhã, quando o sol estava nascendo. Excetuando-se os guardas de segurança, éramos as únicas pessoas ali. Caía uma garoa suave e ela pareceu parar por alguns momentos enquanto estávamos no círculo. Fiquei surpresa ao ver que, na verdade, o centro é menor do que parece quando o vemos de fora. São dois círculos, um dentro do outro, e o externo é o único visível de fora. Quando entramos, percebi que havia duas pedras de lintel no chão, à minha direita. Eu disse, "Estas pedras não deveriam estar aqui". Maria Wheatley, que conhecia a história local e era especialista em radiestesia, disse que originalmente elas estavam no alto das pedras verticais e que tinham sido derrubadas. Eram tão grandes que fiquei imaginando quem teria sido capaz de derrubá-las. Se o propósito foi fechar o portal, elas poderiam ter sido derrubadas por ETs, mas isso é especulação minha.

Contei a história desta regressão e Maria indicou onde ficavam os pilares do norte. Pudemos obter uma visão de onde os irmãos teriam ficado durante a cerimônia diante dos aldeões. (Maria disse que havia evidências de que teria existido uma aldeia ali perto.) Eu quis saber onde ficava o centro exato do círculo, e Maria o indicou. Ela tinha varetas de radiestesia e, caminhando sobre o centro, a vareta começou a girar loucamente em círculos. Outros membros do grupo quiseram experimentar as varetas e estas se comportaram do mesmo modo.

Creio que essa seria uma evidência do local onde ficava o antigo portal. Naturalmente, a energia não era nem de longe a mesma que teria sido quando estava ativo, mas ainda restava alguma coisa. O grupo formou um círculo em torno do portal e Maria nos conduziu numa meditação. Abençoamos o espírito do homem que morreu ali e focalizamos na remoção de qualquer negatividade residual da violência havida ali. Houve uma sensação de paz depois que saímos do círculo. A caminho da saída, passamos por outro grupo de pessoas que tinha obtido acesso. E eu disse, "Acho que eles não vão ter a mesma experiência que acabamos de ter!"

Mais tarde, Maria nos mostrou uma foto que tirou enquanto caminhávamos na direção de Stonehenge, pouco antes do nascer do sol. Ela havia apoiado a câmera num poste de cerca e tirou a foto, que mostra um grande orbe diretamente acima do centro, bem onde teria existido o portal.

Encontrei esta foto na Internet de Stonehenge em 1877, antes do início do projeto de restauração que começou no início do século 20.

Esta é uma vista aérea de sua aparência atual.

Capítulo 22
MONTE VESÚVIO E A DESTRUIÇÃO DE POMPEIA

Barbara saiu num lugar que a deixou muito feliz: Uma cidade grande, com ruas revestidas com paralelepípedos e belos edifícios. "Tudo é muito limpo, brilhante e lindo aqui! Há muitos edifícios e todos são brancos. Todos os edifícios têm pinturas no exterior, mas também no interior. É um lugar muito limpo. Os edifícios não são grandes, talvez dois andares, mas a maioria tem só um andar. São muito bonitos por dentro. São incríveis, coisas lindas. Este lugar tem alguma coisa especial para mim. É incrivelmente belo, tanta atenção dedicada à arte, ao detalhe". Quando lhe pedi para focalizar o seu corpo, ela viu que era uma jovem com cerca de onze ou doze anos, descalça e em pé na rua, trajando uma túnica branca curta. "É muito bonita. É simplesmente bonita, bonita, bonita". A cidade estava repleta de pessoas dedicadas às suas atividades. Todas usavam trajes muito semelhantes ao dela. "Mais pessoas do que consigo contar. As pessoas estão vivendo suas vidas e fazendo suas coisas... comprando e vendendo coisas, mas estou apenas me divertindo aqui, brincando, acho. Há algumas carroças mas não vejo nenhuma agora. Há animais".

Ela morava na cidade com seus pais. "Meu pai tem dinheiro. Vejo todas essas moedas de prata à nossa volta, dinheiro. Não sei muito bem como ele chega até nós, mas ele faz alguma coisa. O dinheiro é bom. O dinheiro faz com que não nos preocupemos com as coisas, mas, puxa! É tão bonito". Ela descreveu o interior da casa, onde havia pinturas nas paredes. "São coloridas e bonitas, e é preciso ser mesmo habilidoso para fazer essas coisas. São pinturas de pessoas, cenas, cenas da vida, cenas de pessoas. Às vezes você pode pagar alguém e a pessoa faz uma pintura dessa maneira ou com pedrinhas. É preciso ser muito habilidoso para fazer coisas belas. Isso faz parte de nossa vida. O exterior de nossa casa não tem muita coisa. É branca e vermelha, mas por dentro há esses retratos da minha mãe com pedras. E há figuras de aves. Na minha casa, ninguém faz isso. Eles pagam para que as pessoas as façam, dão-lhes dinheiro". Ela dormia numa esteira e disse que não tinha de se preocupar com comida ou cozinha. Havia pessoas que cozinhavam para a família. "Isso é feito a certa distância, e há mulheres e às vezes homens também que cuidam disso. E você lhes diz o que fazer e eles fazem. Cozinham e levam até você. São servos, mas você precisa lhes dizer. Se não lhes disser, eles não sabem o que fazer. Mas minha mãe faz isso. Mamãe faz isso. Papai não fica muito em casa, mas vem e vai e traz o dinheiro e tudo se faz". Ela não ia à escola, mas sua mãe lhe dava aulas. "Minha mãe me diz como se cuida da casa e você aprende o que fazer. Gosto de olhar as coisas, ver coisas e conhecer coisas bonitas. Eu gostaria de poder fazer essas coisas bonitas".

Resolvi levá-la até um dia importante e ela disse que estava um pouco mais velha, com treze ou catorze. Mas a cena era de caos. "É como se o mundo tivesse virado de cabeça para baixo". Ela ficou abalada. "Não dá para respirar. O ar está cheio de sujeira e quente e... não dá para respirar". Dei-lhe sugestões para seu bem-estar para que ela não sentisse desconforto físico. "Oh, oh! Não sei o que fazer. É muito assustador! Todos que vejo estão com muito medo e ninguém sabe o que fazer".

D: O que aconteceu?
B: A montanha explodiu! Terremotos, terremotos, terremotos e bum! E toda essa sujeira, sujeira, sujeira. Sujeira no ar, por toda parte, é horrível. E não sei para onde ir. (Ela estava chorando.) Não tenho para onde ir! Não sei aonde ir!! A sujeira está no ar, por TODA PARTE! Está quente e o ar está muito ruim. Ruim mesmo! É horrível! – Vou entrar em casa e vou me esconder e talvez eu consiga... talvez.
D: Você estava lá fora quando isso aconteceu?
B: Estava acontecendo, e ficou muito pior, e ninguém sabe o que fazer.
D: Faz tempo que está acontecendo?
B: Não muito, mas é o bastante. É avassalador! É... tudo isto é tão... acabou! Não é limpo. É sujo.
D: E você acredita que o mais seguro é entrar e se esconder em casa?
B: Não sei se há outro lugar seguro. É muito ruim! (Chorando)
D: Você não pode fugir daí?

B: Para onde??? – Vou me esconder no cantinho onde eu dormia. É tão bom quanto qualquer outro lugar. Tudo se foi! (Então, ela começou a gemer em voz alta.)
D: *O que foi?*
B: O corpo... estou acima dele.
D: *Você não está mais no seu corpo?*
B: Não estou no corpo.
D: *O que aconteceu?*
B: O corpo parou de funcionar. Não podia mais respirar. Estava quente. Havia essa coisa venenosa. Foi horrível! – Agora estou bem. Estou sobre o corpo. Bem acima do corpo, olhando para baixo, olhando para longe.
D: *O que você vê quando olha para a cidade?*
B: Está toda coberta. Não foi possível fazer nada. Não havia onde me esconder.

O mais espantoso sobre tudo isso é que se pareceu com a erupção do Monte Vesúvio, que destruiu Pompeia, e ela descreveu a cidade como um lugar belo e limpo. O local foi escavado, e não foi essa a impressão que os cientistas obtiveram com as ruínas. É claro que tudo estava coberto de cinza vulcânica, e por isso sua aparência teria sido diferente. Muitas pinturas feitas com mosaicos ainda permanecem nas paredes e pisos.

D: *Era um lugar muito bonito e limpo, mas agora você está acima dele. O que vai fazer agora? Não dá para voltar. – Você está sorrindo. O que aconteceu?*
B: Há uma luz à minha frente. É uma luz suave. Uau! Uma mulher está se formando na luz. Ah!! (Respira fundo.) Muito melhor. (Suspiro de alívio.) Envolvendo... envolvendo... envolvendo-me... que bom. Creio que ela está me levando para algum lugar. E não sinto mais gosto ruim, nem aquele cheiro ou a sujeira. É maravilhoso. Vou a algum lugar e vou aprender coisas. Ela me leva e me deixa ali. Há muitos livros... bem, creio que é isso que sejam. Não tínhamos isso no outro lugar, mas muitas coisas, coisas de todos os tipos, informações. Coisas para aprender, coisas para saber.
D: *Qual a aparência desse lugar?*

B: Grande, grande, grande, grande, grande. Há livros, livros, livros, livros por toda parte e coisas que se parecem com mesas. E é isso que tenho de descobrir, aprender coisas.

D: *Você disse que esse lugar tem muitas informações?*

B: Oh, puxa! Por toda parte. Tudo que você possa imaginar e uau! – acho que não vou fazer coisas bonitas agora. Acho que vou ficar olhando esses livros.

D: *O que você deve fazer aí?*

B: Absorver informações, aprender coisas.

D: *Tem alguém aí que possa lhe dizer o que você deveria fazer?*

B: Há um sujeito velhinho com uma barba muito comprida. Ele está pegando livros para mim. (Sarcástica) São tantos! Mais tarde, posso escolher. Agora, preciso aprender estas coisas. É como as coisas funcionam. – São muitos livros, mas é preciso começar em algum lugar.

D: *Você vai abrir os livros e ver o que há neles?*

B: Posso fazer isso. (Ela riu.)

D: *Qual a graça?*

B: É um livro sobre folhas. (Ainda rindo.) Folhas de árvore.

D: *Folhas de árvore? Ele quer que você veja isso?*

B: Sim, pois há muitas, muitas espécies diferentes de árvores. E parte da maneira pela qual podemos saber as diferenças entre elas é pela folha. Antes, eu não sabia disto!

D: *Por que ele quer que você tenha essa informação?*

B: É importante. É o que ele diz. É importante e eu preciso saber.

D: *Pode lhe perguntar porque isso é importante?*

B: Para outra coisa, para um trabalho mais tarde? Será importante para mim saber a diferença mais tarde. Isso não aconteceu antes, mas precisa acontecer neste lugar.

D: *Do que tratam os outros livros?*

B: Ah, de plantas diferentes. Há livros sobre tudo que você possa imaginar e mais alguma coisa, mas estou recebendo livros sobre plantas. Ele os selecionou para mim.

D: *Por que ele quer que você entenda de plantas?*

B: Para ajudar a fazer crescer as coisas. Como você sabe cultivar coisas, como elas funcionam, se não conhece as diferenças entre as plantas? Em algum momento, vou precisar destas informações. Ele me diz que preciso saber disto. Isto é importante. Algumas das plantas estão doentes, e preciso conhecer a diferença entre as plantas para poder ajudá-las. Em algum momento, terei de ir, e precisarei trabalhar com plantas e ajudar as coisas a crescer. Este é um lugar para vir estudar e aprender coisas.

D: *Esse é o único lugar onde você vai, só para ler os livros, ou você vai para outro lugar?*

B: Tudo que estou vendo é este lugar com livros e este sujeito velhinho que escolhe os meus livros. E ele diz, aprenda isto e eu leio, leio e leio mais um pouco. Não sabia que podia ler (espantada) e aprender. E lá estou eu e isso é importante para depois, não para agora.

D: *Certo, vamos em frente para ver se há mais algum lugar onde você tenha de ir.*

B: Estou ouvindo que não posso sair enquanto não tiver aprendido tudo que há nestes livros.

Obviamente, ela estava na Biblioteca do lado espiritual, que contém todo o conhecimento que já existiu ou existirá. Poderia levar muito tempo até aprender tudo, e por isso condensei o tempo até o ponto em que havia aprendido todo o conhecimento de que iria precisar. "Você aprendeu e absorveu muitas informações sobre plantas. E agora, o que vai fazer?"

B: Vou embora.
D: *Aonde você vai?*
B: Vou a um bebê.
D: *Alguém lhe disse o que você deverá fazer?*
B: Uns sujeitos mais velhos. Eles são muito fortes e muito poderosos. Estão juntos. Quero dizer, não conectados juntos, mas eles se reúnem e lhe dizem, "Certo, agora você aprendeu isso. Agora, precisa aprender mais algumas coisas", e você escolhe um pouco, mas eles lhe dizem.
D: *Eles tomam muitas decisões?*
B: Tomam. Preciso ir e ao que parece preciso trabalhar com as pessoas e trabalhar com plantas, pois as coisas não estão crescendo direito.
D: *Mas você toma algumas decisões sobre onde vai ou o que vai fazer?*
B: Às vezes, você decide quando. Eles me deixam decidir quando e com quem, mas terei de trabalhar nisso. É um trabalho.
D: *Porque há plantas que não estão crescendo corretamente?*

B: Para que as plantas cresçam corretamente. Agora, não estão com problemas. É como se as plantas estivessem com alguma doença. Há alguma coisa errada com elas. Talvez, elas não precisem estar neste lugar, mas noutro lugar com outras coisas, mas as pessoas ainda não sabem. Vão precisar que alguém apareça e lhes diga como fazer, ou do contrário não terão alimentos. (Preocupada.) A comida iria sumir.

D: *Por que as plantas não estão crescendo corretamente?*

B: As coisas mudaram lá fora e as pessoas fazem as mesmas velhas coisas. Por isso, precisam de novas pessoas para fazer coisas diferentes. Conhecer alguma outra coisa para que ainda haja comida. Do contrário, tudo vai morrer.

D: *As plantas são importantes assim?*

B: O que as pessoas comem?

D: *Então as coisas não estão progredindo. Dá a impressão de que as coisas estão indo para trás.*

B: Só estão doentes. As coisas ficaram doentes. As coisas mudam e as pessoas não mudam como precisariam. Elas precisam mudar.

D: *Então, eles acham que você será capaz de ajudar?*

B: Um dos auxiliares. Haverá outros.

D: *E seu trabalho será trabalhar com as plantas?*

B: Trabalhar com as plantas e fazer algumas mudanças, pequenas mudanças que acabarão sendo grandes mudanças.

D: *Precisam ser grandes mudanças?*

B: Em última análise, mas pequenas mudanças podem ser trabalhadas mais facilmente do que as mudanças realmente grandes.

D: *Como você vai fazer isso quando se tornar um bebê?*

B: O bebê não faz muita coisa. O bebê precisa crescer, mas o conhecimento ainda estará lá.

D: *Eles lhe disseram como você será capaz de fazer essas mudanças?*

B: Devo ir para uma família que já cultiva coisas.

Isto fez sentido, pois na vida atual Barbara nasceu numa família de agricultores pobres que morava no campo. Por isso, Barbara foi criada perto da natureza.

D: *E você disse que poderá escolher com quem vai nascer?*

B: Sim. Eles cultivam coisas.

D: *Esse será o único trabalho que você fará quando voltar para a Terra?*
B: Trabalhar com as plantas é o mais importante. Entender-me com pessoas difíceis também é importante. Pessoas difíceis.
D: *Por que isso é importante?*
B: Para aprender a ter flexibilidade. Torna mais coisas possíveis.

Perguntei qual seria o propósito de ver a vida anterior pela qual acabáramos de passar. "Sei o que foi aquilo. A explosão do Monte Vesúvio. Reconheci o lugar quando o vi. Era Pompeia. Eu vi aquilo. Barbara esteve lá nesta vida, mas parecia muito diferente. Ela viu tudo".

Quando viu Pompeia nesta vida, foi uma experiência emocionante e o pressentimento do desastre ainda pairava sobre o lugar. Os membros da família daquela vida estavam em sua vida atual, em papeis diferentes. Perguntei o que havia aprendido vivendo e morrendo daquela maneira ali. "Desapego, desapego, desapego. Foi uma vida curta. Ela amava aquele lugar, mas receava que aquilo pudesse acontecer quando a montanha estourou, houve medo. Ela ficou sem ninguém em quem confiar. Aquilo que era perfeito e belo não era de confiança. Incrível! Uma coisa tão linda podia se transformar numa coisa tão terrível. A sensação de que nada era seguro. Ainda existe um pouco disso em sua vida presente".

D: *Qual o propósito de uma morte como aquela? De uma vida curta?*
B: Foi o troco por uma coisa de outra vida. Houve épocas em que ela foi muito cruel, muito cruel. Em algum nível, ela já sabe disso. É por isso que há grandes poderes abusivos – não apenas o poder – poderes.
D: *Muitos poderes diferentes?*
B: Ah, sim, grande energia.
D: *Foi na Terra?*
B: De certo modo, mas não nesta Terra. Quase como se fosse uma encarnação diferente da Terra.
D: *Então, a Terra também passou por muitas encarnações?*
B: É isso que está vindo. Uma nova encarnação está vindo mesmo. Está vindo.
D: *Essa foi uma velha encarnação da Terra?*

B: Antes da atual encarnação da Terra. Ela é muito poderosa. Ela tem medo de seu próprio poder. Tem medo de seu poder porque criou muita dor. Não apenas para ela, noutras épocas e lugares, mas a dor foi criada por causa de seu amor por seus poderes. A fascinação, a carga, o poder do "Posso fazer isto acontecer". Era nisso que ela pensava. (Uma voz maligna.) "Posso fazer isto acontecer". Seu poder era inacreditável.

D: *Naquela vida, naquela encarnação da Terra, havia humanos?*

B: Seres, como humanos, mas também havia dinossauros, animais.

D: *Então, nessa época, todos tinham acesso a esse poder?*

B: Sim, muitos tinham.

D: *Então, ela brincava com isso mais do que os outros?*

B: Ela era realmente má, mais do que a maioria. Era quase como se quisesse ser o rei do mundo – a rainha do mundo – o poder.

D: *Ela feriu outros seres?*

B: Sim, sim. Mas não sozinha.

D: *O que aconteceu naquela vida?*

B: Destruição. Mais terremotos e água. Água, não cinzas, água.

D: *Então, trouxe isso com ela?*

B: Oh, sim, ela fez parte disso. Abuso do poder. Querer ver o que ia acontecer. Não pensou nas consequências.

D: *E ela estava prejudicando os outros antes mesmo que acontecesse o grande evento?*

B: A razão não foi essa. A intenção não foi essa. A questão não era querer prejudicar os outros, e sim "quero ser poderosa" ou "quero ser importante". Era nisso que ela estava pensando, bem como os outros. E pensando que aquilo que estavam fazendo iria melhorar as coisas de algum modo, e que seriam importantes. Não foi algo como "Ah, vamos acabar com tudo isto". Não foi esse o pensamento, mas foi o que aconteceu. Foi a consequência. Tudo foi destruído pela água, água, água, água, água, e por isso o troco desta outra vez, feliz, feliz, feliz, feliz. Terremotos, cinzas, cinzas, cinzas, cinzas, cinzas, ou poeira, poeira, poeira, poeira.

D: *Só que desta vez, ela precisava estar do outro lado.*

B: Sim. Agora, esse karma acabou.

D: *É um karma bem grande.*

B: Sim, mas o medo ainda está lá. Ela tem medo de que os poderes, poderes, poderes possam acabar prejudicando outras pessoas.

D: *Essa é uma das razões pelas quais ela ainda não os usou nesta vida?*
B: Sim, totalmente. Ela tinha muitas habilidades quando criança, e ainda tem.
D: *Ela as teria enterrado, mas agora elas estão voltando, não estão?*
B: E assustando as pessoas nesse processo. Ela sabe que precisa usar essas habilidades agora. Ela sabe que não vai enlouquecer com isso, o ego não é tão forte. Aquela foi uma vida do ego para todas aquelas pessoas. Todos viviam no ego, pensando que estavam com os deuses. Tudo ia bem, e o que faziam lá não tinha consequências duradouras. Simplesmente, não importava. Eles podiam empurrar, empurrar, empurrar, empurrar. Tudo ficaria bem.
D: *Então, essa memória ainda está no fundo da mente de Barbara.*
B: A memória inclui totalmente o medo de lidar com os poderes. A questão é ficar confortável com eles, encontrar conforto, habilidade. As pequenas habilidades estão voltando. Mas o medo é grande nela. Ela precisa aprender a confiar. E é muito difícil tornar a confiar quando as ações destroem tudo. E ainda há aquela autoimportância. É preciso largar tudo isso. É quase como um processo de descalcificação. Alguma coisa ali que é como uma pedra. Aquela pedra do medo que não desaparece.
D: *Bem, isso tem um propósito, pois não queremos que ela siga aquela direção. – Quando estava na biblioteca, estava estudando sobre plantas. Você quer que ela use esse conhecimento?*
B: Ela conhece muito sobre plantas. Para ela, isso é fácil. Ela precisa fazer o que está fazendo. Estudar. Aprender. Ela ajuda as pessoas. É isso que ela precisa fazer.

Depois, Barbara recebeu muitos conselhos pessoais, especialmente sobre o fim de seu casamento e que era hora de seguir em frente. Todo aquele karma fora pago. Seu marido atual fez parte da destruição com ela, quando abusaram de seus poderes, e por isso tinham de voltar juntos em papeis diferentes. Sua mãe dependente tinha sido sua serva noutra vida e Barbara não a tratara bem. Agora, ela estava numa posição na qual tinha de cuidar dela.

Mensagem de despedida: Ela vai ficar bem e precisa saber que aquilo que está acontecendo em sua vida é para o maior bem. Isso é liberdade para ela. E que sua vida, de certo modo, ainda não começou de verdade. Está apenas começando.

D: Ela estava preocupada com o envelhecimento. Eu lhe disse que ela ainda tem muitos anos pela frente.
B: Ela precisa olhar no espelho. A cultura é essa. A cultura está toda errada.
D: Uma vez, você me disse que a idade não é mais o que era antes. Que a idade não é a mesma.
B: Tem gente de cem anos dirigindo seus carros por aí. A idade não é mais o que era!

Capítulo 23
INDO PARA O INFERNO

Quando Catherine me procurou no meu quarto de hotel em Sydney, Austrália, em 2007 para sua sessão, estava caminhando com a ajuda de uma bengala, tão encurvada que parecia mais ser uma idosa do que uma mulher de seus quarenta e tantos anos. A base de sua coluna lhe causava dores terríveis e persistentes. Esta foi a principal causa de sua sessão: encontrar algum alívio. Além disso, ela ia assistir às minhas aulas dali a alguns dias.

Ela havia nascido numa família na qual fora ignorada, abusada e maltratada. Ela foi considerada um "acidente" e sua mãe nunca a quis. Durante toda a infância, disseram-lhe que ela não era boa o suficiente, que tudo que acontecia era culpa sua, e por isso não recebeu simpatia. Seu pai a ignorou totalmente porque achava que ela não era sua filha. Seus pais tiveram de se casar porque a mãe engravidou de seu irmão mais velho. Ele foi tratado melhor. Mas o pai não quis mais filhos. Catherine disse que só conseguia se lembrar de cinco ou seis frases que ele chegou a trocar com ela. Ele a ignorou totalmente. Ela saiu de casa e cursou a faculdade, especializando-se em psicologia. Quando se casou, sofreu mais abusos verbais e sofrimento. Sua vida sexual não era boa, principalmente porque ela não a desejava. Teve dois filhos, e o rapaz foi embora com o pai após o divórcio. Seu segundo casamento também não foi muito melhor. (Por que seria surpresa se tudo isso tivesse afetado suas costas?)

Ela conseguiu trabalho ajudando mulheres que haviam passado por abusos na infância, bem como as crianças envolvidas nisso. Aparentemente, seria a solução ideal, pois ela podia se identificar com isso. Entretanto, isso acabou criando muito estresse. Trabalhar com suas histórias e problemas trouxe de volta todas as suas antigas memórias. Todo aquele velho lixo com o qual ela nunca lidou. Finalmente, ela não conseguiu mais fazer aquilo e foi transferida para a parte burocrática, para um trabalho de escritório, em vez de lidar diretamente com as vítimas.

Seu pai morreu com cinquenta e poucos anos. Ele também foi vítima da raiva e fúria constante de sua mãe. Sua mãe (agora na faixa dos 80) ainda sentia muita raiva de tudo. Ela sempre culpou Catherine pelo fracasso de seu casamento e por sua infelicidade. Até hoje, quando telefona para ela, é para gritar e fazer acusações. Não há simpatia, não há compreensão.

Ela não gostou de seu trabalho e, alguns meses antes desta sessão, teve um ataque cardíaco e saiu. (Essa é uma maneira de escapar de uma situação indesejável.) Ela havia explorado vidas passadas com outros hipnotizadores na esperança de encontrar algumas respostas. Muitas apareceram, mostrando seu envolvimento com mosteiros ou conventos, na maioria das vezes como freira. Numa das vidas que explorou mais a fundo, ela foi deixada num convento como uma criança de cinco anos. Indesejada, ficou lá e o dogma da severidade, dos limites e da obediência ficaram totalmente arraigados. Ela passou toda a vida ali, e mais tarde treinou as noviças do mesmo modo, transmitindo o amargor e a necessidade de sofrer. Ela explorara essas vidas passadas e usara meditação, e achava que havia se livrado da maior parte disso. Mas como ficou óbvio em nossa sessão, ela havia tocado apenas a causa. A necessidade de sofrer a fim de ir para o Céu estava profundamente arraigada, e aflorou intensamente na vida atual.

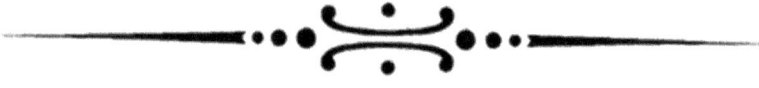

Catherine saiu da nuvem e viu-se como um jovem adulto trajando uma roupa parecida com uma toga curta. Estava em pé num rochedo, observando o oceano e as ondas quebrando nas rochas. No mesmo instante, ficou emocionado. "Tenho medo de voltar à cidade. Tenho medo daquilo que vou ver". Começou a chorar e a soluçar, "A montanha explodiu. Há muito medo por causa da montanha".

D: *Você estava na cidade quando isso aconteceu? (Não) Ela ainda está explodindo ou já parou?*
C: Está acontecendo e as pessoas estão correndo e não sabem para onde devem ir. Ouço-as e vejo-as correndo e gritando. Estão com muita dor, medo e pânico. – A fumaça. As cinzas estão cobrindo as pessoas nas ruas e elas estão sufocando. Os sábios disseram que é porque as pessoas são muito ruins. As pessoas eram lascivas e

veneravam deuses e demônios. Não estavam mais sendo pessoas honestas e corretas, e teriam de pagar por seus pecados. Os sábios queriam que parassem de beber, de farrear, de ir às prostitutas e... Algumas das pessoas sentiram muito medo e acreditaram neles, e algumas riram. Agora, estão recebendo o que lhes é devido.
D: *Então, a cidade toda ficou corrompida? (Sim) Você acreditou nos sábios?*
C: Não sei mais em quem acreditar, pois os líderes e as pessoas não querem escutar os sábios. E os líderes querem que os acompanhemos nas bebidas e na depravação, mas o vidente dentre os sábios diz, "Não façam essas coisas. São erradas e magoam a humanidade". E como tinham bebido muito vinho, saíram machucando as pessoas. Estão dizendo que receberemos o troco. As pessoas não os estavam escutando.
D: *Você estava fazendo essas coisas?*
C: Tenho apenas dezoito anos e estou entrando na idade adulta, mas não conheço a estrada certa. E não quero fazer coisas erradas e ser punido. Não há como conhecer a verdade. Não há como saber se os líderes deveriam ser seguidos ou as pessoas que bebem a noite toda e farreiam. Ou se devo ser moralista e não os sigo, ou se sigo o sacerdote.

Essa não era a sua casa. Ele tinha saído de Roma para visitar primos que moravam na cidade. "A cidade é terrível. Estou visitando esses primos e eles me levam para lugares de jogatina e bebidas, e não estou acostumado com isso. Quem tem razão? (Muito desamparado.) Quem é sincero? Como conhecemos a verdade? Por que não ouvimos as orientações dos deuses? Por que só ouvimos os deuses através de pessoas que mentem e tentam nos controlar? É muito difícil. Quero ouvir a verdade. Mas quero ser como o sacerdote".
Então, chegamos ao ponto onde a montanha estava explodindo. "Estou na praia observando, ouvindo os gritos e as pessoas correndo. E elas estão dizendo, "Viu, eu disse que se você não mudasse, isso ia acontecer. E outros estão dizendo, "Ora, isso é tolice, não foi por isso". É terrível, são coisas terríveis, tempos terríveis.

D: *Você tem alguma ideia do que vai fazer em seguida?*
C: Ficar na água. Ficar na água. Não me aproximar da nuvem de fumaça. (Ela estava respirando forte.)

Fiz outra regressão que pode ter sido na mesma época ou noutro lugar onde um vulcão entrou em erupção. Naquela história, a mulher correu para o oceano para fugir da lava e das cinzas, pensando que ficaria em segurança ali. Contudo, não havia lugar seguro. A água tornara-se tão quente que as pessoas foram cozidas vivas. Por isso, a impressão é que em situações como essas, não há lugar seguro, não importa que decisão você tome. Além disso, a garotinha do capítulo anterior tentou se esconder em sua casa para fugir das cinzas, mas foi sufocada lá.

Condensei o tempo para ver o que ele decidiu fazer. "Meu deus, não consigo me decidir! Não consigo decidir se fico no mar, se subo mais numa direção diferente da montanha em chamas. (O pânico estava tomando conta dele.) Não consigo resolver. (Chorando) Não consigo tomar uma decisão. Estou sozinho e não sei como decidir. (Acalmando-se um pouco.) Muito bem, não tenha medo agora. Não se deixe paralisar pelo medo. Tome uma decisão. (Perguntando-se.) E se eu tomar uma decisão errada? ... Bem, e daí?"

D: *Ainda assim, será sua decisão. O que você quer fazer?*
C: Por enquanto, ficar aqui. Não agir, é mais seguro. Não vejo lava alguma, só a fumaça e as cinzas, e as pessoas queimando-se com as cinzas. – Agora, estou correndo pelas ruas. As pessoas caíram e algumas estão cobertas por cinzas quentes.
D: *Por que você entrou na cidade?*
C: Para ver o que estava acontecendo, pois não sei o que estou fazendo. Não sei o que fazer. É melhor eu sair correndo. – Tantos tiveram mortes horríveis. Posso ouvir os gritos.
D: *Vamos avançar um pouco e ver o que acontece com você.*
C: Agora, tudo está quieto. O medo terrível de tomar uma decisão se foi, pois agora está feito. A decisão foi tomada com base num

medo terrível, terrível. O medo de não ser capaz de tomar uma decisão acabou. Ele está morto.
D: *Como você morreu?*
C: Pelas cinzas, as cinzas quentes.
D: *Mas você não precisava voltar à cidade, precisava?*
C: Mas não sabia o que fazer.
D: *Você estava em segurança perto da água.*
C: Mas as cinzas chegaram. Tive de correr. Elas chegaram até a praia. (Chorando) Tive de correr. Tive de correr na direção delas. – Agora está tudo em silêncio. Estou apenas flutuando e os outros estão confusos e perdidos. Não sabem o que aconteceu. Não sabem. É um choque terrível, terrível, tantos com medo.
D: *Muitos morrendo ao mesmo tempo?*
C: Sim. Terrível. – Estou perdido agora. Ainda sinto a dor... a dor abrasadora.

Removi quaisquer sensações físicas para que ele pudesse falar sem que o resíduo o distraísse.

C: A dor escaldante, a culpa e a indecisão nunca me deixaram. (Ele tornou a chorar.) Estou preso aqui. As pessoas estão mudando, mas estou preso aqui no corpo, sem viver, sem morrer.
D: *Por que você está preso aí?*
C: Porque preciso do corpo. Serei castigado e punido por Deus.
D: *É isso que você teme que vá acontecer?*
C: Sim. É tudo de Deus.
D: *Mas você não precisa mais do corpo. O corpo não funciona mais. Você não consegue mais movê-lo, consegue?*
C: Então, quando for seguro me afastar, vou encontrar coisas piores no inferno e arder para sempre no inferno?
D: *É disso que você tem medo? (Sim) É isso que lhe disseram?*
C: Sim, disseram, disseram. As velhotas e os maldosos esticaram seus dedos ossudos e disseram, "Você vai para o inferno!"
D: *Mas você não estava fazendo nada de mau. Você não fez o que os outros estavam fazendo, fez?*
C: Não. Não, não fiz, mas quis tentar.
D: *Sim, isso é normal, mas você não fez. Acho que você não precisa se preocupar em ser punido por uma coisa que não fez.*

C: Mas fui parar num lugar parecido com o inferno depois da morte. Disseram que eu ia "arder para sempre no inferno". E fui parar lá porque acreditei nisso. Porque estava com muito medo. Mas eles estavam errados. Eles precisavam saber que estavam errados. Aquilo que disseram baseava-se em seus medos e falsos conhecimentos. E eles não tinham uma religião de verdade. Eram falsos e me ensinaram coisas falsas, nas quais acreditei. E por isso, não pude tomar uma decisão. Estavam errados. Ensinaram o medo e falsidades. E talvez houvesse mal naqueles que bebiam, jogavam e caíam nas farras. Talvez houvesse algum mal, mas não eram todos maus. Acho que eu estava com medo e não tive sequer a chance de experimentar a vida. Não tive a chance de fazer nada, pois fui atraído por muitas direções diferentes e não havia uma verdade na qual poderia acreditar.

D: *Você acha que participou disso porque não conseguiu tomar uma decisão quanto ao problema?*

C: Sim, eu não consegui tomar uma decisão. – Mas eu não precisava ir parar naquele lugar infernal. Fizeram-me acreditar que eu tinha de ir para lá. Agora, conheço a verdade, o que é um alívio. Não preciso ir para aquele lugar infernal. Acreditei neles.

D: *E para onde você vai agora que percebeu que aquilo não era real?*

C: Parece que posso ir para a luz. Disseram que eu não era digno.

D: *Mas você sabe que não precisa acreditar neles.*

C: Não, não preciso. Posso ir para a luz. Vejo pessoas flutuando e se afastando para um belo lugar. Estão voando, umas seguem as outras e sobem, e eu não fui para lá. Fui para baixo.

D: *Porque você acreditou neles. Agora, pode ir para outro lugar. (Sim) Como é lá?*

C: É um longo… é como um feixe de luz. E todas as almas que saíram do corpo e morreram estão flutuando. E vão de duas em duas ou três, e formam uma longa fila. E se dirigem para essas nuvens de luz. São douradas, e sai música de lá, e é muito bonito. E eu achava que não poderia ir. Achava que não era digno. Há seres que indicam o caminho, ajudando os retardatários a entrarem na fila e a subir, a subir.

D: *Aqueles que ficaram para trás.*

C: Sim, como eu. E as pessoas vieram tirar-nos do inferno mental pelo qual passamos. Mas parecia muito real. Podemos ser livres.

D: *E quando você chega lá, como é?*

C: Somos envolvidos por uma luz reconfortante, e todos os medos se vão, e todo o pecado – o suposto pecado – pode se esvair. A dor abrasadora causada pela queimadura das cinzas quentes se esvai. Você não precisa mantê-la para sempre. (Espantado.) Não preciso mantê-la para sempre! (Chorando) Estou tão aliviado que isso não dura para sempre. Disseram que eu iria ficar no inferno para sempre.

D: *(Riso) Mas eles estavam errados!*

C: Estou muito aliviado por saber disso. Eu nunca deveria ter acreditado neles. Eu nunca deveria ter acreditado neles.

D: *Foram as circunstâncias. (Sim) Você veio para aprender e tomar uma decisão..*

C: Creio que era para me afastar do jogo e da bebida. Levaram-nos para um lugar falso, com ensinamentos falsos. Eu posso deixá-los ir, posso deixar a dor ir, posso deixar o medo de ser um farrista ir. Que tudo se vá. Quero deixar a verdade entrar. Este lugar para o qual estamos indo contém a verdade.

D: *Vamos avançar até chegarmos lá. Como ele é?*

C: Respirando... lá embaixo, eu não podia respirar. Isso ficou comigo para sempre. Agora, consigo respirar. É muito bonito, repleto de feixes de luz se mexendo e iluminando tudo. Posso respirar, posso ser aceitável novamente. (Sussurra) Posso ser aceitável.

D: *Há alguém lá que possa conversar com você?*

C: Não alguém que eu conheça, mas muitas pessoas estão por aqui, são amigáveis e me chamam para me aproximar. Mas não consigo acreditar que eu possa estar aqui.

D: *(Riso) É claro que pode.*

C: Sem sentir mais dor alguma, sem ter culpa e passar pela condenação eterna.

D: *Isso está perfeitamente correto.*

C: (Zangado) Aquelas pessoas me ensinaram coisas erradas. Agora, aqueles de nós que ficaram presos e perdidos estão sendo levados para um templo de luz brilhante, no qual podemos nos recuperar daquilo pelo que passamos. Vejo alguns dos outros. Eles não ficaram parados. Foram diretamente para o lugar bonito e começaram a se recuperar no mesmo instante. Mas aqueles que ficaram presos, parados, precisam de ajuda.

D: *Como é esse templo?*

C: Do lado de fora, são colunas, é lindo. Dentro, é como... agora estou numa piscina. Disseram que esta piscina vai me curar destes ferimentos terríveis, daquela dor terrível. Uma piscina que vai curar toda a dor que ficou comigo, o terror, o horror e a dor. São águas douradas, cintilantes, e você agita os braços na luz dourada cintilante enquanto está mergulhado até as axilas.

D: *E ela leva tudo embora?*

C: Leva. E minha alma eterna ainda está viva. Disseram-me que ela ia morrer no inferno. Eu não sabia se ainda poderia viver. (Espantado) Dizem que sua alma vai morrer e você acredita. Você não sabe que pode viver!

D: *Não dá para matar uma alma. Não é verdade, certo?*

C: Certo. Eles podiam esconder isso porque nós acreditávamos. Não preciso mais segui-los. – Agora, estou sentado com outras pessoas num lugar bonito, num jardim, e as pessoas estão comendo uvas. E posso me juntar a elas. Estive longe por um bom tempo. Agora, posso estar aqui e ser salvo, e ter a vida que não tive por muito, muito tempo.

D: *Você vai ficar um pouco por aí?*

C: Preciso aprender, aprender coisas novas. A verdade real sobre Deus e a vida, e os bondosos professores vão nos ensinar todas as coisas para combater as coisas falsas que recebemos no passado. E posso ter paz aqui. E podemos crescer, pois nosso aprendizado foi interrompido. Disseram que não precisamos voltar à Terra enquanto não tivermos aprendido muitas outras coisas.

D: *Querem que você esteja mais preparado?*

C: Para fazer melhor da próxima vez. Não estávamos preparados e não fizemos as coisas direito, tivemos crenças falsas e não nos tornamos nós mesmos. Agora, temos a chance de receber ensinamentos, para que quando voltarmos novamente, possamos nos tornar nós mesmos, nossos verdadeiros eus. Podermos pensar por nós mesmos, sermos indivíduos. Sermos nós mesmos, sermos reais para vivermos nosso destino; cumprir nosso potencial. Isso nos foi tirado e agora está sendo restaurado.

D: *É hora de voltar e fazer direito.*

C: Sim, com conhecimentos adequados e com incentivo apropriado.

D: *Você vai conseguir se lembrar disso quando voltar ao corpo físico?*

C: Não sei dizer, mas sei que agora as pessoas nos encorajam e nos permitirão ser nossos verdadeiros eus, queremos ser nossos verdadeiros eus, em vez de sermos oprimidos e escondidos como antes. Querem que sejamos quem realmente somos, e isso é muito mais do que já acreditei.

D: Vamos avançar até o ponto em que você já aprendeu tudo que queriam que você aprendesse, e você está se preparando para voltar para um corpo físico. Alguém o ajuda, diz que chegou a hora?

C: Sim, agora estamos numa aula que ensina a voltar. Aqueles que já estão prontos estão recebendo instruções sobre a volta.

D: Quais são as instruções?

C: Que podemos ter nosso verdadeiro conhecimento conosco, mesmo que ele não aflore imediatamente. Ele sempre estará lá e podemos chamá-lo, conectarmo-nos com ele e nunca perder a conexão. Voltar para a Terra num corpo e mantermo-nos conectados.

D: Você pode escolher o tipo de vida ou de corpo físico que terá?

C: Não, acho que ainda não fiz isso.

D: Vamos avançar até o momento em que você recebe as instruções. Eles deixam você escolher para onde irá?

C: Sim, e estão me ajudando a escolher um bom lugar desta vez. Formarei minha alma e restaurarei meu espírito.

D: Eles não tomam a decisão por você?

C: Não, estão me mostrando as diversas opções e me ajudando a escolher uma que seja boa. Não precisamos ter lições ruins como aquelas o tempo todo, sofrer dor o tempo todo. Podemos escolher uma vida boa. Podemos estudar música e sermos pianistas, podemos escolher coisas que nos constroem e nos fortalecem, em vez de coisas que nos dilaceram e destroem.

D: O que você vai escolher?

C: Gosto da natureza e da ciência, e posso ter a ciência. Posso estudar o universo.

D: Você escolhe a família?

C: Parece que estamos indo em grupo para um planeta no qual podemos estudar física e o universo, todos os segredos da vida física e como ajudar as pessoas a fazerem tudo melhor. É um lugar onde vamos trabalhar juntos, teremos professores maravilhosos e não teremos os problemas da Terra. Não vamos ser moídos e soterrados. Poderemos fazer tudo isso na luz.

D: Acharam que seria uma opção melhor do que voltar para a Terra?

C: Sim, uma escolha melhor para ajudar a humanidade. Do contrário, ficaríamos presos a aqueles pequenos buracos do inferno para sempre. – Vamos construir alguma coisa diferente. Com paz, aprendendo sem nos fragmentarmos.
D: *Que tipo de corpo você terá nessa vida?*
C: Não é como os da Terra. Não nos ferimos com facilidade. Ele é rijo e coberto de couro, parecendo um réptil.
D: *Mas dá a impressão de que você é bem inteligente.*
C: Sim, mas podemos ser inteligentes em qualquer lugar, pois éramos estúpidos na Terra.
D: *Então, você passa algum tempo naquele planeta? (Sim) Você se torna um cientista?*
C: Sim. Isso alimenta minha alma, preenche de informação e conhecimento a minha alma e ajudo muitos outros planetas e raças em suas passagens pelo corpo físico. Isso é para ajudá-los. Para amenizar o sofrimento, pois o sofrimento causa muitos danos.
D: *Todos vocês trabalham nesse planeta?*
C: Ah, não. Saímos em naves. Temos todo o universo para estudar. Como as estrelas explodem, como os planetas se desenvolvem em seu corpo. E é tão vasto e belo, podemos fazer parte disso. É muito estranho, pois podemos sair e ver estrelas e galáxias num minuto e agora podemos sair e ver outra coisa no minuto seguinte. Não sei como isso funciona. Ir e vir entre dimensões diferentes. Queremos aprender e ensinar. Há tanta coisa a curar da experiência na Terra, e agora me deram esta chance de cura.
D: *Você tornou a chegar perto da Terra enquanto explorava o universo?*
C: Ainda não estive lá.

Ao que parece, finalmente ele encontrou a felicidade após o terrível tormento pelo qual passara. Assim, resolvi levá-lo até o último dia dessa vida para ver o que aconteceu.

C: A luz dourada brilhante que começou no meu coração e se expandiu pelo meu corpo, pelo corpo energético e chegou ao espírito permeou o meu ser e o dos outros que também estão indo embora.
D: *O que aconteceu com o corpo que você está deixando?*
C: Ele simplesmente se dissolveu, virou pó.
D: *Havia alguma coisa errada com ele?*

C: Não. Quando a luz dourada veio, soubemos que estávamos curados e soubemos que era hora de ir e levar o conhecimento que adquirimos para outras espécies e planetas. Assim, agora somos uma bola dourada flutuante de existência. Vamos ao conselho com conhecimento e nos comunicamos com outros seres que tiveram outros conhecimentos. Usamos bolas prateadas e bolas de luz colorida, reluzentes e cintilantes. Juntos, damos as informações ao centro de conhecimentos que todos podem usar, para que todos os planetas feridos possam se valer desse conhecimento para sua cura.

D: *É como um centro enorme, que reúne tudo?*

C: Não exatamente um centro, são essas bolhas. Cada ser é como uma bolha cintilante, e, juntos, seu conhecimento forma como que correntes elétricas que fluem para os universos. Para todos os lugares que precisam dele. Assim, um planeta com problemas, como era a Terra, pode atrair essa eletricidade. Ela vem como uma corrente dourada e traz a cura. Ela fica disponível para todo o planeta.

D: *Como é que o planeta todo pode recebê-la?*

C: Bem, não pode, mas quando as pessoas ficam prontas, abrem-se e o recebem. Ele cura gradualmente o planeta e as pessoas, bem como as dores que haviam, os danos.

D: *As pessoas desse planeta precisam desejar que isso aconteça?*

C: Sim. Alguém precisa chamá-lo. Do contrário, ele flui sobre o planeta e as pessoas não têm acesso a ele.

D: *Então, elas precisam querer ajuda?*

C: Sim. E então, aquelas inúmeras bolhas de luz... cada um dos seres, reúnem-se continuamente no lugar central, levando conhecimentos e informações e ajuda para compartilhar com todos. Eles vêm e vão, e trazemos nossos baldes de conhecimento e contribuímos. E podem escolher ir para outro lugar e obter mais um punhado de conhecimento para cá. Não precisamos ficar quebrados para sempre. Agora, fomos reparados.

D: *Agora, eu gostaria que você avançasse até o momento em que decide voltar à Terra para o corpo físico de Catherine, este através do qual você está falando neste momento.*

C: Ah, ela! Ela estava ferida, mas não precisa estar. Agora, tem a mim. Ela esteve num lugar de dor em muitas de suas vidas na Terra, mas agora vim até ela. Uma parte perdida dela, agora a luz dourada reluzente pode estar nela também, a partir de agora. Ela vai ficar contente. Ela se apegou fielmente a todo aquele sofrimento, mas não precisa mais fazer isso.

D: *Pode explicar a ela porque escolheu uma vida tão dramática com seus pais?*

C: Ela precisava continuar sofrendo. Ela havia se apegado a cada pedacinho de sofrimento que teve noutras experiências, tinha de continuar apegada a ele. Achava que estava sendo fiel a Deus por se apegar ao sofrimento.

D: *Ela acha que teve outras vidas nas quais foi religiosa.*

C: Sim, e com tudo isso, ficou acumulando sofrimento. Tornando-o ainda pior, apegando-se a ele. Achava que estava fazendo o que era correto. Foi seu modo de ser fiel, mas foi uma coisa mal orientada.

D: *Então, quando veio para esta vida, ela achou que teria de continuar a sofrer traumas e experiências ruins?*

C: Sim. Continuar a sofrer, a ser disfuncional, só porque lhe disseram – em algum momento alguém lhe disse – que Deus adora quando as pessoas sofrem no Seu nome, e ela acreditou nisso. Agora, como viu o Vesúvio, soube que eram ensinamentos falsos.

D: *E os pais dela? Por que eles resolveram voltar juntos e ter esta experiência?*

C: Eram almas gentis e ainda tinham muito que aprender, e compartilhavam algumas dessas crenças falsas, e assim tudo se desenrolou. Todos compartilhavam vidas distantes e primitivas, repletas de superstição e medo. E por isso tinham essa conexão com a crença em superstições e medo. De modo quase inconsciente, deram continuidade ao sofrimento. – Agora, vejo a mãe. Ela acredita firmemente que fazer sofrer é bom para a alma e assim ela faz isso, faz isso, faz isso, e nunca percebeu como é errado.

D: *Mas Catherine não precisa mais ficar presa nisso, precisa?*

C: Não, não. Ela não quer ficar presa nisso. Ela só não sabia como sair disso.

D: *Mas agora, você pode ajudá-la, não?*

C: Sim, pois surgiram novas informações que penetraram aquele lugar que ficava trancado com a dor. Agora, toda sua vida vai mudar. A mudança naquele planeta distante, onde a cura e a ciência aconteceram, agora pode estar com ela... começando por esta vida.

Mudei de assunto e perguntei sobre a condição física de Catherine. Eles disseram que se ela tivesse continuado naquele caminho que estava seguindo, iria morrer. Ela estava no caminho errado.

C: O coração estava se encolhendo por causa do sofrimento, mas agora ela descobriu que se um relacionamento termina, não é preciso retrair-se e morrer, pois somos autossuficientes, indivíduos fortes. Agora, o coração retraído pode ser curado. Já parou de encolher!

Depois, concentraram-se nas costas de Catherine, a principal fonte de dor e dos efeitos paralisantes que a estavam prejudicando. A dor ia desde o pescoço até as costas. Os médicos diziam que a cirurgia era a única opção.

C: Tensão extrema, rigidez e apego à vida dos velhos tempos. Largue isso! Os ossos podem ser restaurados agora. Posso fazer isso agora. Permitir que a energia elétrica envolva toda a espinha; restaurar toda a energia que restaura os ossos. A eletricidade não estava funcionando. Os ossos serão reparados depois que a eletricidade e a energia passarem por eles nos próximos dias. O padrão para a cura está aqui. Ela não sabia que poderia ser interdimensional, mas a espinha estava no lugar infernal interdimensional. Ainda estava sendo mantida lá. Era interdimensional, não era apenas um lugar onde ela queria estar. Mas agora, é interdimensional num padrão saudável. O canal de luz foi aberto. Ela achava que não tinha poder, mas o fato de manter sua espinha naquele inferno dimensional requeria muito poder. Ela tem muito poder. – Seu corpo todo fervilha de energia.

Mensagem: Ela ficará feliz ao unir-se a mim no trabalho de levar luz aos planetas e de despertar as pessoas, ajudando-as a viver. Ficará feliz, é um desejo do seu coração fazer esse trabalho.

D: *Você disse "a mim". Estou me comunicando com o subconsciente?*
C: Sou aquele que estava no planeta da ciência.
D: *Quer dizer que você foi designado agora para trabalhar com ela?*
C: Sim. É uma parte dela que ficou isolada, sentindo-se perdida. E o trabalho é galáctico. Ela queria fazer parte do trabalho galáctico.

Mensagem de despedida: Ouça mais. Ouça mais porque a verdade está aí. Não desista.

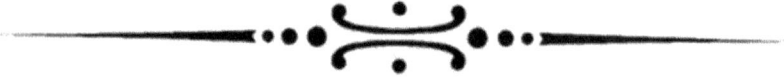

Em nossa sessão, ela morreu como um homem durante uma erupção vulcânica. Um punhado de pedra derretida atingiu-o no estômago, causando uma dor ardente gravíssima. O homem morreu confuso em Pompeia e depois encarnou em vidas religiosas a fim de encontrar respostas. Provavelmente, isso foi parte do lugar infernal de que ele falou. Não deu certo. Ele aprendeu que a resposta era o sofrimento e isso continuou na vida de Catherine.

A outra parte que emergiu durante nossa sessão foi outro fragmento ou aspecto que encontrou o caminho correto. Agora, essa parte pode se fundir com ela e afastar a crença falsa na necessidade de sofrer. Já chega.

Além disso, houve o sofrimento no convento pela negação do alimento, vivendo com muito pouco. Tinham de comer o quanto podiam, pois não sabiam quando poderiam fazer a próxima refeição (ou se haveria uma próxima refeição). (Lembre-se que o homem de Pompeia morreu com lesões no estômago.)

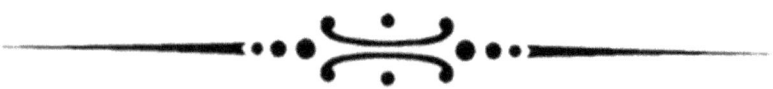

Após a sessão, Catherine ficou surpresa ao ver que não sentia mais dor alguma nas costas. Ela também parecia mais suave e mais jovem. Ela se ofereceu para ajudar na minha palestra na noite seguinte e também acompanhou a aula. Quando chegou na palestra, estava sorridente e comentou como estava se sentindo bem. Na aula, antes de começarmos, disse que queria contar (e mostrar) aos alunos o que havia acontecido. Ela andou e correu em círculos ao redor da sala, rindo empolgada. Disse que no dia anterior, passou quatro horas caminhando por Sydney sem sentir desconforto algum.

Infelizmente, este tipo de medo ainda existe hoje em nosso mundo, e é causado pela Igreja. Minha filha Julia foi enfermeira na Unidade de Terapia Intensiva durante muitos anos. Disse que os casos mais tristes eram os dessas pessoas que estavam morrendo com medo. Tinham vivido vidas perfeitamente boas, com todos os seus desafios, e não haviam prejudicado ninguém. Mas a Igreja lhes disse que, a menos que fossem perfeitos, iriam para o Inferno. Como ninguém é perfeito, ficaram aterrorizados. Sabiam que estavam morrendo e a Igreja os havia convencido de que iriam para o Inferno. Creio que é um grande desserviço para qualquer organização religiosa fazer com que as pessoas tenham medo de morrer. Elas deveriam lhes falar da beleza e do encantamento que vão encontrar quando se forem. Que não estarão sozinhas e que irão se reunir com seus entes queridos. Que o lado de lá é um lugar de amor incondicional, onde ninguém é julgado, não importa quais tenham sido suas circunstâncias de vida. Quando saem do corpo terreno, elas simplesmente vão "para casa", e este não é um lugar para ser temido, e sim bem-vindo.

Há muito mais informação sobre a morte e todos os lugares maravilhosos que você pode visitar no lado espiritual em meu livro Entre a Morte e a Vida.

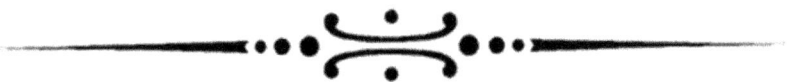

Para aqueles de vocês que não conhecem a história daquilo que aconteceu em Pompeia, vou apresentar uma versão condensada. Estive lá quando fomos de ônibus de Roma a Nápoles para visitar as ruínas. O Monte Vesúvio ergue-se majestosamente sobre toda a paisagem. Via-se fumaça saindo do cume, mostrando que ele ainda está ativo. Os cientistas dizem que é apenas uma questão de tempo até o vulcão tornar a entrar em erupção, e senti-me desconfortável por estar próxima a ele. Ele explodiu no ano 79 d.C. e soterrou Pompeia em cinzas (tal como descrito nas sessões). Além da destruição, a cinza teve outro propósito: preservou a cidade para a posteridade. Após vários anos, as escavações revelaram edifícios e artefatos perfeitamente preservados. Pelas ruínas, era possível ver que se tratava de uma cidade grande. Hoje, é considerada uma das fontes mais ricas de conhecimento sobre o mundo helenístico e romano em virtude de sua notável preservação.

Portanto, temos duas versões diferentes de pessoas que morreram durante a erupção do Vesúvio, e ambas estão essencialmente corretas. Só são narradas segundo pontos de vista distintos. A primeira foi dada pelo ponto de vista de uma criança que vivia em Pompeia naquela época, vendo-a como uma cidade bonita e limpa. Durante as escavações, encontraram edifícios perfeitamente preservados, com restos de pinturas (estuques) nas paredes, belos murais. Além disso, imagens feitas com pedrinhas ou mosaicos. Não foram encontradas apenas nos edifícios públicos, mas até em casas familiares com belas pinturas nas paredes (tal como foi descrito na sessão). Também havia muita indústria, agricultura e comércio, e por isso o pai da menina poderia muito bem ter sido um homem rico. Por ver tudo com seus olhos de menina, ela só viu a beleza. Ela não viu o lado sombrio de Pompeia.

A versão dada pelo homem para Pompeia também estava correta. Entre as pinturas nos edifícios foram encontradas cenas de sexo explícito, bem como estátuas com órgãos sexuais exagerados, como se fossem obcecados pelos desejos da carne. Assim, a versão da depravação descrita pelo rapaz também estava correta. Os romanos eram famosos por seus excessos, tanto na alimentação quanto no sexo. Em algumas ruínas antigas, encontraram aquilo que chamavam de "vomitorium". Eles comiam demais, iam até esse recinto e vomitavam, voltando para comer mais. Um mundo assim deve ter sido muito confuso para um jovem saído da vida no campo. Por isso, é fácil entender porque ele foi tomado pela culpa ao morrer de forma tão violenta.

Eis as ruínas de Pompeia com o Monte Vesúvio erguendo-se ao fundo.

Eis um mosaico encontrado numa das casas.

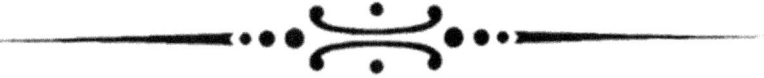

A pesquisa mostra que o conceito de inferno originou-se nos séculos dois e três depois que o Novo Testamento foi escrito. O conceito de inferno tem sido usado há séculos por pregadores cristãos excessivamente zelosos como meio de assustar seus rebanhos e levá-los à obediência, mas não tem base nas escrituras.

Capítulo 24
ESCONDENDO OS ENSINAMENTOS DE JESUS

Esta sessão foi feita como demonstração durante uma aula em Ojai, na Califórnia. Eu escolho um aluno da classe para realizar a demonstração. Nunca sei de antemão quem será e sempre ficava apreensiva por fazer uma demonstração diante de um grupo grande de pessoas. Nunca sei o que vai acontecer, e tampouco é a melhor situação para a pessoa que se submete a ela. Chamo essa situação de "aquário", pois não há privacidade e a pessoa também fica nervosa. Tudo é feito diante da classe e qualquer coisa pode acontecer. Normal e espantosamente, isso sempre funcionou, mesmo que eu nunca saiba que informações virão dali. Em algumas ocasiões, a pessoa que escolhi foi difícil e tive de me esforçar muito para levá-la até uma vida passada. Essas costumam ser pessoas do "cérebro esquerdo", ou, noutras palavras, "loucas por controle". Quero mostrar à classe como usar a técnica e como é simples usá-la. Nesses casos, os alunos dizem que gostaram de ver como lido com um caso difícil. Eles acreditam que aprendem mais com estes do que com os fáceis.

Foi isto que aconteceu quando pedi a Betsy para ser a demonstração. Quando saiu da nuvem, tudo que viu foram imagens escuras, no início, e depois confusas. Seu hemisfério cerebral esquerdo estava muito ativo tentando compreender porque ela não estava encontrando alguma coisa. Esta é sempre a minha explicação para céticos que dizem que o cliente está inventando uma história para agradar o hipnotizador. Se ela ia inventar alguma coisa, por que não o fez? Após algum tempo, ela começou a ver imagens desconexas e depois cenas de seus primeiros anos na vida atual. Foi interessante notar que elas se referiam a discussões entre seus pais, ouvidas enquanto ela estava sozinha no berço. Eu não desisti. Persisti até conseguir romper sua resistência. Após cerca de meia hora de confusão, pedi-lhe para avançar até alguma coisa que fosse importante e apropriado para ela ver. Então, rompemos a barreira do hemisfério cerebral esquerdo e fomos a uma vida passada.

B: Sou uma espécie de freira. Vivo com um grupo de mulheres e estamos lendo livros. Estudamos ensinamentos. Estamos na França e estudamos os ensinamentos que trouxemos conosco. Não saímos muito. Temos medo de sair.

D: *Você disse que é como uma freira?*

B: Sim. Pertenço a uma ordem de mulheres muito esclarecidas que estão estudando os ensinamentos agnósticos de Jesus de Nazaré.

D: *Mas você disse que eram ensinamentos que levaram com vocês?*

B: Sim. Nós saímos daquele lugar... o lugar onde ele foi crucificado.

D: *Então, vocês estavam lá naquela época?*

B: Eu estava lá. Estava lá com as outras e vimos o que aconteceu. Estávamos todas lá e sabíamos que aquilo ia acontecer. Ele tinha sido nosso professor e nós o amávamos muito.

D: *Todo esse grupo de mulheres estava estudando com ele?*

B: Sim, éramos alunas muito especiais.

D: *Você viu o que aconteceu com ele?*

B: Sim, ele foi crucificado, claro, e vi tudo. Tentei não olhar muito, e depois tivemos de sair. E tivemos de pegar nossos ensinamentos e ir para outro lugar. Ele nos disse que teríamos de fazer isso e assim nós obedecemos. Do contrário, seus ensinamentos iriam se perder. E eles também estavam procurando por nós, pois sabiam de nosso grupo. Que éramos suas discípulas especiais, e por isso tivemos de sair correndo. Depois que seu corpo foi levado, saímos rapidamente e fomos para a França.

D: *Do contrário, vocês estariam em perigo?*

B: Certamente. Eu estaria e algumas das demais. Por associação, eu estaria, mas principalmente nossa líder.

D: *Como vocês foram até a França?*

B: Caminhando. Bem, caminhamos parte do trajeto. Foi uma viagem longa. Foi longa. Mas andamos na maior parte do tempo.

D: *Vocês ficaram juntas?*

B: Ficamos todas juntas.

D: *Como vocês encontraram o lugar onde estão vivendo agora?*

B: Tudo havia sido organizado, e assim, seguimos a mulher que sabia de tudo... nossa líder. Ela sabia, além de um homem que ia na frente. Ele sabia. Tudo tinha sido preparado. Sabíamos que isso iria acontecer, e por isso pegamos os ensinamentos e fugimos.

D: *Você se recorda deles?*

B: Eles foram escritos. Muitos deles foram escritos. Mais tarde, escrevemos mais. Tudo ficou escrito e tínhamos de protegê-los. Foi muito difícil. O que queriam, na verdade, eram os ensinamentos, e tínhamos de impedir que fossem danificados e que se perdessem. Ele nos disse coisas diferentes daquelas que disse aos outros. Eram ensinamentos secretos, no que concerne aos demais.

D: *Eram diferentes daqueles ensinados aos discípulos?*

B: Diferentes daqueles que os homens recebiam, e o fato de ter nos ensinado essas coisas deixou-os muito enciumados, eles não queriam que tivéssemos isso. Achavam que, se nós tínhamos, como éramos mulheres eles também tinham de ter. Claro, é assim que eles são, como você sabe.

D: *Sim, compreendo. É por isso que tinham ciúmes do seu grupo?*

B: Muito, especialmente de nossa líder. Era ela que eles realmente desprezavam. Fingiam amá-la, mas lá no fundo não a amavam nem um pouco.

D: *Você sabe se os homens seguiram outra direção?*

B: O que sei é que alguns homens vieram conosco, mas não aqueles que temíamos. Esses ficaram e seguiram seus caminhos. Tinham missões diferentes. Sua tarefa consistia em tomar os ensinamentos que eram verbais para divulgá-los verbalmente. Mas aqueles que eram escritos eram preciosos e nos foram dados. Saímos e estudamos mais, e Ele veio depois que retornou. Ele foi nos visitar naquele lugar da França.

D: *Quem foi procurar vocês naquele lugar?*

B: Jesus foi lá. Eles o chamavam Yeshua. Ele foi.

D: *Depois de ter sido crucificado? (Sim) Ele estava em espírito ou no corpo?*

B: Ele estava em espírito e no corpo.

D: *Ambos juntos?*

B: Sim, juntos. Ele foi com seu corpo físico, embora brevemente. Só passou um tempo para transmitir ensinamentos e depois partiu. Partiu, mas eu o conhecia e ele me reconheceu – muito informalmente – não com muita profundidade, mas ele era meu professor.

D: *Ele foi a outro lugar depois de deixar seu grupo?*
B: Sim. Ele voltou ao seu Pai. Mas veio várias vezes.
D: *Para se assegurar de que vocês estavam fazendo o que deveriam estar fazendo?*
B: Sim, para nos questionar e deixar mais ensinamentos. E nós os anotamos. E ninguém sabe disso, creio. Acho que ninguém mais sabe.
D: *Então, é algo muito secreto. É muito precioso e vocês protegem tudo isso.*
B: Sim, é verdade. Sentimo-nos honradas e vivemos sozinhas por muitos anos. Nunca saímos de lá. Ficávamos dentro de casa. Até nossa líder ficava. Ficamos longe de todos por anos. Queríamos ser como ele. Achávamos que poderíamos ser como ele. Sabíamos que poderíamos ser como ele, pois ele nos disse que poderíamos. E ele queria que também fôssemos professoras, mas não podíamos ficar com os homens. Você sabe que eles não permitiriam isso, e portanto viemos para cá.
D: *Essa foi uma decisão muito boa.*
B: Sim, achamos que foi.

Resolvi levá-la adiante, até um dia importante daquela vida. Seria um modo de obter mais informações, pois do contrário ela ficaria apenas ali no lugar onde viviam.

B: Foi o dia em que tentamos sair e descobrimos que ainda... ouvimos dizer que ainda estavam procurando por nós. Achamos que poderíamos encontrar mulheres... trazer outras mulheres para nosso grupo. Nosso número estava se reduzindo e precisávamos e queríamos divulgar os ensinamentos à nossa própria maneira.
D: *Seu grupo estava se reduzindo?*
B: Sim, elas estavam morrendo. Éramos apenas cinco ou seis, e por isso era importante não permitir que tudo ficasse só entre nós. Outros precisavam saber. Saímos e descobrimos que as coisas não haviam mudado muito, e que muitos ainda não sabiam aquilo que sabíamos.
D: *E o que vocês resolveram fazer?*
B: Resolvemos que tínhamos de pegar esses ensinamentos e colocá-los em algum lugar. Não podiam ficar num lugar onde só nós os teríamos, pois certamente todas nós íamos morrer e os

ensinamentos não ficariam com ninguém. Propusemo-nos a levá-los e enterrá-los, e fizemos isso. Tivemos a ajuda de alguns discípulos para isso. Queríamos protegê-los e confiávamos nesses homens. Eram nossos amigos. Nem todos eram iguais, entende? Tínhamos amigos que pensavam de maneira diferente. Muitos homens queriam estudar conosco, mas, naturalmente (Riso), não nessa época.

D: *Onde vocês os enterraram?*
B: Nós os levamos e enterramos em diversos lugares, não apenas na França. Alguns foram enterrados perto do lugar onde vivíamos. Mas outros foram levados de volta para perto de onde ele foi crucificado, e nós os enterramos no litoral, bem perto daquele lugar.

D: *Esse lugar aonde vocês foram e enterraram tudo... onde vocês tinham o seu grupo. Ficava perto de uma cidade ou vila?*
B: Sim, era... Le Deuce... Le Blanc? Alguma coisa parecida ou próxima disso.

D: *Esse era o nome do lugar onde seu grupo ficava?*
B: Sim, perto da cidade. Na verdade, vivíamos num templo, numa antiga igreja. Havia outros cavaleiros em torno que nos protegiam.

D: *Então, quando vocês enterraram os ensinamentos, foi perto dessa cidade?*
B: Alguns deles, sim, e outros cavaleiros levaram-nos para outros lugares e os enterraram.

D: *Acho que foi muito bom vocês terem desejado preservar essas coisas. É bom proteger o conhecimento, não é?*
B: Isso é extremamente importante, são os conhecimentos preciosos, atemporais de todos os tempos. Aqueles que ensinam o caminho, o caminho para Deus. É isso que eu sempre quis e foi um privilégio tê-lo conhecido. Foi uma honra poder estar sob sua luz, irradiar aquela luz e levar os ensinamentos.

D: *Você fez um bom trabalho.*
B: Acho que sim.

D: *E você tentou proteger os ensinamentos.*
B: Sim. Mas não havia muita gente para nos ouvir, não onde estávamos, mas creio que teria sido bom. Eu queria ensinar grandes grupos, mas não foi esse meu destino nessa vida. Mas fizemos uma coisa muito importante naquela vida, e gosto de fazer coisas que são importantes, muito importantes. Você sabe que

algumas pessoas não conseguem ver a importância das coisas, mas eu consigo. Posso ver coisas importantes. Eu as reconheço imediatamente, e é isso que faço.

Achei que tínhamos aprendido tanto quanto podíamos com uma mulher que vivia uma existência enclausurada e isolada. Por isso, levei-a até seu último dia nessa vida e lhe perguntei o que estava acontecendo.

B: Estou no leito e minhas irmãs estão comigo. Estão bem velhas agora. Todas nós estamos velhas. (Riso) Vivemos muito, e estou triste porque perdi muitas outras, minhas irmãs. E sou uma das últimas e agora estou pensando na minha vida. Estou pensando nele. Estou pensando no futuro. Estou pensando na grandeza desses ensinamentos. Se ao menos os outros os conhecessem. Eles não são o que aparentam. Não são o que se está ensinando agora. A beleza dos ensinamentos se perdeu.

D: *Você conseguiu ensinar as pessoas, não conseguiu?*

B: Não, não o suficiente... não o suficiente. Não os Verdadeiros ensinamentos. Só os ensinamentos superficiais, só aqueles que poderiam ser compreendidos. Não havia ninguém para compreender a profundidade desses ensinamentos. Esse foi o problema. Tivemos de protegê-los daqueles que não eram capazes de vê-los e de compreendê-los.

D: *Você não conseguiu divulgá-los como gostaria.*

B: Não. Tivemos de enterrá-los. Mas algum dia, alguém vai descobri-los e eles serão ensinados, e esse terá sido meu trabalho.

D: *Assim, não terão sido perdidos.*

B: Não, não foram perdidos, e morro feliz sabendo disso. Minha vida foi gratificante. Fiz um bom trabalho. Estou muito satisfeita. Eu não teria feito nada diferente, embora tenha me sentido muito sozinha. Eu teria gostado de conhecer mais pessoas. Estive muito sozinha nisso tudo, sozinha com os ensinamentos.

D: *Eu acho que você fez um belo trabalho com isso. Você tentou.*

B: Obrigada. Realmente, tentei.

Levei-a ao outro lado quando ela já estava fora do corpo e perguntei-lhe se ela conseguia ver seu corpo. "Vejo-o à distância. Estou me afastando, afastando".

D: Observe aquela vida e lembre-se de que toda vida tem uma lição. Qual, no seu entender, foi a lição daquela vida?
B: Aprendi o amor dos ensinamentos e aprendi que eles devem ser preservados e escondidos. E que Deus está em nós. Apesar daquilo que os cristãos ensinam hoje, conheço a verdade e não é aquilo que dizem. Não é aquilo que fizeram com ela. Agora, vejo isso bem.
D: Você acha que aprendeu isso naquela vida?
B: Eu sabia que tinha os ensinamentos o tempo todo. Aprendi sobre a unidade de Deus. Aprendi sobre o caminho que foi ensinado e o que aconteceu com o ensinamento depois que ele saiu de nossas mãos. Sim, aprendi isso.
D: O que você acha que vai fazer com essa lição? É uma lição importante. Agora que você saiu daquele corpo, o que pensa sobre isso?
B: Vou proteger a verdade e vou me assegurar de que a verdade será preservada. E que outros se desenvolverão no espírito tal como eu pude porque conheço a verdade, a verdade sobre quem somos nós.

Depois, levei-a para longe daquela vida e chamei o SC. A primeira pergunta que sempre faço é porque o SC escolheu aquela vida específica para mostrar ao paciente.

B: Porque ela duvida dela mesma. Ela duvida de que é quem ela é.
D: Do que ela tem medo?
B: Ela tem medo de ser diferente dos outros. Ela sente raiva porque sua família nunca viu sua diferença e, se viu, não a apoiaram. Sua mãe tentou mas sem efeito, não se saiu muito bem. Mas fingiu que deixava Betsy mexer aqui e ali, mas não a ponto de perceber aquela pequena diferença, desenvolvendo-a e educando-a. Ela precisava ter estudado mais, e ela tem raiva, raiva de não ter cultivado isso antes para poder ter feito alguma coisa pelo mundo. Mais do que já foi capaz de fazer nesta vida. É muito difícil... muito difícil para ela. Não precisava ser tão difícil.
D: Ela fez com que ficasse difícil?
B: Bem, creio que ela veio a esta vida com um propósito e recebeu circunstâncias para resolver seu karma. Desde o começo, sabia quem era. Ela não podia escapar do karma que ela precisava

compensar, e por isso tentaria fazer isso e fazer aquilo. E nada, naturalmente, iria funcionar, pois não era a nossa vontade. Não era o que ela precisava fazer. Ela nunca gostou da ideia do contrato. Você sabe que ela não queria ter de fazer isso. Ela queria ir em frente.

D: *Qual era o contrato dela?*

B: O contrato era ajudar os diversos homens de sua vida a se encontrarem e aprenderem alguma coisa sobre eles mesmos, às vezes para conhecerem suas próprias fraquezas e depois irem em frente. Ela precisou aprender que não participava disso. Eles teriam de terminar seu karma juntos, e isso lhe causaria muito sofrimento. Ela teve raiva desses homens porque ela não pode prosseguir novamente. Ela sabia onde tinha de ir, mas antes precisava fazer isso. A primeira coisa era algo que ela precisava fazer. Pobrezinha, como sofreu. Puxa, esse foi um sujeito e tanto. Ele saiu debaixo de uma pedra na Noruega. Era o que costumávamos dizer sobre ele. (Rimos.) Era uma figura. Ela teve de viver com ele e ele a assustou muito. Durante um bom tempo, bateu nela e ela voltava para receber mais por causa da culpa cristã dos casamentos interrompidos, teve de ficar com ele. Ela se sentia culpada e ficava, e ele fazia isso várias vezes e ela não "entendia". Ela ficou tempo demais com ele. Ele poderia tê-la matado, mas ela acabou percebendo isso e foi embora. Ele acabou entendendo e por isso ela só podia culpar-se a si mesma. Mas podia ter acabado com tudo mais cedo. Sei que ela está curiosa para saber qual era o karma envolvido. Ela não queria voltar a vê-lo, e não a culpo. Creio que podemos dizer que isso acabou. Acabou. Ela saiu dessa e foi inteligente. Ela teve de terminar com ele. Ela também teve de lidar com o outro, o segundo, Dennis. Não havia karma com esse. Eles simplesmente tinham de se encontrar. Dennis tinha de crescer e seguir em frente, e Betsy tinha de ver que eles eram homens fracos que a estavam retardando.

D: *Eram pessoas com as quais ela teria se envolvido noutras vidas? (Sim, sim.) Então, eles tinham karma.*

B: Sim, eles precisavam terminar isso. Depois, claro, teve o professor de música, um dos amores de sua vida. Claro, nunca se casaram, mas essa foi outra lição. Sabe, apego, apego. Ela não percebeu quem ela era por causa de uma vida anterior relacionada com a música. E de repente ela achou que deveria ser cantora de ópera, e não pudemos convencê-la de que ela não estava onde deveria estar. Ela demorou muito. Puxa! Finalmente, precisou perder a voz. Tivemos de tirar sua voz completamente para tirá-la daquela situação, e ele a amava. Depois, naturalmente, houve o outro, o último. Nem vamos falar dele. Finalmente, ela encontrou um parceiro. É uma pessoa que precisa de um parceiro e ela encontrou o certo.

Então, o SC tratou dos principais problemas que Betsy tinha tido com sua mãe ao longo da vida. Eles ainda continuavam e era hora de parar com eles.

D: Você sabe que Betsy se interessa muito por ensinamentos metafísicos. Isso vem daquela vida que você lhe mostrou?
B: Sim, isso tem feito parte de seu padrão há muitas vidas. Outras religiões também, mas sempre perto disso, próxima de algum grande mestre. Ela estava perto do Buda. Era amiga de sua esposa e recebeu seus ensinamentos naquela época. Esteve na vida de Maomé, mas não era seguidora, mais uma participante de seu círculo íntimo.
D: Parece que seu destino tem sido estudar ensinamentos antigos para transmiti-los depois.

Agora, o SC comentou sobre seu fascínio sobre ensinamentos antigos e como estava indo de professor em professor a fim de absorver o máximo possível de conhecimentos. "Temos muito mais coisas para ela. Há mais coisas de que ela é capaz. É hora de seguir em frente. Os ensinamentos são muito importantes e ela se encontra com pessoas que gostam dessa sabedoria e desses ensinamentos milenares, mas não são todos que se interessarão por estudá-los. Há apenas dois ou três desses livros que qualquer um consegue compreender". Comentei que isso era similar à vida que ela havia visto, na qual não tinha muitas pessoas para quem passar o conhecimento. – Resolvi que era hora de perguntar sobre a cura do corpo. Betsy tinha muitos problemas e sintomas físicos. Sofria dores constantes, que aumentaram nos últimos quarenta anos, e tomava remédios fortes contra a dor. A dor afetava a maior parte do seu corpo, pois ela tinha problemas nas costas (escoliose e discos da coluna), na pelve (assoalho do quadril torto e danificado), quadris, tornozelos, joelhos, punhos e escápulas. Sofria de alergias graves e tinha dificuldade para respirar desde a infância. Além desses problemas, Betsy também sofria de pressão alta e tinha problemas nos olhos, tomando diversos remédios. Achei melhor pedir para o SC fazer uma análise do corpo, devido ao número de problemas de saúde.

B: Ela precisa curar este corpo. Ela quer isso há muito tempo. Ela não sabia como chegar até mim. Acho que não conseguia fazer o contato com o cérebro confuso por causa dos remédios. Tentamos. Tentamos nos aproximar quando ela pedia e implorava, mas ela não conseguiu fazer a conexão. Não tínhamos o que fazer. Os remédios ficaram claramente no caminho da luz que queríamos enviar e que poderia salvá-la, isso a teria curado na hora.

D: Mas agora, neste estado, você pode ajudá-la, não pode?

B: Podemos ajudá-la e queremos fazer isso. Temos desejado fazê-lo há muito tempo, e assim, vamos em frente.

D: Ela não vai conseguir resistir a você.

B: Ah, sim, ela está bem onde queremos. Vamos fazer uma grande varredura, de alto a baixo, e ver o que temos lá.

D: Chamo isso de varredura corporal.

B: Sim, claro. E vamos fazer a luz ir de cima até embaixo e descobriremos depois se faltou ver alguma coisa. Temos uma técnica que queremos usar. A técnica da luz que será a nova maneira de cura na Nova Era. Como você sabe, os Irmãos do Espaço a usam.

D: Eu não sabia disso.

B: Tudo é feito de luz. Tudo é luz. Temos apenas de aprender a focalizá-la. – Vamos começar pelo alto da cabeça. Vamos parar ali por um tempo considerável e trabalhar no cérebro. Vamos a usar a luz e levar a luz a todas as moléculas do seu cérebro, removendo toda toxicidade. Essas coisas deixam o cérebro embaçado.

No caso de outros pacientes, o SC disse muitas vezes que estava refazendo a fiação do cérebro. Talvez fosse isso que faziam. Sempre lhes pedi para explicar como estão fazendo a cura porque sou curiosa, e é bom para o paciente ouvir o processo na gravação.

B: Não preciso me concentrar. Tenho este instrumento agora, um instrumento que abre essa energia luminosa. Ele é capaz de passar pelas frequências necessárias e equilibrá-las com a luz. É bem difícil explicar para você, mas seria isso.

Depois, passaram para sua caixa torácica e ficaram espantados com aquilo que as alergias e remédios tinham feito. "Você não iria acreditar. Esta cidade de Las Vegas (onde Betsy morava) não é boa para ela. Ela vai precisar sair daqui assim que sua mãe fizer a transição. Vamos ter de tirá-la daqui. Seu corpo é sensível, principalmente pelo fato de ela ter passado muito tempo noutro planeta. Podemos fazer isso de duas maneiras. Podemos fazer com que seu corpo não reaja às alergias, que é a minha maneira preferida, para que ela possa ir a qualquer lugar. Ou podemos torná-la não alérgica às alergias que ela sente num determinado lugar, caso ela queira simplesmente permanecer ali".

D: Faça da maneira como preferir.
B: Bem, eu gostaria de livrá-la de TODAS elas. Sabe, levou um tempão até ela chegar aqui, então vamos fazer direito! (Riso)
D: Pode fazer como preferir. Você manda. (Riso)

Eles também mencionaram que o remédio que usava por via nasal estava criando um problema com uma reação de reincidência. Eles consertaram o dano, mas ela teria de ser paciente enquanto o nariz aprendia a respirar sem ele. Depois, passaram para o fígado e os rins, onde viram congestão e passaram a desintoxicá-la. Depois, foram para a área da pelve.

B: Ela fez duas cirurgias e teremos de remover tudo isso. Esta parte não é fácil. Os médicos fizeram uma bagunça nas cirurgias. E ela poderia ter uma vida de sofrimento, talvez de incontinência. A cirurgia é uma coisa muito arcaica e primitiva. Minha nossa!
D: Eles querem operá-la novamente.
B: Não, isso é absolutamente insensato. Isto é muito fácil.

Então, trabalharam todas as juntas e as repararam. "Agora, haverá uma sensação de formigamento. Tenho certeza de que ela pode senti-la". Um problema na sua glândula pineal causava dificuldades para dormir, e ela também tomava medicamentos para isso. Com certeza, o SC queria que ela se livrasse de todos os remédios. Ela também tomava remédios para depressão, mas também resolveram isso sem precisar que lhes pedissem. "Mexemos nisso. Agora, ela está bem. Isso veio de todas essas vidas nas quais teve de se conter como mulher. Você sabe que as mulheres têm um problema terrível com o karma, a totalidade coletiva. Elas acumularam muita coisa. Você acaba ficando deprimida após um tempo. Ela trouxe isso para esta vida, e o fato de não ter recebido o amor do pai agravou o problema. Pronto, resolvemos isso e equilibramos isso. Agora, vamos para as costas". As costas de Betsy eram o principal problema que ela queria tratar, mas eles acharam que precisavam consertar o resto antes. Agora, podíamos ir para suas costas e lidar com elas. Betsy nascera com uma curvatura na espinha.

B: Isso começou quando ela era mulher na África, carregando aquelas cestas para lá e para cá. Nasceu numa época em que as mulheres carregavam coisas pesadas. Isso começou lá e continuou por muitas vidas. Houve acidentes e guerras nas quais ela se feriu. Ela quebrou a coluna numa guerra e não havia meios para remendá-la naquela época, e por isso ela levou isso adiante como uma memória.

D: *Agora, ela não precisa disso.*

B: Não, ela não precisa disso. Ela vai ficar chocada quando conseguir se sentar ereta. Ela vai adorar isso. Está se perguntando se vai sentir isso. Está sentindo alguma coisa acontecendo. É o alinhamento. Vamos continuar. As costas não são uma parte fácil. Estamos tentando tirá-la dessa medicação, não queremos que ela fique tomando muito. Talvez devamos curá-la agora mesmo. Ela não vai sentir a dor sem que retifiquemos as costas agora. Sim, a dor vai desaparecer. Prefeririamos fortalecer as costas ao longo de vários meses porque isso é difícil para nós. É muito trabalho.

D: *Eu sei o que você pode fazer.*

B: Sim, eu sei que você sabe. (Ambas rimos.) Bem, vamos ver.

D: *O que você achar mais apropriado.*

B: Bem, eu acho que seria muito bom para Betsy se ela pudesse mesmo ver um milagre. (Pausa)

D: *O que você está fazendo?*

B: Estou me concentrando num triângulo e estou consertando as costas dela ao mesmo tempo. A pelve está torta, e por isso leva algum tempo para reequilibrá-la. Para readaptar o equilíbrio do pescoço, dos ombros, de tudo. Acho que hoje realizamos milagres. Ela vai ficar surpresa e não vai precisar de tantos medicamentos, se é que ainda vai precisar deles. Ela precisa consultar o seu médico para livrar-se deles aos poucos. Mas não vai ser difícil. Isso é o mais importante. Ela não vai mais sentir dor alguma e nem os sintomas da abstinência que costumam acontecer. O corpo vai se acostumar a não ter aquele remédio nele. Estou tentando dizer que não haverá mais dor, talvez algum enjoo no estomago. É tudo. Vamos prosseguir. Isso vai continuar mesmo que eu não esteja aqui, então, se quiser descansar, pode acabar.

D: *Bem, essa foi uma aula e tanto, não foi?*

B: Ah, sim, tem razão.

D: *E é muito importante que aprendam tudo isso, não é?*

B: Espero que tenhamos sido instrutivos. Espero que tenham aprendido algumas coisas.

D: *Queremos ensiná-los. Eles podem fazer isso sozinhos.*

B: Sim, ficaríamos muito felizes trabalhando como curadores com eles. Sim, o mundo precisa de outros, vamos lá.

D: *Longe das cirurgias.*

B: Minha nossa! Nem mencione essa palavra. (Ambas rimos.) Removemos todo desconforto das costas. É isso! Fiz muita coisa hoje, mas durante o sono, vamos ajudar um pouco mais. Vamos liberar os discos enquanto ela dorme. Fazemos muito trabalho nas costas durante o sono porque ela é muito sensível. O sistema todo, o fluido espinal todo, a situação cérebro-espinhal está nas costas.

D: *Então, quando a mente consciente não está no caminho, você pode trabalhar sem interferência.*

B: Sim, isso é muito bom.

D: *Você disse que levaria vários meses para a retificação ser concluída?*

B: Não creio que vá levar tanto agora, pois trabalhei com ela. Agradeço-lhe por me dar mais tempo. Creio que ela vai ficar surpresa. Ela vai perceber uma diferença.

D: *Maravilhoso! Assim, ela vai acreditar nisso!*

B: É o que queremos. Acreditar é muito importante, e ela tem um problema específico com tudo isso, entende, a abordagem esotérica. Só acredite naquilo que você mesma acredita, não porque alguém lhe disse. Precisa ser uma coisa que você conhece. Ela será uma nova pessoa.

D: *Ela estava pronto para ir embora, e ainda não é a hora, é?*
B: Não, ela está apenas começando.

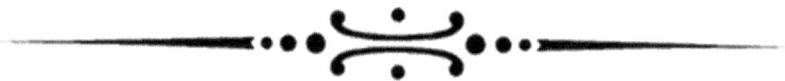

Mensagem de despedida: Ela está preocupada demais por achar que não teria feito um bom trabalho. Está preocupada e precisa fazer isto e fazer aquilo, está preocupada com o "outro" lado, achando que vamos ficar desapontados com ela. Não, ela está fazendo um bom trabalho. Está tudo bem. Está tudo bem. Ela precisa deixar de lado a culpa e saber que nós a amamos. Amamos incondicionalmente. Ela não faz nenhum mal e deveríamos ter mais gente como ela. Está cumprindo seu papel no grande plano. Está ouvindo seu eu superior e cumprindo seu propósito na vida.

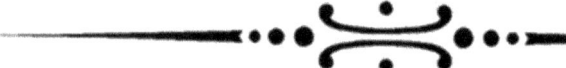

Quando Betsy acordou e saiu da cama, ficou espantada ao ver que não sentia dor. No mesmo instante, percebeu que estava se sentando mais ereta. Mais tarde, estava sentada no chão fazendo posições do yoga enquanto os alunos assistiam. Ela riu e disse que fazia muitos anos que não conseguia fazê-las.

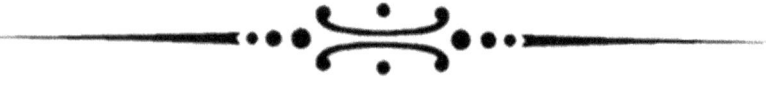

Segundo Stuart Wilson e Joanna Prentis em The Power of the Magdalene – The Hidden Story of the Women Disciples, Maria Madalena saiu de Israel após a crucificação a bordo de um dos navios de José de Arimateia e seu grupo desembarcou no sul da França, na época conhecida como Gália. Diz-se que haveria um número equilibrado de discípulos e de discípulas, com seis círculos de doze, reunindo 72 discípulos e seis círculos de doze formando 72 discípulas – num total de 144 discípulos. Maria Madalena fazia parte do primeiro grupo de doze discípulas. Seria o mesmo grupo do qual Betsy fez parte? Além disso, no texto, Stuart define os gnósticos como um movimento vago que estava ativo nos primeiros anos do cristianismo.

Eles acreditavam num estado místico de Conhecimento Profundo ou Gnose, no qual conhecedor e conhecido se fundem e tornam-se um só. Ainda há muitas discussões acerca de seus motivos e de sua ética na Igreja.

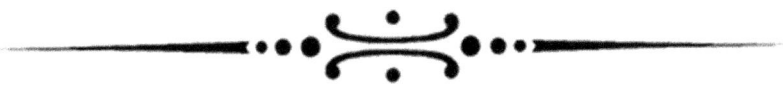

As Relíquias de Santa Maria Madalena na Diocese de La Sainte-Baume em Frejus-Toulon, Sul da França
Por cortesia de: Eternal World Television Network
Trad. do francês por: Deacon E. Scott Borgman

A região da Provença foi evangelizada no primeiro século por cristãos do Oriente. A tradição os chamava de "Amigos de Betânia", ou, como os conhecemos, Lázaro, Marta e Maria Madalena que, dizem, teriam vindo ao sul da França da seguinte maneira:
No ano seguinte à execução de S. Tiago em Jerusalém, as perseguições se ampliaram. Lázaro e Marta foram postos na prisão e Maria Madalena, que quis visitá-los, também foi feita prisioneira com outros membros da comunidade cristã de Betânia: S. Maximino, S. Marcelle, S. Susan e S. Sidônio.
Os judeus, temerosos da multidão caso executassem os prisioneiros, colocaram-nos num barco sem vela ou remo, e um grande navio rebocou-os para longe, abandonando-os em mar aberto. Cantando e orando, viram-se desembarcando nas praias da Gália, no lugar chamado Saintes Maries de la Mer. A viagem foi concluída com uma velocidade milagrosa.
Eles viajaram por terra até Massilia (Marselha) onde foram bem acolhidos. Pregaram o Evangelho e Lázaro, na qualidade de bispo, batizou muita gente. Maria Madalena retirou-se para uma caverna nas montanhas, de difícil acesso; viveu lá em penitência severa. Marta foi a Avignon e Tarascon.
Santa Maria Madalena morreu perto de Tégulata (S. Maximino). No local onde se encontrou o sarcófago de Santa Maria Madalena, durante escavações sob a Basílica de São Maximino, também foram encontrados túmulos do século 1º feitos com tijolos e azulejos.
Teria Santa Maria Madalena sido enterrada dessa maneira e transferida mais tarde para o sarcófago de mármore em 710? Talvez.

O essencial é que a Tradição afirma isto e as constantes peregrinações até Sainte-Baume, lugar venerado pelo cristianismo desde os primeiros séculos, antes que os monges levassem algumas relíquias até Vézelay, na Borgonha, durante os ataques dos sarracenos à Provença.

A presença de Lázaro, Marta e Maria Madalena na Provença foi reconhecida como verdadeira e pertence à História Sagrada da França. Ela também foi reconhecida por toda a cristandade do Oriente, bem como do Ocidente. Iam pessoas de todos os países da Europa em peregrinação até os túmulos dos "Santos Amigos de Jesus".

Capítulo 25
CONCLUSÃO

Como disse na Introdução, estes conhecimentos não são novos. São novos conhecimentos antigos. Estão por aí há milênios, mas eram reservados para aqueles poucos escolhidos que dedicaram a vida a compreendê-los e ensiná-los. Como o conhecimento significava poder, geralmente as pessoas de autoridade se sentiam ameaçadas por qualquer um ou qualquer coisa que não conseguissem entender, e por isso tentavam obtê-lo por quaisquer meios de que dispusessem. Muitos foram torturados e mortos por esse conhecimento. Muitas dessas almas voltaram agora para ajudar a humanidade e o planeta em seu movimento para a frente. Sua missão é assegurar-se de que os erros cometidos antes não tornarão a se repetir. Muitas das habilidades, técnicas e conhecimentos estão voltando para aqueles que se mantém abertos para eles, usando-os de maneira a ajudar um ou todos. É por isso que há tanta gente atraída pelo trabalho de cura como "trabalhadores da luz" ou por profissões de ajuda. A maioria das pessoas que vêm me procurar cai numa dessas categorias.

Esta época em que vivemos agora é empolgante, pois nosso lar, nosso planeta, move-se para outra dimensão. Tudo é uma questão de frequências e vibrações. E as pessoas estão despertando num ritmo alarmante. Às vezes pode ser confuso, mas todos nós escolhemos estar aqui nesta época. Nunca podemos nos esquecer de que resolvemos estar aqui, e que estamos aqui por um motivo. Estas sessões são apenas alguns exemplos do modo como estamos voltando para nos lembrarmos de quem somos e daquilo que podemos e devemos fazer. Não é mais um conhecimento para poucos escolhidos, mas para todos nós. À medida que todos nós despertamos e elevamos nossas frequências, ajudamo-nos uns aos outros e nosso planeta a cumprir sua missão de elevar a frequência para estar plenamente noutra dimensão.

Estou recebendo continuamente mais e mais informações sobre nossa herança e sobre a razão para estarmos aqui, e vou continuar a fazer a minha parte para ajudar a descobrir esses conhecimentos ocultos e sagrados para que todos nós possamos aprender.

SOBRE A AUTORA

DOLORES CANNON nasceu em 1931 em St. Louis, Missouri. Estudou e morou no Missouri até se casar com um militar de carreira da Marinha, em 1951. Passou os próximos 20 anos viajando pelo mundo como uma típica esposa da Marinha, cuidando de sua família.

Em 1968, teve sua primeira exposição à reencarnação através de hipnose regressiva quando seu marido, hipnotizador amador, encontrou durante uma sessão a vida passada de uma mulher que tinha problema de peso. Na época, o assunto de "vidas passadas" era pouco ortodoxo e muito poucas pessoas estavam lidando com isso. Seu interesse foi despertado, mas precisou ser deixado de lado uma vez que as exigências da vida familiar tinham precedência.

Em 1970, seu marido foi dispensado como veterano com problemas físicos e eles foram morar nas colinas do Arkansas. Foi então que ela começou a carreira de escritora, vendendo artigos para diversas revistas e jornais. Depois que seus filhos saíram de casa, voltou a se interessar por hipnose regressiva e reencarnação. Estudou diversos métodos de hipnose e desenvolveu uma técnica própria, única, que lhe permitiu obter a liberação mais eficiente de informações de seus pacientes. Desde 1979, fez a regressão de centenas de voluntários, catalogando as informações obtidas. Ela se intitulava regressionista e pesquisadora psíquica que registra conhecimentos "perdidos". Ela também trabalhou com a MUFON – sigla em inglês de Mutual UFO Network (Rede Mútua de ÓVNIS) – durante alguns anos.

Entre seus livros publicados, incluem-se Conversations with Nostradamus (3 volumes) e Jesus and the Essenes, publicado pela Gateway Books na Inglaterra. Ela escreveu vários outros livros sobre seus casos mais interessantes.

Dolores Cannon teve quatro filhos e doze netos, que exigiram dela um equilíbrio sólido entre o mundo "real" de sua família e o mundo "invisível" de seu trabalho.

Ela deixou o plano físico em 2014.

Para saber mais sobre a Ozark Mountain Publishing, Inc. visite: https://ozarkmt.com/

Livros de Dolores Cannon

Conversando com Nostradamus, Volume I
Conversando com Nostradamus, Volume II
Conversando com Nostradamus, Volume III
Jesus e os Essênios
Elas Caminharam com Jesus
Guardiões do Jardim
Entre a Morte e a Vida
The Legend of Starcrash
A Soul Remembers Hiroshima
O Legado das Estrelas
Sob Custódia
The Convoluted Universe - Book One
The Convoluted Universe - Book Two
The Convoluted Universe - Book Three
The Convoluted Universe - Book Four
The Convoluted Universe - Book Five
Five Lives Remembered
As Três Ondas de Voluntários e a Nova Terra
Em Busca de Conhecimentos Ocultos e Sagrados

Para obter mais informações sobre qualquer um dos títulos acima, ou sobre outros títulos de nosso catálogo, escreva para:

Ozark Mountain Publishing, Inc.
PO Box 754
Huntsville, AR 72740

info@ozarkmt.com
479-738-2348 or 800-935-0045
www.ozarkmt.com

Other Books by Ozark Mountain Publishing, Inc.

Dolores Cannon
A Soul Remembers Hiroshima
Between Death and Life
Conversations with Nostradamus, Volume I, II, III
The Convoluted Universe -Book One, Two, Three, Four, Five
The Custodians
Five Lives Remembered
Horns of the Goddess
Jesus and the Essenes
Keepers of the Garden
Legacy from the Stars
The Legend of Starcrash
The Search for Hidden Sacred Knowledge
They Walked with Jesus
The Three Waves of Volunteers and the New Earth
A Very Special Friend
Aron Abrahamsen
Holiday in Heaven
James Ream Adams
Little Steps
Justine Alessi & M. E. McMillan
Rebirth of the Oracle
Kathryn Andries
Time: The Second Secret
Will Alexander
Call Me Jonah
Cat Baldwin
Divine Gifts of Healing
The Forgiveness Workshop
Penny Barron
The Oracle of UR
P.E. Berg & Amanda Hemmingsen
The Birthmark Scar
Dan Bird
Finding Your Way in the Spiritual Age
Waking Up in the Spiritual Age
Julia Cannon
Soul Speak – The Language of Your Body
Jack Cauley
Journey for Life
Ronald Chapman
Seeing True
Jack Churchward
Lifting the Veil on the Lost Continent of Mu
The Stone Tablets of Mu
Carolyn Greer Daly
Opening to Fullness of Spirit
Patrick De Haan
The Alien Handbook
Paulinne Delcour-Min
Divine Fire
Holly Ice
Spiritual Gold
Anthony DeNino
The Power of Giving and Gratitude
Joanne DiMaggio
Edgar Cayce and the Unfulfilled Destiny of Thomas Jefferson
Reborn
Paul Fisher
Like a River to the Sea
Anita Holmes
Twidders
Aaron Hoopes
Reconnecting to the Earth
Edin Huskovic
God is a Woman
Patricia Irvine
In Light and In Shade
Kevin Killen
Ghosts and Me
Susan Linville
Blessings from Agnes
Donna Lynn
From Fear to Love
Curt Melliger
Heaven Here on Earth
Where the Weeds Grow
Henry Michaelson
And Jesus Said – A Conversation
Andy Myers
Not Your Average Angel Book
Holly Nadler
The Hobo Diaries
Guy Needler
The Anne Dialogues
Avoiding Karma
Beyond the Source – Book 1, Book 2
The Curators
The History of God
The OM
The Origin Speaks

For more information about any of the above titles, soon to be released titles, or other items in our catalog, write, phone or visit our website:
PO Box 754, Huntsville, AR 72740|479-738-2348/800-935-0045|www.ozarkmt.com

Other Books by Ozark Mountain Publishing, Inc.

Psycho Spiritual Healing
James Nussbaumer
And Then I Knew My Abundance
Each of You
Living Your Dram, Not Someone Else's
The Master of Everything
Mastering Your Own Spiritual Freedom
Sherry O'Brian
Peaks and Valley's
Gabrielle Orr
Akashic Records: One True Love
Let Miracles Happen
Nikki Pattillo
Children of the Stars
A Golden Compass
Victoria Pendragon
Being In A Body
Sleep Magic
The Sleeping Phoenix
Alexander Quinn
Starseeds What's It All About
Debra Rayburn
Let's Get Natural with Herbs
Charmian Redwood
A New Earth Rising
Coming Home to Lemuria
Richard Rowe
Exploring the Divine Library
Imagining the Unimaginable
Garnet Schulhauser
Dance of Eternal Rapture
Dance of Heavenly Bliss
Dancing Forever with Spirit
Dancing on a Stamp
Dancing with Angels in Heaven
Annie Stillwater Gray
The Dawn Book
Education of a Guardian Angel
Joys of a Guardian Angel
Work of a Guardian Angel
Manuella Stoerzer
Headless Chicken

Blair Styra
Don't Change the Channel
Who Catharted
Natalie Sudman
Application of Impossible Things
L.R. Sumpter
Judy's Story
The Old is New
We Are the Creators
Artur Tradevosyan
Croton
Croton II
Jim Thomas
Tales from the Trance
Jolene and Jason Tierney
A Quest of Transcendence
Paul Travers
Dancing with the Mountains
Nicholas Vesey
Living the Life-Force
Dennis Wheatley/ Maria Wheatley
The Essential Dowsing Guide
Maria Wheatley
Druidic Soul Star Astrology
Sherry Wilde
The Forgotten Promise
Lyn Willmott
A Small Book of Comfort
Beyond all Boundaries Book 1
Beyond all Boundaries Book 2
Beyond all Boundaries Book 3
D. Arthur Wilson
You Selfish Bastard
Stuart Wilson & Joanna Prentis
Atlantis and the New Consciousness
Beyond Limitations
The Essenes -Children of the Light
The Magdalene Version
Power of the Magdalene
Sally Wolf
Life of a Military Psychologist

For more information about any of the above titles, soon to be released titles, or other items in our catalog, write, phone or visit our website:
PO Box 754, Huntsville, AR 72740|479-738-2348/800-935-0045|www.ozarkmt.com

www.ingramcontent.com/pod-product-compliance
Lightning Source LLC
Chambersburg PA
CBHW071655160426
43195CB00012B/1479